세계교육·비교교육 총서 3 World Education & Comparative Education

세계의 교육제도와 교육개혁
유럽을 중심으로

한국비교교육학회 편

정일환 · 권동택 · 주동범 · 윤종혁 · 곽재성 · 구자억 · 김라나 · 김병찬 · 김숙이
김지연 · 라혜수 · 박선형 · 박채원 · 백순근 · 신태진 · 신효숙 · 어규철 · 이원석
이정미 · 이한승 · 이현철 · 정동철 · 정영근 · 정종진 · 조시정 · 최영표 공저

World Education Systems and Education Reform
Europe

학지사

머리말

우리나라 초·중등교육의 학업성취 수준은 세계적으로 우수하다. 이는 국제학업성취도 평가인 OECD의 PISA(Programme for International Student Assessment), 국제수학·과학성취도 평가인 TIMSS(Trends in International Mathematics and Science Study)의 결과에서도 잘 드러난다. 물론 학업성취도와는 대조적으로 능동적·창의적 학습 수준을 측정하는 '자신감'과 '흥미도' 부분에서 하위권에 머무르고 있지만, 학업성취도만 놓고 본다면 세계적인 수준이라고 할 수 있다.

이러한 교육적 성과에도 한국 교육은 코로나19 팬데믹 이후 교육격차의 심화, 공교육의 경쟁력 약화 등으로 인해 교육체제를 세계 각국의 교육개혁의 흐름을 토대로 전반적으로 재진단할 필요가 있다. 특히 현재와 같은 교육 방식으로는 4차 산업혁명, 인공지능(AI) 시대에 적합한 창의적·융합적 사고를 지닌 미래인재를 양성하기 어려워 한국 교육에 대한 개혁의 목소리도 높아지고 있다.

이러한 점에서 한국 교육에 대한 재조명과 재설계가 필요할 것으로 판단된다. 우리나라 교육의 재설계를 위해서는 우선 다른 국가의 교육에 대한 올바른 인식과 이해가 필요하다. 세계 각국은 급변하는 4차 산업혁명, AI 시대, 디지털 교육혁신의 요구에 부응하기 위해 새로운 교육 패러다임을 구성하고, 교육개혁을 위한 다양한 노력을 기울이고 있다. 이러한 세계 각국의 교육개혁 노력을 제대로 이해하는 것은 우리 교육의 현주소를 제대로 파악하기 위한 선행조건이다.

비교교육학은 국제적 시야에서 교육 문제를 이해하고 교육 법칙을 발견하기 위한 학문적 노력이다. 비교교육은 여러 국가의 교육에서 유사성과 차이점을 만드는 요인들을 이해하기 위하여 다양한 측면에서 교육제도와 현상을 분석한다. 비교교육학을 통하여 교육의 모든 측면이 국제적 시야에서 비교될 수 있다.

한국비교교육학회는 사단법인 한국교육학회 산하의 다른 어느 분과학회보다 오랜 기간 회원들과 함께 학술 · 연구활동을 실천하고 있다. 한국비교교육학회는 1968년 2월 24일 유네스코회관에서 창립총회를 개최하였다. 본 학회는 창립 당시부터 세계 교육정보 교류, 세계교육학자 교류, 한국 교육의 문호개방이란 설립 취지를 살려 활동하고 있으며, 세계비교교육학회(World Council of Comparative Education Societies: WCCES)의 5개 창설학회(유럽, 미국, 캐나다, 일본, 한국) 중 하나이다. 한국비교교육학회는 1971년 전문학술지인 『세계문화와 교육』을 발간한 이후 1992년부터 『비교교육연구』를 정기적으로 발간하면서 한국연구재단 등재지를 유지하는 등(영문학술지 포함 연 6회 발간), 한국 비교교육학의 학문적 발전을 도모하기 위한 다양한 노력을 기울였다.

그 일환으로 2012년 한국비교교육학회는 『비교교육학: 이론과 실제』의 학술 저서와 2017년 『비교교육학, 접근과 방법』(번역서), 그리고 2018년 학회 창립 50주년을 맞이하여 『비교교육학과 교육학』을 편찬 · 발간하였다. 이를 기초로 2023년 한국비교교육학회는 『세계의 교육제도와 교육개혁』이라는 학술 저서 편찬 계획을 수립하였고, 이제 그 결실을 보게 되었다. 각 국가에서 연구 · 수학한 경험이 있는 한국비교교육학회 회원들 중 권위자들을 중심으로 집필진을 구성하였다. 그러한 점에서 이 책은 세계 주요국의 교육제도와 교육개혁 동향을 이해하는 데 도움이 될 것이며, 비교교육학 입문서로서 그 역할을 다할 것으로 기대한다.

전체 4권으로 구성된 '세계교육 · 비교교육 총서'의 1권은 비교교육학의 학문적 성격과 비교교육학과 교육학의 관계, 그리고 한국비교교육학회의 학회사와 비교교육학의 국제 동향을 다루고 있다. 2권은 일본, 중국, 대만, 베트남, 인도네시아를 중심으로 아시아의 교육제도와 교육개혁, 호주, 뉴질랜드를 중심으로 오세아니아 교육제도와 교육개혁의 내용을 다루고 있다. 3권은 영국, 프랑스, 독일, 핀란드, 러시아를 중심으로 유럽의 교육제도와 교육개혁을, 4권은 미국, 캐나다를 중심으로 북미의 교육제도와 교육개혁, 브라질, 칠레, 탄자니아를 중심으로 남미 · 아프리카의 교육제도와 교육개혁을 다루고 있다.

3권인 이 책의 내용은 유럽의 교육제도와 교육개혁으로 총 5개의 장으로 구성되어 있다. 제1장 영국의 교육제도와 교육개혁 동향은 조시정(삼성전자 인재개발원) 박사, 백순근(서울대학교) 교수와 라혜수(서울대학교) 박사, 제2장 프랑스의 교육제도와 교육개혁 동향은 이정미(스트라스부르대학교) 박사, 제3장 독일의 교육제도와 교육개혁 동향은 정영근(상명대학교) 명예교수, 제4장 핀란드의 교육제도와 교육개혁 동향은 김병찬(경희대학교) 교수, 제5장 러시아의 교육제도와 교육개혁 동향은 신효숙(국민대학교) 교수가 집필하였다.

모든 집필자가 해당 국가에 대한 최고의 전문가들로 구성되었지만 완벽하다고는 볼 수 없다. 앞으로 다양한 의견을 수렴하여 지속적으로 수정 · 보완해 나가야 할 것이다. 학회 회원과 독자 여러분의 각별한 관심과 지적으로 이 책의 미흡한 부분과 오류가 완벽하게 수정될 수 있기를 기대한다. 끝으로 이 책이 나오기까지 격려를 아끼지 않으신 학지사 김진환 사장님과 책이 곱게 편찬되도록 수고하신 편집부 직원들께도 고마움을 표한다.

2024년 10월

집필진을 대표하여 정일환, 권동택, 주동범, 윤종혁

차례

◐ 머리말 _ 3

유럽의 교육제도와 교육개혁

제1장 영국의 교육제도와 교육개혁 동향 • 11

1. 사회문화적 배경 _ 11
2. 교육제도 및 교사교육 _ 16
3. 교육행정제도 _ 47
4. 교육개혁 동향 _ 50

참고문헌 _ 63

제2장 프랑스의 교육제도와 교육개혁 동향 • 73

1. 사회문화적 배경 _ 73
2. 교육제도 및 교사교육 _ 79
3. 교육행정제도 _ 85
4. 교육개혁 동향 _ 91

참고문헌 _ 97

제3장 독일의 교육제도와 교육개혁 동향 • 103

1. 사회문화적 배경 _ 103
2. 교육제도 및 교사교육 _ 106
3. 교육행정제도 _ 121
4. 교육개혁 동향 _ 125

참고문헌 _ 129

제4장 핀란드의 교육제도와 교육개혁 동향 • 131

1. 사회문화적 배경 _ 131
2. 교육제도 및 교사교육 _ 134
3. 교육행정제도 _ 151
4. 교육개혁 동향 _ 155

참고문헌 _ 161

제5장 러시아의 교육제도와 교육개혁 동향 • 165

1. 사회문화적 배경 _ 165
2. 교육제도 및 교사교육 _ 168
3. 교육개혁 동향 _ 179

참고문헌 _ 186

◐ 찾아보기 _ 189

유럽의 교육제도와 교육개혁

제1장 … 영국의 교육제도와 교육개혁 동향

제2장 … 프랑스의 교육제도와 교육개혁 동향

제3장 … 독일의 교육제도와 교육개혁 동향

제4장 … 핀란드의 교육제도와 교육개혁 동향

제5장 … 러시아의 교육제도와 교육개혁 동향

제1장

영국의 교육제도와 교육개혁 동향

1. 사회문화적 배경

영국의 공식적인 국가 이름은 그레이트브리튼 및 북아일랜드 연합왕국(The United Kingdom of Great Britain and Northern Ireland)으로, 브리튼(Great Britain) 섬에 있는 잉글랜드(England), 스코틀랜드(Scotland), 웨일스(Wales)와 아일랜드섬 북부인 북아일랜드(Northern Ireland)의 4개 지역으로 구성된 섬나라이다([그림 1-1] 참조). 국가 이름을 줄여서 부를 때는 더 유나이티드 킹덤(The United Kingdom: The U.K.)이라고 하며, 각 구성 지역의 수도는 순서대로 런던(London), 에든버러(Edinburgh), 카디프(Cardiff), 벨파스트(Belfast)이다(Burns, 2021).

영국의 역사는 수천 년에 걸쳐 오랫동안 이어져 왔다. BC 6세기 켈트족이 브리튼 섬에 정착한 이후, BC 55년부터 400년 동안 로마제국에 의한 지배를 받았으며, AD 4세기 및 AD 6세기에 각각 앵글로색슨족과 바이킹의 침입을 거쳐, AD 9세기 초 웨식스(Wessex) 왕국이 7개의 앵글로색슨계 왕국을 통일하면서 잉글랜드 왕국의 기초를 마련하게 된다. 그 후 1066년 노르망디 공 윌리엄 1세에 의해 시작된 노르만(Norman) 왕조(1066~1154년), 영국「헌법」의 토대인 마그나 카르타(Magna Carta)가 작성되었

[그림 1-1] 영국의 지도

던 플랜테저넷(Plantagenet) 왕조(1154~1399년), 1536년 웨일스와의 합병을 이룬 튜더(Tudor) 왕조(1485~1603년)와 1707년 스코틀랜드를 통합한 스튜어트(Stuart) 왕조(1603~1714년), 빅토리아 여왕의 즉위로 이른바 '해가 지지 않는' 대영제국 시대가 개막된 하노버(Hanover) 왕조(1714~1917년)에 이어 현재의 윈저(Windsor) 왕조(1917~현재)에 이르게 되었다(Lossing, 2023).

영국은 입헌군주제를 기본으로 하고 있으며, 근대적인 의회제도와 의원내각제를 전 세계로 전파시킨 나라이며, 산업혁명의 발원지로 가장 먼저 근대적인 산업화가 된 나라이다. 그리고 글로벌 시대에 세계 표준시의 기준이 되는 경도 0°의 본초자오선이 위치한 곳도 영국 런던의 그리니치 천문대이다. 영국은 19세기와 20세기 초반 세계 인구 및 영토의 1/4을 차지한 초강대국이었으나, 제2차 세계대전 이후 국제적인 영향력이 점차 약해지기 시작하였다. 그러나 아직도 여전히 전 세계의 정치, 경제, 사회, 문화, 교육 등 전 분야에서 영향을 미치는 강대국 중 하나로 남아 있으며, 국내총생산(GDP) 수준은 2022년 기준 3,070조 달러로 세계 6위이다(International Monetary Fund, 2023). 국토 면적은 244,820km^{2}로 한반도 전체 면적보다 약간 넓고, 인구는 2022년 12월 기준 총 6,702만 명으로, 잉글랜드 5,653만 명, 스코틀랜드 548만 명, 웨일스 310만 명, 북아일랜드 190만 명으로 구성되어 있다(Office of National Statistics, 2023). 2022년 9월 8일, 영국 군주로서 가장 오래 재위했을 뿐만 아니라 여왕으로서 세계 역사상 가장 오래 재위한 엘리자베스 2세가 96세의 나이로 서거한 후, 장남이자 웨일스 왕자였던 찰스 3세가 영국 왕위를 계승 받게 되었다.

영국은 여러 왕국이 병합되어 형성된 연합왕국으로서 각 구성국(잉글랜드, 스코틀랜드, 북아일랜드)의 기가 조합된 국기를 사용한다([그림 1-2] 참조). 유니언잭(Union Jack) 또는 유니언기(연합기, Union Flag)라고 불리며, 3국의 기는 모두 그리스도교에서 기원한 십자 모양의 기로, 중세의 십자군 원정 때부터 사용되었다(Groom, 2012). 영국의 국기는 그레이트브리튼과 북아일랜드 연합 왕국의 상징 중 하나이며, 수년 동안 영국의 통치를 받은 전 세계 여러 국가에서도 사용되었다. 1707년 「연합법(The Act of Union of 1707)」에 의해 잉글랜드와 스코틀랜드가 합병하여 그레이트브리튼 왕국(The United Kingdom of Great Britain)이 만들어졌고, 이때 잉글랜드와 웨일스를 상징하는 흰 바탕에 그려진 붉은 십자 모양의 성 조지(St. George) 십자와 스코틀랜드를 상징하는 파란 바탕에 사선으로 그려진 흰 십자 모양의 성 앤드루(St. Andrew) 십자 국기를 결합하여 사용하게 된다. 한편, 웨일스는 13세기에 이미 잉글랜드의 통치를 받고 있었으므로 다른 독립 국가들(스코틀랜드, 아일랜드)과는 달리 웨일스의 국기는 유니언기에서 배제되어 있었다. 이후 아일랜드를 상징하는 흰 바탕에 사선으로 그려진 적십자 모

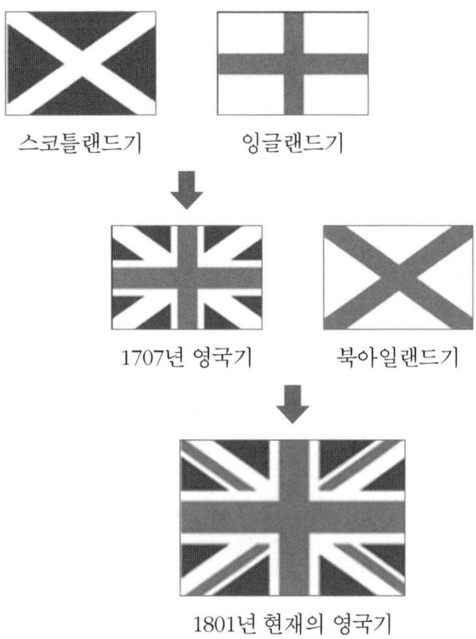

[그림 1-2] 유니언기의 구성 과정

양의 성 패트릭(St. Patrick) 십자를 결합한 디자인이 현재 사용되고 있다. 이는 1801년 1월 1일 「연합법」으로 그레이트브리튼 왕국과 아일랜드 왕국이 통합하여 그레이트브리튼 아일랜드 연합왕국이 되면서 채택되었다(Santsevich & Lichevskaya, 2019).

입헌군주제를 유지하고 있는 영국의 왕실은 영국인들과 영연방 국가들의 국민에게 하나의 공동체 의식을 불러일으키는 매우 중요한 의미를 지닌다. 영국의 왕실을 나타내는 상징적인 문장(紋章)은 영국 군주의 문장으로도 사용되고 있다. 1952년에 엘리자베스 2세 여왕이 즉위하면서 처음 사용된 이후 2022년 찰스 3세 국왕의 공식 문장으로 사용되고 있다([그림 1-3] 참조). 왕실 문장의 가운데에 있는 방패는 4등분으로 되어 있는데, 왼쪽 위와 오른쪽 아래에는 각각 잉글랜드의 사자 3마리가 그려져 있고, 오른쪽 위에는 스코틀랜드의 사자, 왼쪽 아래에는 아일랜드를 상징하는 하프가 있다. 방패의 왼편에는 잉글랜드를 상징하는 왕관을 쓴 사자가 있으며, 오른편에는 스코틀랜드를 상징하는 유니콘이 있다. 전설에 따르면 유니콘이 속박에서 풀려나면 아주 위험한 짐승으로 돌변한다고 하여 문장의 유니콘은 쇠사슬에 묶여 있다. 방패 아래에는 영국 군주들의 표어인 '신과 나의 권리'가 쓰여져 있으며, 방패 뒤에는 '악한 생각을 하는 사람들에게는 재앙이 온다'가 쓰여져 있다(위키백과, n.d.).

영국은 6.25 한국 전쟁에 참전하여 군사 및 경제적인 지원과 함께 유엔을 비롯한 국제기구에서의 활동을 통해 한국의 지위 향상 및 우호 증진에 많은 노력을 지속해 온 우리의 우방국이다. 영국 해군이 1845년 우리나라 남해의 거문도에 처음 상륙한

[그림 1-3] 영국의 왕실 문장

바 있으며, 1883년 11월 26일 우호통상조약을 조인하고, 영국과 조선에 각각 영사 또는 공사를 파견하였다. 그 이후 일본에 의해 외교 관계가 단절되었지만 1949년 1월 18일, 재수교하여 지금까지 우호적인 관계를 유지해 오고 있다. 특히 영국은 교육 선진국으로 우리나라가 오랫동안 벤치마킹해 온 나라 중 하나이다. 예컨대, 우리나라에서 1990년대 후반부터 단위학교의 자율성을 높이기 위해 단위학교 책임경영제를 강조하고 학교운영위원회를 도입한 것은 영국의 사례를 도입한 대표적인 정책이라고 할 수 있다. 그리고 2023년은 한영수교 140주년인 해로, 이를 기념하여 양국 간 많은 협력사업을 기획 및 추진하였다.

영국의 전통적인 교육은 19세기 후반에 근대적 공교육제도가 성립되기 전까지는 옥스퍼드 대학교와 케임브리지 대학교와 함께 윈체스터칼리지나 이튼칼리지와 같은 사립학교들이 대부분이었다. 이들은 지배층 자녀의 교육을 담당하였는데, 특히 기숙형 사립학교들은 영국적 의미의 신사 교육장이 되었다(정일환 외, 2012; Gearon, 2013). 한편, 서민교육을 위해서는 14세기 초부터 조직된 도제교육(Apprenticeships) 제도가 있었으며, 17~18세기에는 노동계층을 위한 워크 하우스(Work House) 및 노동학교가 있었다. 그리고 근대적 국민교육제도 성립의 직접적인 선행조건이 된 것은 17세기 말부터 19세기 중엽까지의 기독교 중심의 자선학교와 주일학교(Sunday School) 운동이었고, 이를 통해 일반 대중에게 읽기, 쓰기, 셈하기 교육이 널리 보급되었다. 또한 19세기 중반에는 산업혁명과 자본주의의 발전과 함께 아동의 의무 취학 문제를 포함하여 보편적 교육의 필요성이 광범위하게 확산되었다. 이런 배경에서 1870년에는 종교와 무관하게 학교를 설치 및 운영할 수 있는 「교육법」이 제정되어 근대적 국민교육제도를 정립하게 되었다(Gosling, 2009; Hodgson, Spours, & Waring, 2011). 그 후 1902년의 「교육법」으로 지방교육행정을 강화하고 공립중학교를 확대하기 시작하였으며, 1918년의 「교육법」과 1922년의 노동당에 의한 '모든 사람에 중등교육을(Secondary Education for All)'이라는 강령을 통해 중등교육제도가 정비되었다. 그 뒤 1939년의 15세까지 의무교육 확대 실현 계획은 제2차 세계대전의 발발로 보류되었다가 1944년 「교육법」에서 실현되기 시작하였으며(Machin & Vignoles, 2006; Jones, 2016), 그 후 수차례의 개정을 거쳐 16세로 의무교육이 확대되었다. 이처럼 영국은 1944년에 발효된 「교육법」에 의해 모든 사람들은 무료 교육을 받을 권리를 얻게 되었고, 현재 5세부터(북아일랜드에서는 4세부터) 16세까지 의무교육을 받게 되었다(Brisard & Menter, 2014;

Hodgson, Spours, & Waring, 2011).

영국은 현재 단일국가이기는 하지만 역사적 배경에 따라 잉글랜드(England), 스코틀랜드(Scotland), 웨일스(Wales)와 북아일랜드(Northern Ireland) 4개의 각 지역은 현재까지도 나름대로의 독자적인 공동체 의식을 유지하고 있다. 예를 들어, 잉글랜드의 경우 영국(The U.K.) 의회에서 직접 관장하고, 웨일스, 스코틀랜드, 북아일랜드는 별도의 의회를 구성하여 상당한 자치권을 가지고 있으며, 교육제도에 있어서도 국가시험이나 국가 교육과정의 핵심단계(Key Stage) 개념은 서로 공유하지만 각 지역의 특성에 맞게 자율적인 교육제도를 운영하고 있다(Jones, 2016). '제6장 영국의 교육제도와 교육개혁 동향'에서는 인구 구성이나 정치적 영향력 등을 고려하여 영국 연방의 핵심 지역이라 할 수 있는 잉글랜드 교육을 중심으로 논의하고자 한다.

2. 교육제도 및 교사교육

이 절에서는 먼저 영국의 교육제도와 관련하여 취학 전 교육(Preschool Education), 초등교육(Primary Education), 중등교육(Secondary Education), 고등교육(Higher Education), 그리고 평생교육(Lifelong Education)으로 나누어 논의하고, 그다음으로 교사교육과 관련하여 교원양성제도와 교원임용제도로 나누어 논의하고자 한다.

1) 교육제도

잉글랜드는 기본적으로 6 · 5 · 2 · 3 학제를 따르고 있다(〈표 1-1〉 참조). 학생들은 비교적 어린 만 5세부터 학교를 다니기 시작하여 6년 동안 초등학교, 그 후 5년 동안 중학교, 2년 동안 고등학교, 3년 동안 대학교를 다니게 된다. 영국 학제의 특징 중 하나는 초 · 중등교육이 13년으로 대한민국 학제보다 1년 길며, 그 대신 대학교육이 3년으로 대한민국 학제보다 1년 짧다. 그리고 의무교육은 만 5세부터 16세까지, 총 11년으로 한국보다 2년이 더 길다. 영국의 초 · 중등 교육과정(curriculum)은 총 5개의 단계로 구분되며, 학생이 핵심적으로 밟아야 할 단계라는 의미로 각 단계를 핵심 단계(Key Stage)라고 부른다. 영국은 초등 저학년은 핵심 단계 1(Key Stage 1), 초등 고학년

표 1-1 잉글랜드의 학제

학령	연령(만)	구분	학교 급	비고
1년	5세	Key Stage 1	초등학교 (Primary) (6년)	의무교육
2년	6세			
3년	7세	Key Stage 2		
4년	8세			
5년	9세			
6년	10세			
7년	11세	Key Stage 3	중등학교 (Secondary) (7년)	
8년	12세			
9년	13세			
10년	14세	Key Stage 4		
11년	15세			
12년	16세	Key Stage 5		
13년	17세			
14년	18세	Higher Education	대학교 (3년)	
15년	19세			
16년	20세			

은 핵심 단계 2(Key Stage 2), 하급 중등학교(Lower Secondary) 과정은 핵심 단계 3(Key Stage 3), 상급 중등학교(Upper Secondary) 과정은 핵심 단계 4(Key Stage 4), 대입 준비 과정을 핵심 단계 5(Key Stage 5)로 구성하고 각 단계에 맞는 교육 프로그램을 운영하고 있다.

(1) 취학 전 교육(Preschool Education)

영국은 아이가 태어날 때부터 5세까지 아이들에게 돌봄과 교육 목적의 취학 전 교육, 즉 유아 보육 및 교육(Early Childhood Care and Education)을 시행하고 있다. 영국의 취학 전 교육은 세계적으로 그 우수성이 인정되어 세계 여러 나라에서 벤치마킹하고 있다.

영국의 취학 전 교육은 19세기로 거슬러 올라간다. 19세기 초, 자선가들은 가난한 가정의 어린아이들에게 교육과 보살핌을 제공하기 위해 유아 학교를 설립했다. 이때의 유아 학교는 대부분 자선 단체나 종교 단체에 의해 운영되었고, 아이들에게 읽기, 쓰기, 셈 하기와 같은 기본적인 기능을 가르쳤다. 19세기 후반부터 정부에서는 본격적으로 유아교육에 관심을 가지기 시작했는데, 이때부터 일부 지방자치단체에서 3세에서 5세 사이의 어린이들을 위한 유아 학교를 설립하여 어린아이들에게 취학 전 교육을 시행하였다(Scott, 2015).

영국에서 취학 전 교육의 체계적인 개념 틀은 20세기 초 프뢰벨 유치원에서 시작되었는데, 프뢰벨 유치원은 그 이름에서도 알 수 있듯이 독일의 교육자 프리드리히 프뢰벨(Friedrich Frobel, 1782~1852)의 이론에서 영감을 받은 것이다. 프뢰벨 유치원은 놀이, 미술, 음악 등의 활동을 통해 아이들의 창의력과 상상력을 키우는 데 초점을 맞췄다(Whitbread, 2013). 1939년 제2차 세계대전이 발발하면서, 정부는 사회 복지의 한 형태로서 유아교육의 중요성을 인식했고, 부모들이 일하는 동안 어린아이들에게 돌봄과 교육을 제공하는 유아교육기관을 설립했다. 제2차 세계대전이 끝난 후에도 정부는 유아교육에 대한 투자를 계속하였고, 1961년 영국 정부는 최초로 유아교육에 대한 공식 법안을 제정하였다. 1961년 「유아교육법」은 중앙정부에서 교육 당국에게 2세에서 5세 사이의 어린이들을 대상으로 한 교육 예산을 지급하도록 하였다. 이 법은 1980년 개정 「교육법」에 의해 폐지되는 대신 유아교육의 예산 책임은 지방자치단체로 이전되었다. 그리고 1980년대와 1990년대에는 가정에서의 유아교육에 대한 지원이 더욱 확대되기도 하였다(Whitbread, 2013).

2002년 개정 교육법은 3세부터 5세 어린이들의 교육을 포함하는 기초 단계(Foundation Stage)를 도입하였으며, 2006년 「보육법(Childcare Act)」은 유아교육의 틀인 학령 전 기초 단계(Early Years Foundation Stage: EYFS)를 본격적으로 도입하였다(Earlymatters, 2008). EYFS는 5세가 될 때까지의 어린이들을 위한 학습, 발달 및 보호 제공을 위한 단일 규제 및 품질 보장을 위한 개념 틀인데, 현재까지도 영국의 보육 교육은 EYFS에 제시된 일곱 가지 개발 영역에 초점을 맞추고 있다. 일곱 가지 개발 영역은 의사소통과 ⓐ 언어, ⓑ 신체적 발달, ⓒ 개인적 · 사회적 · 정서적 발달, ⓓ 문맹 퇴치, ⓔ 산수, ⓕ 세계의 이해, ⓖ 표현 예술과 디자인으로 구성되어 있다. 영국의 유아교육은 이 모든 영역에 걸쳐 아이들의 학습과 발달을 지원하는 다양한 경험과 활동을 제공하는 것을 목표로 한다. EYFS 프로필(EYFSP)은 어린이가 5세가 되어 해당 학년이 끝날 때 어린이의 발달과 학습 성취를 평가하는 법적 평가이다.

2010년 9월부터 영국의 유아교육기관은 현재 민간, 자원봉사, 정부 지원 기관 등 다양한 주체에 의해 운영되고 있다. 이때부터 정부는 2세에서 4세 사이의 아이들에게 1년 중 38주 동안 일주일에 최대 15시간의 무료 조기 교육을 제공하기 시작하였다. 이 무료 조기 교육은 다양한 유아교육기관에 적용되며, 아이돌보미 등 가정에서의 유아교육에도 적용된다(Gov.uk, 2015).

영국의 유아교육은 교육기준 및 유아교육청(Office for Standards in Education, Children's Services and Skills: Ofsted, 보통 '교육기준청'으로 지칭하고 있음)이 관리하는데, Ofsted는 각 유아교육기관이 정부에서 제시한 유아교육의 기준과 규정을 충족하는지 정기적으로 점검한다(Gov.uk, 2023a).

(2) 초등교육(Primary Education)

영국의 초등학교 교육은 5세에서 11세 사이의 어린이들을 대상으로 하는데, 이 시기는 의무교육의 첫 단계이다.

1870년에 제정된 영국의 「교육법」은 영국의 현대 교육 시스템의 기초가 되었는데, 이 법은 학교의 설립과 유지를 담당하는 학교 위원회를 만들고, 모든 아이가 학교에 다닐 수 있도록 학생들의 출석을 관리하는 학교 출석 담당관을 임명하는 것을 규정하였다. 초기의 초등교육은 5세에서 10세 사이의 아이들에게만 의무적이었으나 1893년에 11세까지 의무교육이 확대되었다. 1902년 수정된 「교육법」은 교육위원회를 폐지하고 초・중등교육에 대한 책임을 지방자치단체(Local Authorities: LA)에 이양하였다(Gillard, 2009).

오늘날, 영국의 초등교육은 아이들에게 중등학교와 그 이상의 교육기관에서 성공하는 데 필요한 지식, 기술, 태도를 제공하는 것을 목표로 하는 광범위하고 균형 잡힌 교육과정이라는 특징을 가진다. 영국의 초등교육은 모든 학생이 그들의 배경이나 상황에 상관없이 질 높은 교육을 받을 수 있도록 보장하는 것이 매우 중요하다는 것을 강조하고 있다.

영국에서 초등학교 교육은 두 단계로 나뉘는데, 5~7세 아동을 대상으로 하는 핵심 단계 1(Key Stage 1: KS1)과 7~11세 아동을 대상으로 하는 핵심 단계 2(Key Stage 2: KS2)가 있다.

① 교육 목표

현재 영국 초등교육은 2002년 「교육법」에 제시한 목표를 근간으로 한다. 2002년 「교육법」에서 제시한 영국 초등교육의 주요 목표는 다음과 같다(Gov.uk, 2012).

- **읽고 쓰는 능력과 수리 능력 함양**: 영국 초등교육의 주요 우선순위 중 하나는 학생들의 읽고 쓰는 능력과 수리 능력을 함양하는 것이다. 이것은 학생들이 읽고, 쓰고, 의사소통하는 것을 효과적으로 가르치는 것뿐만 아니라 그들의 수학적 지식과 문제 해결 능력을 개발하는 것을 포함한다.
- **광범위하고 균형 잡힌 교육과정 제공**: 영국의 초등교육 교육과정은 영어, 수학, 과학, 역사, 지리, 예술과 디자인, 음악, 체육 등 광범위한 과목을 포함한다. 이러한 교육과정의 목표는 학생들의 균형 있는 발달을 지원하는 것이다.
- **창의력과 비판적 사고력 함양**: 영국의 초등교육은 학생들에게 지식과 기술을 전달하는 것뿐만 아니라, 창의성과 비판적 사고력을 육성하는 것을 목표로 한다. 이것은 학생들이 자신의 관심 분야를 탐구하고, 그들 자신의 생각과 관점을 개발하도록 격려하는 것을 포함한다.
- **사회적 · 정서적 발달 촉진**: 영국의 초등교육은 또한 학생들의 사회적 · 정서적 발달을 촉진하는 데 초점을 맞추고 있다. 이것은 팀워크와 의사소통과 같은 학생들의 사회적 기술을 개발하고 그들의 정서적 행복을 지원하는 것을 포함한다.
- **배움에 대한 사랑을 장려**: 영국의 초등교육은 학생들이 배움을 즐기도록 장려하는 것을 목표로 한다. 이것은 배움에 대한 긍정적인 태도를 배양하고 학생들이 그들의 흥미와 열정을 탐구할 수 있는 기회를 제공하는 것을 포함한다.

② 교육 내용

만 5세에서 7세 학생들을 대상으로 한 핵심 단계 1에서는 영어, 수학, 과학, 그리고 컴퓨터와 같은 과목들의 교육이 이루어진다. 그 외에도 예술, 디자인과 기술, 역사, 지리, 음악, 체육과 같은 과목들을 배우며 다양한 경험을 한다(Gov.uk, 2023b).

만 7세에서 9세의 학생들을 대상으로 한 핵심 단계 2에서는, 아이들은 핵심 단계 1에서 습득한 기초 기술과 지식을 바탕으로 더 복잡한 과목과 개념을 접하게 된다. 핵심 과목은 핵심 단계 1과 동일하게 영어, 수학, 과학이며, 학생들은 추가적으로 역사,

지리, 예술, 디자인, 컴퓨터, 음악, 그리고 체육 등의 과목을 공부하게 된다(Gov.uk, 2023b).

③ 교육 방법

핵심 단계 1의 교수법은 일반적으로 상호작용적인 놀이를 기반으로 하는데, 놀이 활동으로 학생들의 사회성, 창의성, 상상력을 개발하고자 하는 것이다. 교사들은 스토리텔링, 드라마, 체험 활동과 같은 다양한 교육 방법을 사용한다.

핵심 단계 2의 교수법은 핵심 단계 1과 비교했을 때 구조적이고 집중적이며, 독립적인 학습 능력과 비판적 사고력 개발에 더 중점을 두고 있다. 교사들은 다양한 학습 스타일과 능력에 맞추기 위해 다양한 교수법을 계속 사용하고 있지만, 공식적인 교육, 연습, 그리고 평가에 더 중점을 두고 있다.

④ 교육 평가

영국 초등학생들은 초등교육 기간 동안 두 번의 공식적인 국가 시험을 치르게 된다. 이 시험은 SATs(Standardized Assessment Testing)의 이름으로 치러지는데, SATs 평가는 국가에서 운영하는 평가로 공립 초등학교에서만 치러지며, 사립학교는 자율적으로 별도의 학생 평가를 시행한다.

영국 초등학생들은 핵심 단계 1의 마지막 학년인 초등 2학년(6~7세)과 핵심 단계 2의 마지막 학년인 초등 6학년(10~11세) 시기에 SATs를 치르게 된다. SATs는 영국의 국가 교육과정 평가 시스템의 일부로, 학생들의 학습 진행 상황을 모니터링하고 모든 학생들이 기본 성취 수준을 충족하는지 확인하는 데 목적이 있다. 시험의 내용은 연도별, 그룹별 국가 교육과정에 명시된 내용과 기능을 바탕으로 한다(Gov.uk, 2022).

핵심 단계 1에서의 SATs 평가는 읽기, 쓰기, 수학을 다루며, 개별 학생들의 진도를 측정하고 그들에게 추가적인 지원이 필요한 영역을 식별하는 데 사용된다. 핵심 단계 2에서의 SATs 평가는 학생들은 읽기, 문법, 구두점, 철자 그리고 수학 교과를 다룬다. 이러한 시험 결과는 국가표준과 관련하여 각 학생의 성취도를 교사에게 알리고, 각 학생의 장단점에 대한 정보를 중등학교에 제공하는 데 사용된다(Gov.uk, 2022).

일부 비평가들은 시험에 집중하는 것이 좁은 교육내용으로 이어질 수 있고 학생들과 교사들에게 너무 큰 부담을 줄 수 있다고 주장하면서, 영국 교육제도에서 SATs를 사용하는 것에 대해 비판을 제기하였다. 하지만, 이 시험의 지지자들은 이 시험들이 학생들의 진도와 역량에 대한 중요한 정보를 제공한다고 주장하며, 이 SATs 평가는 현재까지 유지되고 있다(Pells, 2017).

(3) 중등교육(Secondary Education)

영국의 중등교육은 일반적으로 11세에서 18세 사이의 학생들을 대상으로 한다. 영국에서 중등교육은 16세기부터 시작되었는데, 주로 문법학교(Grammar School)에서 부유한 가정의 학생들을 대상으로 하였다. 이 당시 문법학교는 고전적인 교육 모델에 기반을 두었으며 학생들이 대학에 갈 수 있도록 준비하는 것을 목표로 하였다. 그리고 모든 학생을 대상으로 하는 보편적인 중등교육은 19세기부터 시작되었는데, 그 당시에는 모든 배경의 아이들에게 교육에 대한 접근성을 높이기 위해 많은 교육개혁이 시도되었다. 예컨대, 1902년「교육법」은 교육위원회를 폐지하고 초·중등교육에 대한 책임을 지방자치단체에 이양했는데, 지방자치단체는 새로운 중등학교를 설립하고 그들 지역의 교육 제공을 감독할 권한을 부여받았다(UK Parliament, 2023).

1944년에는 새로운「교육법(1944 Eduction Act)」이 제정되면서, 삼부제(tripartite)라고 알려진 새로운 교육제도가 도입되었다. 이 시스템은 중등교육을 ⓐ 문법학교, ⓑ 기술학교, ⓒ 중등 현대 학교의 세 가지 다른 유형의 학교로 나누었다(Gillard, 2018). 문법학교는 학업적으로 재능 있는 학생들을 위한 것이었고, 기술학교는 실용적인 성향을 가진 학생들을 위한 것이었으며, 중등 현대 학교는 다른 두 종류의 학교에 선발되지 않은 학생들을 위한 것이었다. 그러나 이러한 삼부제는 사회적 분열을 초래하고 불평등을 강화한다는 이유로 광범위한 비판을 받았으며, 결국 1965년에 영국 정부는 더 포괄적이고 평등한 교육을 제공하고자 삼부제를 폐지하였다(Gillard, 2018).

① 교육 목표

현재 이루어지고 있는 영국 중등교육은 1944년에 제정된「교육법(Education Act 1944)」에 뿌리를 두고 있다. 1944년「교육법」제7조에 따르면 국가가 제공하는 초·중등교육의 목적은 학생들의 각 성장단계마다 영적, 도덕적, 인지적, 신체적 발전을 도모하는 효율적인 교육을 보장함으로써 지역 발전에 기여함에 있었다.

이를 근간으로 2002년「교육법」이 제정되었는데, 현재 초·중등학교에서 시행되고 있는 교육과정은 이 2002년「교육법(Education Act 2002)」을 기반으로 구성되어 있다. 2016년 개정된 교육과정 틀(Curriculum Framework)에 따르면 공립 교육과정은 교육받은 시민(educated citizen)을 기르기 위한 필수 지식으로 구성되어 있으며, 학생들이 인류의 창조와 성취(human creativity and achievement)를 인지하게(appreciation) 하는데 기여하는 것을 목표로 한다(Department for Education, 2014).

오늘날 영국의 중등교육은 광범위하고 균형 잡힌 교육과정을 통해 학생들에게 상급학교 교육이나 취업에 성공하는 데 필요한 지식, 기술, 태도를 제공하는 것을 목표로 한다. 배경이나 상황에 상관없이 모든 아이에게 양질의 교육을 제공하는 것이 중요하며, 학생들이 다양한 과목과 학습 기회를 접할 수 있도록 하는 것이 중요하다고 강조하고 있다.

② 교육 내용

영국의 중등교육은 핵심 단계 3(Key Stage 3: KS3), 핵심 단계 4(Key Stage 4: KS4), 핵심 단계 5(Key Stage 5: KS5)의 세 핵심 단계로 나뉜다.

KS3는 11세에서 14세(7~9학년)의 학생들을 대상으로 한다. 이 단계에서 학생들은 영어, 수학, 과학, 역사, 지리, 예술과 디자인, 컴퓨터, 음악, 체육을 포함한 광범위한 과목을 공부한다. KS3의 목적은 학생들이 광범위한 과목에서 지식, 기술, 이해력을 기를 수 있도록 도와주는 넓고 균형 잡힌 교육과정을 제공하는 것이다(Gov.uk, 2023b).

KS4는 14세에서 16세(10~11학년)의 학생들을 대상으로 하며, 이는 의무교육의 마지막 단계이다. 이 단계에서 학생들은 중학교 졸업 시험 격인 GCSE(General Certificate of Secondary Education) 시험을 준비하기 위한 공부를 시작하게 되는데, 학생들은 통상 5~11개의 과목을 선택한다. 여기서 영어(국어), 수학, 과학은 2002년「교육법」에 근거하여 필수로 이수해야 하며, 나머지 과목은 학생의 자율대로 선택할 수 있다. 학교마다 제공하는 교과가 다르기 때문에, 학생들은 통상 자신이 재학하고 있는 학교 내에서 선택할 수 있는 범위 안에서 과목을 선택하게 된다. 기타 과목에는 미술, 경영, 컴퓨터 과학, 디자인, 연극, 영문학, 외국어, 가정, 미디어학, 역사, 지리, 음악 등이 있다. 시험 교과에는 포함되지 않지만 이수해야 하는 교과목으로는 신체 · 성 · 건강 · 경제교육(Physical, Sex, Health, and Economics Education)과 종교학

(Religious Studies)이 있으며, 이들 과목을 핵심 단계 4(KS4)까지(만 16세) 의무적으로 이수하도록 규정되어 있다(Department for Education, 2014).

KS4 이후, 의무교육은 사실상 종료되며, 학생들은 다양한 직업 및 학술 과정을 제공하는 전문대학에서 계속교육(Further Education)을 받기도 하고, 종합대학에 진학하기를 원하는 학생들은 고등학교 과정인 KS5로 진학한다. 일반 고등학교 과정으로 진학하는 학생들은 KS5 단계에서 3~4개의 과목을 선택하여 공부하는데 여기서는 국가가 정한 의무 교과는 없으며, 학생들은 본인의 관심사에 따라서 과목을 선택한다. KS5에서 학습할 수 있는 과목은 인문학에서는 영어, 영문학, 심리학, 외국어 등이 있으며, 수학, 과학(물리, 화학, 생물, 지질학 등), 역사, 지리, 정치, 경제, 경영 등의 사회과학, 그리고 음악, 미술, 체육 등이 있다. 여기서 학생들은 학교에서 제공하는 교과목 범위 내에서 자신이 공부하고 싶은 과목을 선택하게 된다. 다만, 개별 대학교에서 특별히 요구하는 과목을 제시하는 경우가 있을 수 있으므로 학생이 진학을 희망하는 대학교 홈페이지에서 각 전공별로 요구하는 과목을 선택해야 한다. 예컨대, 대학교 의예과에 진학하기를 희망하는 학생은 화학을 필수적으로 선택해야만 의예과에 지원할 수 있는 자격이 주어진다(Department for Education, 2014).

③ 교육 방법

영국 중등교육기관의 경우 대다수의 학생이 재학하는 일반학교(Mainstream School)가 있으며, 별도로 학업이 우수한 학생들을 선발하여 교육하는 문법학교, 국가의 통제가 거의 없는 자율학교나 아카데미, 국가의 재정지원을 받지 않되 교육과정 운영이 자유로운 사립학교, 그 외 특수교육이 필요한 학생들을 대상으로 한 특수학교가 있다. 영국 중등학교의 유형과 각 학교별 개념 정의는 〈표 1-2〉와 같다.

영국 대부분의 중등학교는 KS3, 4, 5 과정을 모두 제공하는데, 소수의 중등학교의 경우에는 KS3과 KS4 과정만 교육하는 학교와 KS5 과정만 교육하는 학교가 존재하기도 한다. 일반적으로, 영국의 중등교육은 학생들에게 상급학교 진학이나 혹은 취업을 준비할 수 있도록 하고, 그들이 선택한 분야에서 성공하는 데 필요한 지식, 기술, 태도를 갖추는 고품질의 교육을 제공하는 것을 목표로 한다.

영국의 중등교육은 교실 내 교육과 개별 학습 및 평가의 조합으로 이루어진다. 학교와 강의 과목에 따라 가르치는 방법이 다를 수 있지만, 일반적인 교수학습 방법은

표 1-2 영국 중등학교 유형

유형	개념
일반학교 (Mainstream Schools)	지역자치단체가 운영하는 학교로서 가장 일반적인 중등학교
문법학교 (Grammar Schools)	지역자치단체가 운영하지만 지역 내 우수한 학생들을 선발하여 교육하는 학교
사립학교 (Independent Schools)	국가의 재정지원에 의하지 않고 학생들의 수업료나 기타 사적인 재원에 의해 운영되는 학교
자율학교 (Free Schools)	사립 단체(independent trusts)가 운영하는 학교로서 국가 교육과정을 따르지 않아도 되는 학교
아카데미 (Academies)	국가의 예산으로 운영되지만 일반학교보다 정부의 통제가 거의 없는 학교
특수학교 (Special Schools)	특수학생들을 위한 학교

다음과 같다.

- **강의식 교육:** 교사가 학급 전체 학생들에게 정보를 제시하며, 화이트보드나 프로젝터를 사용하여 노트, 다이어그램 또는 멀티미디어 자료를 보여 준다. 학생들은 메모를 하고 질문을 하거나 토론에 참여한다.
- **그룹 프로젝트:** 교사가 작은 그룹으로 나누어 과제나 프로젝트를 수행하도록 지시한다.
- **실습 또는 실험:** 과학이나 디자인과 기술 같은 일부 과목은 실습 또는 실험을 포함한다. 이러한 수업에서 학생들은 개인적으로 또는 그룹으로 실험을 수행하거나 프로젝트를 설계하고 구축한다.
- **개별 학습:** 학교는 학생들에게 교실 외부에서 숙제와 개별 학습을 완료하도록 요구한다. 이는 교과서나 기타 자료를 읽거나, 과제를 완료하는 과제의 형태로 이루어진다.

④ 교육 평가

영국의 학생들은 KS3 단계에서는 별도의 공식적인 평가를 치르지 않으며, KS4 단계가 완료될 때는 앞서 언급하였던 GCSE 시험을, KS5 단계 끝에는 GCE A-level (General Certificate of Education Advanced Level, 보통 A-level이라고 함) 시험을 치른다.

GCSE 시험은 KS4 과정을 이수했다는 자격을 부여하는 시험이며, 결과가 상급학교 입시에 반영된다. 개별 학생은 자신이 선택한 5~11개의 교과 범위에서 시험을 치른다. A-level 시험의 경우 KS5 졸업 시험의 성격과 대학 입학 시험의 성격을 동시에 지닌다. 이러한 특성 때문에 대학교에 진학을 원하지 않는 학생들도 고등학교 졸업 자격을 취득하기 위해 A-level 시험을 치른다. 보통 학생들은 각자 선택한 3~5개의 교과에서 시험을 치른다. 하루에 모든 과목의 시험을 치르는 한국의 대학수학능력시험과는 다르게, GCSE 시험과 A-level 시험은 매해 5~6월 두 달에 걸쳐서 교과목별로 치러지게 된다는 점이 특징이다. 학생들은 본인의 선택 교과에 따라 해당하는 날짜 및 시간에 시험을 보며, 하나의 교과에서도 내용과 수준별로 여러 개의 시험을 치르기 때문에, 개인에 따라 짧게는 한 달 길게는 두 달까지 시험 기간이 소요되고 있다. GCSE 시험의 경우 9등급으로 구성되어 있으며(최하 1등급부터 최상 9등급으로 구성), A-level 시험의 경우 7개의 등급[내림차순으로 A*, A, B, C, D, E, U(Unclassified의 약자로 Fail과 같은 성격임)]로 구성된다.

A-level 평가는 대부분 서술형으로, 문항 수가 적은 것이 특징이다. 2022년 역사 시험을 예로 들면 다음과 같다(〈표 1-3〉과 〈표 1-4〉 참조).

표 1-3 Pearson A-level 역사 시험 구성

구분	문항 유형	문항 수	시험시간	총점
Paper1	논술형	3	135분	60점
Paper2	논술형	2	90분	40점
Paper3	논술형	3	135분	60점
합계		8	360분	160점

출처: Pearson (2023a).

표 1-4 Pearson A-level 역사 시험 문항 예시(Paper 3)

연번	문항 내용	문항 배점
문항1	이 질문에 답하기 전에 Source Booklet의 Source2를 읽으시오. 제2차 세계대전 당시 BBC 보도의 목적과 전시 전자 통신 역할의 중요성과 관련하여 이 자료의 가치를 평가하시오.	20
문항2	2008년 미국 대통령 선거에서 오바마의 성격이 오바마의 승리에 어느 정도 영향을 미쳤는가?	20
문항3	1936년 퇴위 위기에서 비버브룩 군주의 역할이 얼마나 중요했나?	20

출처: Pearson (2023b).

잉글랜드의 경우 세 개의 민간기관 AQA(Assessment and Qualifications Alliance), Cambridge Assessment, Pearson이 정부의 지침에 따라 GCSE 시험과 A-level 시험을 출제하고 관리하게 된다. 시험의 출제와 관리에 대한 중앙정부의 기본적인 지침이 있기는 하지만 그와 동시에 평가기관들의 자율도 어느 정도 보장되기 때문에, 평가기관에 따라서 평가 내용이 달라지기도 한다. 그러므로 학교 교사들은 자율적으로 평가기관을 선택하여 그에 맞춘 교육과정을 학생들에게 가르치고, 학생들은 교사의 선택에 따른 평가기관에서 평가를 치르게 된다.

(4) 고등교육(Higher Education)

영국의 고등교육제도는 이원제(binary system)로 운영되어 민주적 단선형 학교제도(democratic ladder system)를 취하는 우리나라나 미국, 일본 등과 달리 각 경로 간에는 서로 매우 폐쇄적이다. 그래서 영국의 고등교육은 크게 대학섹터(University Sector)와 계속교육섹터(Non-university Sector or Further Education Sector)로 구분되어 있고, 계속교육섹터의 학생이 대학으로 전학할 수 없도록 되어 있다. 그리고 영국의 고등교육은 대학과 전문대학의 자율성이 높은 것이 특징이며, 대학은 자체적으로 입학요건을 설정하고, 자율적으로 교육과정을 설계하며, 자유롭게 연구를 수행한다. 다만 국가적인 차원에서 고등교육의 질을 제고하기 위해 정부는 품질 보증을 위한 기관 인증, 자금 지원 및 감독 시스템 등을 통해 고등교육을 규제하기도 한다.

① 대학 입시

영국의 대학교는 매해 9월 새 학년이 시작되는데, 입학 서류 제출은 1년 전부터 가능하다. 학생들은 영국 내 전반적인 입시 업무를 담당하는 대학입학서비스청(Universities and Colleges Admissions Service: UCAS)라는 기관을 통해 지원서를 접수하게 되는데, 어떤 대학교에 지원하든 혹은 여러 대학교에 지원하든 이곳에 하나의 원서만 제출하면 된다. 영국은 입학 전형이 유형이나 시기별로 나누어져 있지 않기 때문에 하나의 기관을 통해 입시가 이루어지고 있다. 영국의 입시 절차와 시기는 [그림 1-4]와 같다.

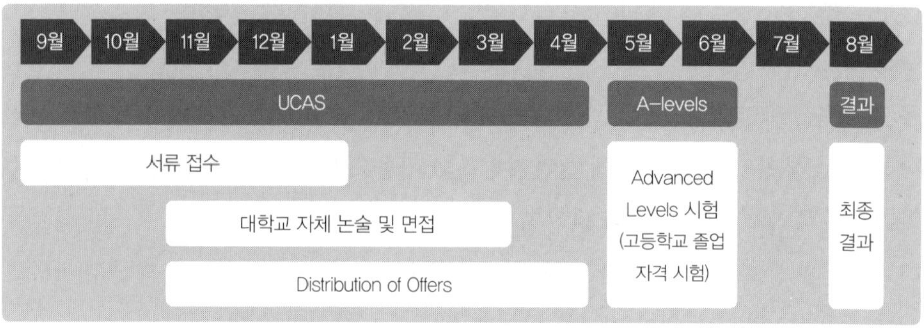

[그림 1-4] 영국의 입시 일정

대학교의 합격 여부는 학생들이 A-level 시험을 치르기 전 대학교마다 서류, 면접 등으로 자체 평가 후 조건부 합격 여부가 결정된다. 여기서 조건부는 학생이 학교가 제시하는 A-level 시험의 특정 등급 이상을 취득해야 된다는 것을 의미한다. 학생들은 A-level에서는 최저 등급만 맞추면 되기 때문에 세부 점수의 중요도는 상대적으로 낮다. 대학교 전공별 A-level 최저 등급의 예시는 〈표 1-5〉와 같다(UCAS, 2023a).

표 1-5 대학 전공별 A-level 최저등급 예시

University of Oxford		University of College London		University of Manchester	
Engineering	History	Medicine	Education	Chemistry	Economics
수학, 물리를 포함한 A*A*A	AAA	생물, 화학을 포함한 A*AA	ABB	화학과 다른 과학 혹은 수학 과목을 포함한 AAA	수학에서 A를 포함한 AAB

② 종합대학교(Universities Sector)

현재 영국에는 130개 이상의 종합대학이 있으며, 영국에서 가장 잘 알려진 종합대학들 중 일부는 옥스포드 대학, 캠브리지 대학, 그리고 임페리얼 칼리지 런던 등이 있다. 영국에는 전통적인 종합대학 외에도 예술 및 디자인 대학, 교사양성 대학, 비즈니스 스쿨 등의 전문기관이 많이 있다. 이들 기관 중 상당수는 각 분야에서 높은 명성을 가지고 있으며, 고도로 전문화된 교육 프로그램을 제공한다. 영국 정부 통계청(Office for National Statistics: ONS)에 따르면 영국에서 만 18세 중 대학에 진학한 비율은 2022년 기준으로 37.5%였다. 지역별로는 대학 진학률이 잉글랜드 38%, 스코틀랜드 30%, 웨일스 지역은 32%, 북아일랜드 지역은 41%로 다소 차이가 있는 것으로 나타났다(Bolton, 2023). 참고로 2020년 기준 영국의 만 18세 중 고등교육기관 등록률은 38%, 19세는 48%, 20세는 49%이며, 대한민국의 만 18세 중 고등교육기관 등록률은 64%이며, 만 19세는 78%, 만 20세는 70%이다(OECD, 2022).

영국의 초기 고등교육기관은 처음에는 종교 기관으로 설립되었으나, 시간이 지나면서 현재의 대학으로 발전하였다. 1096년 옥스퍼드 대학교가 영국의 첫 고등교육기관으로 설립되었으며, 그 후 1209년 케임브리지 대학교가 두 번째 고등교육기관으로 설립되었다. 그 후, 1836년 런던 대학교, 1832년 더럼 대학교, 1858년 에든버러 대학교 등의 많은 새로운 대학교들이 설립되었다. 초기의 대학들은 수학, 물리, 의학, 라틴어 등의 전통적인 학문을 다루었으며, 초기에는 성직자 양성이 목적이었으나, 나중에는 귀족계급과 상류계층의 자제들을 교육함으로써 정치적, 경제적, 그리고 사회적 엘리트 양성기관으로 발전하였다(정일환 외, 2012; Gillard, 2018).

산업혁명 이후 새로운 산업의 노동 수요에 맞춰 공학, 법학, 외국어 등의 다양한 교과목을 추가하였다. 20세기 초, 영국 정부는 고등교육에 적극적으로 개입하기 시작하며, 새로운 고등교육기관을 설립하고 연구를 위한 자금을 지원했다. 1919년에는 대학에 대한 정부 지원금의 배분을 감독하기 위해 대학보조금위원회가 설립되었다.

1938년부터 1945년까지 이어진 제2차 세계대전에는 많은 대학이 군사적 목적으로 사용되었다. 전쟁이 끝난 후, 고등교육에 대한 접근을 확대하려는 움직임이 있었고, 1945년 「교육법」은 맨체스터 대학교, 버밍엄 대학교, 리즈 대학교를 포함하여 "레드 브릭(Red Brick)"으로 알려진 국가 재정지원 대학의 새로운 시스템을 만들었다. "레드 브릭"은 20세기 이후 소위 붉은 벽돌로 지어진 대학교들을 일컫는 용어인데, 20세기 이전에 돌로 지어진 대학들과 구분하기 위해 붙여진 명칭이다.

1960년대에 영국 정부는 고등교육을 대대적으로 확산하고자 하는 취지로 폴리테크닉(polytechnique)라는 새로운 형태의 대학을 설립하였다. 이 폴리테크닉은 우리나라의 전문대학에 상응하는 단기 교육기관으로, 주로 산업 기술 인력을 양성하였으며, 학위 수여 권한이 없었다. 그러나, 1992년에 「고등교육법」에 의하여 모든 폴리테크닉이 대학교로 전환되어 학위를 수여하기 시작했다. 폴리테크닉의 등장은 영국의 고등교육 진학율에 직접적인 영향을 미쳤는데, 1990년까지 영국의 고등교육 진학율은 30%까지 증가하였다.

영국의 대학은 국왕의 칙허장(Royal Charter)에 의하여 설립되고 운영되며, 교육부(Department for Education)로부터는 독립적이다. 그러면서도 대학은 비정부기관인 고등교육기금평의회(Higher Education Funding Council)에서 제공하는 보조금으로 운영된다. 영국의 종합대학교 등록금은 정부에 의해 상한선이 정해져 있는데, 2021/2022년도에는, 영국 내 지역 학생의 대학 등록금 상한선은 최대 9,250GBP(영국파운드)였다(1파운드당 환율을 1,670원으로 계산하면 약 1,540만원에 해당함). 대부분의 대학교에서 이 상한 금액을 등록금으로 부과하고 있으며, 이때 석사과정이나 박사과정 등의 대학원 프로그램의 경우 상한선이 적용되지 않는다. 이러한 등록금 상한선은 영국 국적의 학생들에게만 적용되며, 국제 학생의 경우, 영국 내 지역 학생의 등록금보다 더 높은 등록금을 내야 한다. 2021년 이전에는 EU 국가의 학생들에게는 영국 학생들과 같은 등록금이 부과됐지만, 2021년부터 브렉시트의 여파로 EU 국가의 학생들도 다른 외국 학생과 동일한 수준의 등록금이 부과되고 있다(Donelan, 2020).

영국의 학부 과정은 대부분 3년 과정으로 구성되어 있다는 것이 특징이다. 대학원(석사) 과정은 학습 과정에 따라 1년, 혹은 2년 과정으로 구성되어 있다. 영국 고등교육의 또 다른 특징 중 하나는 학기 중간에 독서 주간(Reading Week)이 있다는 것이다. 이 독서 주간이란 학기 중간에 있는 일주일가량의 방학으로, 학생들이 수업에 참석하지 않고 혼자 책을 읽으며 진도를 따라잡을 수 있는 여유의 시간을 주는 것이다(Brewster, 2019).

③ 비종합대학교(Non-Universities Sector)

㉠ 개방대학(Open University)

종합대학이 아닌 계속교육섹터 중 하나인 개방대학(Open University)은 1969년에 신설하게 된 잉글랜드, 웨일스, 스코틀랜드, 북아일랜드의 21세 이상의 성인을 대상으로 원격으로 고등교육을 수행하기 위하여 1969년에 설립한 방송통신대학이다. 1963년 Harold Wilson 노동당 당수가 미국과 소련에서 소규모로 운영되어 온 텔레비전 통신학습에서 아이디어를 얻어, 교육전문가들의 자문을 바탕으로 정치적인 목적에서 영국의 교육개혁을 위한 선거공약으로 방송통신대학안을 내세웠던 것이 실현된 것이다. 이미 1950년 방송을 통한 교육의 효율성이 이야기된 바 있었고, 영국의 BBC(British Broadcasting Corporation)는 고등교육을 받지 못한 근로자들을 위하여 교육과학부와 협력하여 교육기회를 개방하려고 계획하고 있었던 시기였다. 그리고 1963년의 Robbins 보고서에 영국의 학교교육제도가 이원제(binary system)를 유지하고 있어 고등교육의 혁신이 시급하다는 점을 지적하였고, 다수의 고등교육 혜택을 받지 못한 사람들이 대학 교육을 받기 원한다는 자료를 제시하여 Wilson 수상의 제안은 큰 호응을 얻었다(Open University, 2023a). 1967년 Lee는 교육과학부 장관으로서 교육 및 방송전문가로 구성된 개방대학의 설립 기획위원회를 발족하였으며, 해당 위원회에 의해 1969년 개방대학 보고서가 제출되었고, 황실 조서에서 개방대학이 독립적으로 학위를 줄 수 있는 대학으로 허가하여, 1971년 1월 개방대학이 출범하게 되었다. 이처럼 개방대학은 직장, 가족, 개인적인 사정으로 인해 전통적인 대학에 다닐 수 없는 사람들에게 접근 가능하고 유연한 고등교육을 제공하기 위한 목적으로 설립되었다(Open University, 2023a; 2023b).

개방대학은 예술, 사회과학, 과학 및 기술, 공학, 교육 및 비즈니스를 포함한 광범위한 학부 및 대학원 학위 프로그램을 제공한다. 개방대학에서 수여하는 학위는 학사학위(BA.)와 우등학사학위(BA. Honours)가 있다. 대학원 과정은 모두 연구 과정이며, 특별히 대학원 교육과정이라고 정해진 것은 없다. 학위는 전공에 관계없이 철학학사(B. Philosophy), 철학석사(M. Philosophy), 또는 철학박사(D. Philosophy)로 수여된다. 연구 과정은 현직에 있으면서 특별히 자기의 전문영역의 기술 수준을 높이려는 학생이나, 학위과정에 들어가기 전에 준비하려는 학생을 위하여 설계된 프로그램이다(Open University, 2023c).

개방대학의 원격 학습 모델은 학생들이 대학에서 제공하는 다양한 자료와 자원을 사용하여 자신의 진도와 일정에 따라 학습할 수 있도록 한다. 각 과정에서는 온라인 학습 플랫폼, 인쇄된 학습 자료, 튜토리얼 및 기타 지원 서비스를 제공하여 학생들이 비대면으로도 고품질의 학습을 진행할 수 있도록 한다. 학생들은 파트타임으로 학습할지 혹은 풀타임으로 학습할지 선택할 수 있고, 학위를 완료하는 데 필요한 만큼 시간을 사용할 수 있다. 이러한 교육 방법은 직장에 다니는 등 일반 대학에서 학습하는 것이 어려운 환경에 놓인 학생들에게 인기를 끌었다. 그리고 개방대학은 학생들이 비대면으로도 효과적으로 학업을 진행할 수 있도록 학업 지원, 학습 능력 훈련, 진로 개발 조언 등 다양한 자원과 지원 서비스를 제공하기도 한다(Open University, 2023d).

㉡ 단기 고등교육기관

영국에서는 역사적으로 오랫동안 엘리트 양성 위주의 교육정책을 펼쳐온 탓으로 국민들의 평균 교육 연수가 미국 유럽 선진국들과 비교하여 짧았고, 고등교육의 기회가 매우 협소하였다.

약 40여 년 전인 1981년만 하더라도 영국의 고등교육 취학률이 29.7%에 불과하였고, 2000년에 되어서야 46%로 증가하였다. 이 중 일반 종합대학교가 아닌 계속교육 섹터(Non-university Sector)에 재학 중인 학생은 전체 고등교육기관 학생 745,000명의 46.4%인 346,000명이었다. 2003년 1월에 발표된 고등교육 백서 『고등교육의 미래(The Future of Higher Education)』에서 영국 정부의 고등교육 확충을 지향하는 매우 강력한 개혁 의지를 제안하였다. 『고등교육의 미래』에서는 2010년까지 18~30세 연령군 학습자들의 고등교육 참가율을 50%로 높일 것이라는 정부의 목표를 실천하기 위하여 주로 기초학위(Foundation Degrees, 직업고등교육 자격)를 통하여 고등교육의 확장에 초점을 두었다.

기초학위(Foundation Degrees)는 영국의 많은 대학에서 제공하는 전문 직업 학위이다. 기초학위는 일반적으로 2년 프로그램으로 운영되며, 일부 기관은 학생들이 더 오랜 기간 동안 학위를 완료할 수 있도록 시간제 또는 유연한 학습 옵션을 제공하기도 한다. 기초학위는 경영, 공학, 건강 및 사회 복지 등 다양한 분야에서 학위가 제공된다(Higginbotham, 2023).

기초학위 과정은 학문적인 공부와 실용적인 기술 습득을 적절히 조합하여 학생들이 특정 산업이나 분야에 취업할 수 있도록 준비하는 것에 초점을 맞추도록 설계되었다. 특히, 많은 기초학위는 산업체와의 협력 아래 과정에서 가르치는 기술과 지식이 산업의 요구와 직접적으로 관련되도록 설계된다. 이는 학생들이 취업 시장에서 두각을 나타내고 졸업 후 취업을 확보할 수 있는 기회를 높이도록 하는 전략이다(Thinkstudent, 2022).

기초학위는 취업 외에도 일반 종합대학에 진학하기 위한 디딤돌의 목적으로도 사용된다. 즉, 학생들은 하나의 대학교에서 기초학위를 마친 후에 같은 학교나 다른 종합대학교에서 일반적인 대학교 학사 학위를 수료하는 것이다. 미술 같은 전공의 경우는 거의 대부분의 학생들이 미술 학교에서 기초학위를 수료하고 일반 대학에 진학하는 것이 일반적이다. 경우에 따라, 기초학위를 받은 학생들은 더 짧은 기간에 학사학위를 마치기도 한다.

ⓒ 산업대학(The University for Industry/LearnDirect)

영국 정부는 21세기에 급격히 변화하는 글로벌 시장에서 더 좋은 질의 교육과 서비스를 제공하기 위하여 새로운 형태의 온라인 학습 기관인 산업대학(The University for Industry: UfI)을 설립하였다. 이러한 산업대학은 산업체를 위한 대학 비전으로서 설립 목적은 산학협력을 통하여 성인의 고용률을 높이고, 기업의 생산성과 효율성을 높이는 데에 있었다. 산업대학은 일반 사람들과 기업에게 그들의 학습 요구를 진단하고 그들에게 맞는 학습에 접근하도록 중개인처럼 돕고, 그들의 학습에 장애가 되는 것을 제거하여 학습을 더 유연하고 접근 가능하도록 설계되었다(MacLeod, 2004).

산업대학인 UfI는 2000년에 런다이렉트(LearnDirect)라는 이름으로 명칭을 변경하였다. LearnDirect는 다양한 공공 및 민간 섹터 조직과 협력하여 영국 전역의 개인 및 기업에 교육 및 기술 개발 프로그램을 제공했다. 2,000개가 넘는 학습센터가 허브로 그룹 지어져 있고, 읽기, 쓰기, 산수, IT 기술, 경영과 기술 등을 포함한 700개의 교육과정을 제공하고 있다. 전 교과목의 75% 이상이 온라인으로 이루어지고 있으며, 이직을 하거나, 경력 단절 후에 직장으로 복귀하거나, 경력을 발전시키기 위해 새로운 기술을 학습하려는 사람들이 많이 이용하고 있다. 2023년 기준 450만 명이 산업대학의 학습자로 등록되어 있다(Learndirect, 2023).

(5) 평생교육(Lifelong Education)

영국에서의 평생교육은 전통적인 학교와 대학 시기를 넘어서 개인의 삶 동안 학습과 지식 습득을 지속적으로 추구하는 개념으로 나타난다. 최근 몇 년간, 빠르게 변화하는 경제의 요구에 부응하기 위해 인력의 역량 강화와 전직 교육의 중요성이 점점 더 인식되고 있다. 영국 정부는 성인들이 평생학습에 참여할 수 있도록 여러 가지 정책을 수립했는데, 그중 하나가 국가 재교육 계획(National Retraining Scheme: NRS)이다. NRS는 기술 부족이 예상되는 분야에서 성인들에게 새로운 기술을 학습할 수 있는 기회를 제공하기 위한 프로그램으로, 변화하는 취업 시장에 대비하기 위해 추진되었다. 그래서 NRS의 주요 목적은 기술 부족이 예상되거나 기술적 발전이 이루어지고 있는 분야에서 성인들에게 재교육과 기술 역량 강화의 기회를 제공하려는 것이며, 주요 구성 요소들은 다음과 같다(Department for Education, 2020b).

- **스킬 부트 캠프**: 스킬 부트 캠프는 수요가 많은 산업에서 필요한 특정 기술에 초점을 맞춘 짧고 집중적인 교육 프로그램으로, 참가자들이 실용적인 경험과 업계 인정 자격증을 얻을 수 있는 기회를 제공한다.
- **디지털 기술 협력**: 디지털 기술 협력은 고용주, 교육기관 및 정부기관이 협력하여 디지털 기술 역량 부족을 해소하기 위해 추진되었다. 이는 디지털 기술 교육 프로그램 개발을 촉진하고 다양한 분야에서 필요한 디지털 역량을 습득하는 개인들을 지원한다.
- **유연한 학습 기금**: 정부는 평생학습에 대한 혁신적인 접근 방식을 개발하는 프로젝트에 자금을 지원한다. 자금 지원은 온라인 강좌, 파트타임 프로그램 등 유연한 학습 기회를 제공하는 프로그램에게 돌아간다.
- **직업 허브**: 학교, 대학교 및 고용주를 연결하여 직업 교육을 개선하고 젊은이들이 미래 직업에 대해 정보를 얻을 수 있게 한다.

NRS 외에도 영국의 평생학습 분야에서는 기초 기술 훈련, 직업 과정, 전문 개발 및 개인 취미활동 등 다양한 성인교육 프로그램이 제공되고 있다. 이러한 프로그램은 계속학습대학, 대학교, 사설 교육기관, 지역 센터 및 온라인 플랫폼에서 제공된다. 아울러, 디지털 기술은 평생교육의 접근성을 확대하는 데 큰 역할을 하고 있으며, 개방대학, 온라인 학습 플랫폼, 대규모 개방형 온라인 강좌(MOOCs) 및 가상교실에서 학습이 이루어진다.

2) 교사교육(Teacher Education)

이 절에서는 영국의 교사교육과 관련하여 교사양성제도와 교사임용제도로 나누어 제시하고자 한다.

(1) 교원양성제도

① 개요

영국에서 교직으로 입문하기 위해서는 교육부 산하 감독기관인 교원규제청(Teaching Regulation Agency: TRA)에 의해 인증된 교원양성과정(Initial Teacher Training: ITT)을 이수한 후, 일종의 교사자격증이라고 할 수 있는 교원자격지위(Qualified Teacher Status: QTS)를 취득해야 한다. 이는 지방자치단체(Local Authority: LA)가 관리하는 공립학교와 공립 특수학교 및 비공립 특수학교의 교원에 해당되고, 개별 학교의 자율적인 운영이 강조되는 아카데미(Academy)와 자율학교(Free School)와 사립학교에는 QTS 가 없어도 임용이 가능하다(Long & Danechi, 2023).

영국에서는 2022/23학년도에 약 29,000명이 교원양성과정(ITT)에 다양한 경로로 입학하였다(Department for Education, 2023c). 교원양성과정 입학 경로는 크게 두 가지, 즉 고등교육기관 주도 과정이거나 단위학교 주도 과정으로 구분되어 있으며, 해당 과정을 이수하는 예비교사가 수업료를 내야 하거나 반대로 급여를 받는 방식이 있다. 모든 입학생들은 중등교육 자격시험(GCSE) 또는 에이레벨(A-Level) 시험의 영어(국어)와 수학 교과에서 C 등급(Grade 4) 이상의 성적을 받아야 하고, 초등(3~11세 아동) 교원의 경우에는 과학 교과에서도 C 등급(Grade 4) 이상을 받아야 한다(Long & Danechi, 2023).

입학 후 모든 교원양성과정생(이하 과정생)은 2개 이상의 단위학교에서 실습을 통해 실무 경험을 쌓아야 하고, 문해력과 수리력에 대한 적절한 수준의 역량이 있음을 입증해야 한다(Get into teaching, 2023). 2013년부터 2020년 3월까지 입학한 과정생은 양성과정 수료 후 QTS 취득을 위해서 문해력과 수리력에 대한 전문 기술 시험(Professional Skills Test)을 의무적으로 통과해야 했으나, 해당 시험이 교직으로의 입문을 꺼리는 이유로 제기되기도 하였고, 예비교사의 문해력과 수리력을 측정하는 척도로서 타당성이 떨어진다는 문제 제기를 검토한 끝에 2020년 4월 이후부터는 해당 시험 통과 의무가 없어졌다(Department for Education, 2015, 2019a; Long & Danechi, 2023). 그 대신 교원양성과정 제공기관들이 과정생의 포트폴리오와 학업 성적 등을 통해서 해당 영역에 대한 역량이 충분히 갖춰져 있는지 여부를 종합적으로 검토하여 판단하도록 하였다. 이후 특정 교원양성과정생이 모든 기준을 충족하였다는 결과를 통보하면 교원규제청(TRA)은 수료자에게 QTS를 부여하고 교원 인사기록에 정보를 등록한다. QTS를 수여 받고 난 후 단위학교에 임용되는 교사를 초임교사(Early Career Teacher: ECT)라 하는데, 이들은 연수기간 혹은 수습기간(Induction Period)을 2년 동안 거치게 된다. 그 이후 최종 평가에 합격하면 공립학교의 정식 교사로 임용될 수 있다(Department for Education, 2023c; Long & Danechi, 2023).

한편, 교육부는 임용된 교원의 이탈을 막고 오랫동안 근무하는 것을 장려하기 위한 정부 정책 중 하나로 초임교사 경력체계(Early Career Framework: ECF)를 도입하였는데, 이는 2018년에 처음 제안되어 2021년 9월부터 영국 전역에 시행되고 있다(Department for Education, 2019b). ECF에는 QTS의 기능을 강화하고 초임교사의 전문성 개발을 체계적으로 지원하기 위해 교원양성과정과 수습기간 중 습득해야 할 교육내용과 기능, 수습기간 교육과정의 개발, 수습기간을 진행할 멘토교사 배치 및 재정적 지원 등의 내용이 상세히 제시되어 있다. 교육부는 관련 지침서를 통해 교원양성과정 제공기관들이 초임교사 경력체계를 토대로 교원양성과정과 수습기간 프로그램을 체계적으로 운영하도록 하고 있으며, QTS 취득 교사 비율과 5년 이상의 교직 경력자 비율 등을 조사하여 ECF 정책의 성공 여부를 모니터링하고 그 결과를 보고서로 공개하고 있다(Department for Education, 2023a).

② 교원양성과정(Initial Teacher Training: ITT)

영국은 2015년 카터 보고서(Carter review)를 발간하며 기존의 교원양성과정을 전면 재검토하였다. 이는 기존 교원양성과정 교육내용의 개선, 운영의 투명성 제고, 우수한 인력의 교직 유입 활성화, 그리고 역량 있는 예비교사 양성을 위해 필요한 핵심 요소 등을 파악하기 위한 것이었다. 그 결과물로써 2019년 11월, 교원양성과정 핵심 내용 체계(ITT Core Content Framework: ITT CCF)를 발표하였다(Department of Education, 2019d). 이는 초임교사 경력체계(ECF)와 연계하여 초임교사가 최소한으로 충족해야 할 기준을 제공함으로써, 교원양성과정을 제공하는 기관들이 교원양성 프로그램을 설계할 때 활용하도록 하고 있다. ITT CCF는 행동 관리, 교육학, 교육과정, 교육평가, 전문적 행동이라는 다섯 가지 핵심 영역으로 구성되어 있으며, 전문 지도교사의 지도에 따라 교수법에 대한 토론 및 분석, 수업 참관, 멘토링 등의 방법으로 체계적인 교육이 가능하도록 안내하고 있다. 교육부는 이러한 ITT CCF와 ECF가 시행 목적에 맞게 제대로 운영되도록 '증거 요구'(Call for Evidence, 영국의 교육정책 수립 및 수정 · 보완 과정에서 관련 전문가 및 이해당사자들에게 해당 정책에 대한 의견을 수렴하는 단계)를 통해 관련 연구를 공모하는 등 지속적으로 모니터링하고 있다(Department for Education, 2023m).

③ 교원양성과정 제공기관

영국의 교원양성과정은 초등교원과 중등교원의 양성과정이 각각 교육기관으로 분리되어 있지 않고 같은 양성기관 안에서 해당 양성과정을 선택하여 이수하도록 한다는 점과, 대학원 수준에서의 교원양성과정을 더 강화한다는 특징이 있다. 영국의 교원양성과정인 ITT를 제공하는 기관은 고등교육기관 주도 과정과 단위학교 주도 과정으로 구분할 수 있고, 단위학교 주도 과정 내에는 과정생이 교사로서 직접 근무하면서 급여를 받을 수 있는 경로와 교원양성과정만을 이수하면서 수업료를 내야 하는 경로로 나누어져 있다(Get into teaching, 2023; Long & Danechi, 2023; UCAS, 2023b). 한편, 최근 영국 교육부는 단위학교 주도의 ITT 과정을 적극적으로 유도하는 정책 기조를 보이고 있는데, 이에 따라 해당 과정으로 진학하는 학생들의 비율이 증가하고 있다. 모든 ITT 과정은 해당 과정의 수료를 통해 QTS를 취득할 수 있으며, 2개 이상의 학교에서 최소 24주 동안의 교생실습이 포함되고, 학부 과정을 제외한 모든 과정에서 교육대학원 수료증인 PGCE(Postgraduate Certificate in Education)를 수여한다(Long & Danechi, 2023). 다음은 교육부의 '교직으로의 입문(Get into teaching)' 홈페이지와 UCAS에 설명되어 있는 교원양성과정 제공기관 및 입학 경로에 대한 내용을 정리한 것이다(Get into teaching, 2023; UCAS, 2023b).

㉠ 고등교육기관 주도 양성과정(Higher Education-centred Training)

• 학부 과정(Undergraduate Teacher Training)

학부 과정에는 BA(Bachelor of Arts, 인문학사), BSc(Bachelor of Science, 이공학사) 또는 BEd(교육학사) 과정이 있고 보통 풀타임은 3~4년, 파트타임은 4~6년이 소요된다. 학부 과정을 통해 학사학위를 취득하는 과정에서 단위학교 2개 이상에서 24주 동안의 교생실습을 한 후에, 교사로서 지녀야 할 최소한의 자질 및 품행 기준을 규정한 교사자격기준(Teachers' Standards: TS)을 충족한 과정생은 교원자격지위(QTS)를 취득할 수 있게 된다(Department for Educaton, 2021c). 여기서 BEd(교육학사)는 초등학교 교사, BA(인문학사)와 BSc(이공학사)는 중등학교 교사를 희망하는 학생이 보통 이수하게 된다. 또한 일부 대학에서는 참여 동의(opt-in) QTS 학위를 제공하기도 하는데, 이 과정은 주로 중등학교의 수학, 물리, 컴퓨터 또는 현대 언어와 같은 교사가 부족한 과목에서 제공되며, BA, BSc 및 학사 · 석사 통합 과정에서 진행되는 경로이다.

• 대학원 과정(Postgraduate Teacher Training)

대학원 과정의 경우 우리나라의 교육대학원 시스템과 같이 특정 대학교의 교원양성 대학원 과정에 입학하여 교수법을 학습 및 훈련받고, 파트너십을 맺은 단위학교 중 2개 이상에서 교생실습을 거친 후 QTS 및 교육대학원 수료증인 PGCE를 취득하게 된다. 보통 풀타임은 1년 과정이고 파트타임은 2년 과정으로 운영되며, 교육부의 '2022/23학년도 ITT 과정 입학생 현황 조사'에 따르면 ITT 과정 입학생의 약 80%(23,224명)가 대학원 과정으로 입학하였다(Department for Education, 2023c). 이 외에 영국 보수당의 주도로 2018년 9월부터 운영되고 있는 일종의 보조교사(Teaching Assistants)가 정식 교사로 진급할 수 있는 경로로 대학원 과정의 견습 교사(Teacher Apprenticeships) 과정이 있는데, 이 과정의 입학 기준 및 내용은 대학원 교원양성과정의 경로를 따르며, 모든 견습 교사는 QTS 취득을 위한 과정 이수기간 동안 일정 수준의 급여를 받으며 근무하게 된다.

㉡ 단위학교 주도 양성과정(School-led Training)

• 스쿨 다이렉트(School Direct)

스쿨 다이렉트는 일선학교의 경력교사가 직접 교원양성 교육 프로그램을 제공하는 방식으로, 보통 1년 과정이며, 인근 대학교 또는 단위학교 중심 교원양성과정(School-Centred Initial Teacher Training: SCITT) 그룹과 파트너십을 구축하여 운영하고, 보통 양성과정을 성공적으로 이수한 수료자에게 QTS 및 PGCE 학위를 제공한다. 다만 일부 학교에서는 QTS만 제공하고 PGCE를 제공하지 않는 경우도 있다. 해당 과정에 입학하기 위해서는 교원이 되기 위한 자질과 가르치고자 하는 과목 관련 전공의 학사학위를 소유해야 하며, 과정생은 수료 후 교육을 받은 학교에서 정식 교사로 근무할 수 있다. 이 과정에는 두 가지 경로가 있는데 하나는 교사로 근무하며 급여를 받을 수 있는 경로이고 다른 하나는 수업료를 내야 하는 경로이다. 전자의 경우에는 일반 직업군에서 최소 3년 이상 근무한 대학 졸업자가 이전 근무지의 고용주로부터 받은 추천서와 함께 지원할 수 있고, 단위학교에서 교육 및 훈련을 받는 1년 동안 무자격 교사로 고용되어 급여를 받는데, 급여 수준은 단위학교와 가르치는 과목에 따라 다르다. 후자의 경우에는 비록 수업료를 내야 하지만, 보통 정부 장학금 또는 학자금 대출 등의 지원을 받으며 교육과정을 이수할 수 있다.

• 단위학교 중심 교원양성과정(School-centred Initial Teacher Training: SCITT)

단위학교 중심 교원양성과정(SCITT)은 정부 인가를 받은 초·중등학교에서 자체적으로 ITT를 설계하고 운영하는 경로로, 앞서 언급한 스쿨 다이렉트의 유형 중 수업료를 내야 하는 과정과 유사하다. 이 양성과정은 거리상 근접한 지역 초·중등학교와 대학교가 파트너십을 맺어 양성과정을 운영하는 교육프로그램으로, 학사학위 소지자가 1년 동안 2곳 이상의 단위학교에서 주당 최대 16시간의 관련 이론 수업과 실무 교육을 받아야 한다. 양성과정 첫날부터 숙련된 현직 교사가 개인 멘토로 배정되고 가상의 수업 환경에 노출되며, 필요시 외부 강사나 심사위원을 초빙하여 교육 및 평가를 진행할 수 있다. 대부분의 SCITT에서는 PGCE를 수여하고 있으며, 전공에 따라 보조금이나 장학금이 제공되기도 한다.

• 티치 퍼스트(Teach First)

티치 퍼스트는 독립적인 자선재단 또는 사회적 기업이 운영하는 교원양성과정으로 2002년부터 노동당 정부가 추진한 교육정책이다. 보통 학부 성적이 우수한 대학 졸업생[우리나라의 대학의 4.5만점 성적을 기준으로 평균 평점이 3.87점 이상에 해당하는 First Upper Second(2:1)]이 파트너십을 맺은 대학에서 5주 동안 집중 교육을 받은 후, 사회경제적으로 취약한 지역 또는 학업성취도가 낮은 지역의 학교에서 근무하는 방식이다. 이 양성과정은 보통 2년 과정이며, 정부의 장학금, 학교에서 지급하는 등록금, 자선 단체의 기부금 등을 받아 근무기간 동안 교사 급여 전액을 받는다. 처음 1년 동안에는 영국 전역의 교원양성과정을 운영하는 대학교와의 파트너십을 통해 교육과정을 이수하면서 필요한 기술과 지식을 학습한다. 그리고 아직 자격 기준을 갖추지 못한 교사이지만 단위학교에서 근무할 수 있는데, 이때 해당 학교에서 직접 연수를 받게 된다. 2년 차부터는 멘토링 및 튜터 배정 등의 필요한 지원을 받으며 자격기준을 갖춘 초임 교사(ECT)로서 직접 수업을 진행하고, 이 과정을 마친 후에는 교육학 석사학위(Postgraduate Diploma in Education and Leadership: PGDE)와 QTS를 받게 된다. 참고로 PGDE는 PGCE와 유사하지만 1년이 아닌 2년의 과정 동안 120학점을 이수한 후 취득할 수 있는 석사 학위의 일종이다(Teach First, 2023).

이러한 일련의 ITT를 성공적으로 마치게 되면, ITT 제공기관이 TRA에 결과를 통보하고, TRA는 해당 과정을 마친 수료생에게 QTS를 수여함과 동시에 자격 기준을 갖춘 교사 데이터베이스에 인사기록을 업데이트 한다. QTS 자격증 획득 여부는 교사셀프서비스(Teacher Self-Service) 웹사이트를 통해 온라인으로 조회가 가능하다. 앞서 논의한 교원양성과정 이외에도 전직 군인이 교원이 될 수 있는 2년 과정의 고용 기반 교원양성과정인 군경험자 교직프로그램(Troops to Teachers)과 특수교육 필요 및 장애(Special Needs and Disabilities: SEND)를 가진 아동을 가르치기 위한 양성과정인 특수교사양성 프로그램이 있다(Long & Danechi, 2023). 앞서 언급한 영국의 주요 교원양성 및 교원자격 취득 경로의 특징을 요약하여 표로 제시하면 다음과 같다(〈표 1-6〉 참조).

표 1-6 영국의 교원양성제도(요약)

<table>
<tr><th rowspan="2">구분</th><th colspan="2">고등교육기관 주도</th><th colspan="4">단위학교 주도</th></tr>
<tr><th>학부 과정</th><th>대학원 과정</th><th>스쿨 다이렉트
(급여 지급)</th><th>스쿨 다이렉트
(수업료 있음)</th><th>단위학교 중심
(SCITT)</th><th>티치 퍼스트</th></tr>
<tr><td>소요 기간</td><td>3~4년
(풀타임)
4~6년
(파트타임)</td><td>1년
(풀타임)
2년
(파트타임)</td><td colspan="3">1년</td><td>2년</td></tr>
<tr><td>주요 운영 주체</td><td>대학교</td><td>대학원</td><td colspan="3">지역 초·중등학교</td><td>티치 퍼스트 재단</td></tr>
<tr><td rowspan="2">주요 특징</td><td rowspan="2">과정 이수 후 학사학위 취득 및 교사 자격기준(TS) 충족 시 QTS 취득</td><td rowspan="2">교원양성 과정 입학생의 대다수 (약 80%)가 진학</td><td colspan="2">-과정 수료 후 교육을 받은 학교에서 근무 가능
-인근 대학교와 파트너십</td><td colspan="2">인근 대학교와 파트너십</td></tr>
<tr><td>일반 직업군에서 최소 3년 이상 근무한 대학 졸업자가 지원 가능, 무자격 교사로 고용되어 1년 동안 급여를 받음</td><td>정부 장학금 또는 학자금 대출 등의 지원을 받으며 이수 가능</td><td>정부 인가를 받은 초·중등학교에서 자체 ITT 설계 및 운영</td><td>학부 성적이 우수한 대학 졸업생이 집중 교육을 받은 후, 교사 급여 전액을 받으며 근무</td></tr>
<tr><td>취득 자격 및 학위</td><td>QTS</td><td>QTS, PGCE</td><td colspan="3">QTS, PGCE</td><td>QTS, PGDE</td></tr>
<tr><td>지원 경로</td><td>UCAS</td><td colspan="5">교육부 사이트(https://www.gov.uk/apply-for-teacher-training)</td></tr>
<tr><td>입학 자격 요건</td><td colspan="6">-GCSE 또는 A-Level 시험의 영어(국어)와 수학 교과에서 C등급(Grade 4) 이상 취득
-초등(3~11세 아동) 교원의 경우, 과학 교과에서도 C등급(Grade 4) 이상 취득 필요</td></tr>
</table>

④ 교사자격지위(Qualified Teacher Status: QTS)

QTS는 영국 내 사립학교를 제외한 국공립 및 특수학교의 교사에게 요구되는 교사 자격증의 일종으로, 교원규제청(TRA)이 주관하여 학부 또는 대학원 경로의 교원양성과정(ITT) 이수자에게 주어진다. 양성과정 이수자들은 교육부의 교사자격기준(TS) 지침에 따르는 최종 평가를 통과한 후 QTS를 수여 받는다.

영국 이외의 국가에서 교사자격을 취득한 경우에는 4년 동안 QTS 없이 영국 내 학교 교사로 근무할 수 있다. 그리고 이들의 안정적인 교사 생활을 위한 국제

QTS(International QTS, iQTS)가 있어서 유럽경제지역(European Economic Area: EEA) 회원국을 비롯한 호주, 캐나다, 뉴질랜드 등 여러 국적의 교사에게 수여되고 있다(Department for Education, 2023g, 2023h). 또한 QTS 없이 임시 교사로 근무한 경험이 있는 경우 QTS를 취득할 수 있는 경로로 두 가지 유형이 있다. 첫 번째는 QTLS(Qualified Teacher Learning and Skills) 프로그램으로, 학위 또는 교원양성과정의 이수는 없지만, 교직 경험이 풍부하며 교원양성학회(Society for Education and Training)의 회원인 교사가 과정 수료 후 정식 교사로서 근무할 수 있는 경로이다. 예를 들어, 사립학교에서 오랫동안 근무한 교사가 QTS를 획득하여 공립학교에 근무하기를 원할 때 선택할 수 있는 양성과정이라고 할 수 있으며, 이는 일선 학교가 경험이 풍부한 교사를 폭넓게 채용할 수 있도록 2012년에 신설되었다. 두 번째는 평가 전용 경로 QTS(Assessment Only Route to QTS) 프로그램이다. 이는 대학 학위는 있지만 QTS 없이 사립학교 등에서 교직 생활을 한 교사가 별도의 교원양성과정 이수 없이 TRA 인증 교원양성기관에 교사 근무와 관련한 상세한 경력을 입증하면 이를 종합적으로 평가 후에 QTS와 동등한 자격을 부여하는 것이다(Department for Education, 2023g).

⑤ 초임교사 수습기간(Induction Period)

2019년 1월 교육부는 「교사 채용 및 근속 전략(Teacher recruitment and retention strategy)」 정책 보고서를 통해 기존 교원들의 장기근속을 장려하고 신규 교원을 적극적으로 유치하기 위한 정책적 지원을 확장하겠다고 발표하였다. 이 정책의 주요 내용은 앞서 언급한 바 있는 초임교사 경력체계(ECF)를 도입함으로써 교직 경력 초기에 있는 교사가 양질의 연수를 받을 수 있도록 지원한다는 것이다(Department for Education, 2023j).

참고로 영국에서 QTS를 수여 받은 모든 초임교사(ECT)는 초임교사 수습기간(Induction Period)을 거쳐야 하는데, 기존의 1년(3학기) 과정은 초임교사의 전문성 개발에 있어 충분하지 않다는 검토 끝에 초임교사 경력체계(ECF)의 도입과 더불어 2년(6학기)으로 그 기간이 연장되었다. 초임교사 수습기간의 운영기관은 공립 및 특수학교, 공립유치원, 아카데미를 포함한 사립학교, 계속교육기관 등으로, 각 운영기관이 수습과정 프로그램을 수립 및 운영하기 위해서는 먼저 수습과정 프로그램 인증기관을 통해 해당 초임교사가 수습과정에 참여할 수 있는 합법적인 자격이 되는지 확인하고, 승인 이후 교원규제청(TRA)에 이를 알리는 순서로 진행된다. 인증기관에는 지방자치단체(Local Authority)도 포함이었으나 2023년 9월부터는 제외되었다. 모든 승인 절차 이후 단위학교는 해당 초임교사를 담당할 지도교사와 멘토교사를 배정하는데, 여기서 멘토교사는 수습과정 동안 초임교사와 정기적인 면대면 멘토링 및 피드백을 통해 수업 능력과 기술의 성장을 돕는 핵심 역할을 한다. 이를 위해 초임교사의 수습과정 첫해에는 10%, 2년 차에는 5%의 근무시간이 면제되어 수업 전문성 개발을 위한 시간을 보장받는다.

초임교사 수습기간은 초임교사 경력체계(ECF)와 교육부의 초임교사수습(Induction for Early Career Teachers) 지침을 기반으로 운영되며, 연수 기간 중 평가는 교사자격기준(TS)에 제시된 역량을 강화하는 방향으로 진행된다. 교육부는 ECF 기반의 초임교사 수습과정 운영 정책이 안정적으로 정착되고 단위학교 상황에 가장 적합한 방식을 선택할 수 있도록 세 가지 접근 방식을 제시하였는데, 각각의 특징은 다음과 같다(Department for Education, 2023b).

ⓐ **제공 업체 주도 수습과정 선택:** 학교는 교육부가 인가한 수습 프로그램 제공 업체 중 하나를 선택하여 수습과정을 운영할 수 있다. 제공 업체는 대면 및 온라인 수습 프로그램으로 멘토교사와 초임교사를 직접 교육하며 이는 교육부의 재정을 지원받는다.

ⓑ **교육부 인증 교육자료 및 자재를 활용한 자체 수습과정 개발:** 학교는 교육부가 인증하고 에듀테크(EdTech) 개발 전문 비영리단체인 교육기금재단(Education Endowment Foundation)이 품질을 보증하는 수습과정 관련 교육 자료와 자재를 지원받아 자체적으로 수습과정을 개발 및 운영할 수 있다.

ⓒ **독자적인 수습과정 개발:** ECF 기반의 수습과정 프로그램을 학교 자체적으로 개발 및 제공할 수 있다.

⑥ 교원양성과정의 질 관리

영국의 교원양성과정은 교육부, 교육기준청(Ofsted), 고등교육질보장단체(Quality Assuarance Agency for Higher Education: QAA) 등에 의해 평가 및 관리된다. 교원양성기관 평가 대상은 교사자격지위(QTS)를 제공하기 위해 교육프로그램을 운영하는 모든 기관이며, 평가 업무의 대부분은 교육기준청이 담당한다(Noble-Rogers, 2016).

교육부는 개별 교원양성과정의 교육 내용이 국가 기준에 부합하는지 등을 중점적으로 점검하며, 교원양성기관 인증 여부에 대한 최종적인 의사결정을 한다. 그리고 교육기준청은 교원양성기관의 국가 기준 준수 여부, 신규 교사 임용 과정, 신규 교사의 수업 역량, 기관의 리더십 및 관리 역량 등을 체계적으로 평가하고 그 결과를 교육부에 보고한다. 교육기준청의 교원양성기관 평가 결과는 '매우 우수(Outstanding)' '우수(Good)' '개선 필요(Requires Improvement)' '부적합(Inadequate)'으로 구분되는데, '부적합' 또는 '개선 필요'로 평가된 양성기관은 이후 신규 과정생 모집이 제한된다. 이러한 평가 결과를 받은 기관은 한 차례 재평가를 받을 수 있으며, 재평가 결과 '우수' 등급 이상을 받지 못할 경우 교육부 및 교육기준청에 의해 해당 기관의 인증이 철회될 수 있다. 아울러 QAA에 의한 평가는 교원양성기관의 학술적 기준의 설정 및 유지, 포용적인 학습 기회의 보장, 그리고 학생들의 학습 기회 증진 여부 등을 주로 평가한다.

교원양성기관에 대한 책무성을 강화하기 위한 조치의 일환으로 최근에 추진된 교원양성기관 평가 개선안은 다음과 같다(Ofsted, 2023).

첫째, 교원양성기관 평가 실시 이틀 전에 해당 기관에 통보하여 평가 시행 통지 기간을 대폭 단축하였다. 이러한 조치는 평가 준비 기간을 줄임으로써 단순히 평가를 잘 받기 위해 미리 준비된 것이 아니라 일상적으로 시행되고 있는 해당 기관 교육 프로그램의 질을 평가하기 위한 것이다.

둘째, 엄격한 평가 기준을 도입하고, 개선이 필요한 것으로 판정될 경우 양성기관의 개선 및 향상에 허용되는 기간을 단축하였다. 예컨대, 변경 전 평가 기준에서는 '우수(Good)'이었던 등급이 변경 후 평가 기준에서는 '개선 필요(requires improvement)' 등급으로 등급 요건이 강화되었으며, '개선 필요' 등급인 경우 1년 이내에 재평가를 받도록 변경하여 이전보다 준비 기간을 단축함으로써 해당 양성기관이 예전보다 짧은 기간 안에 미흡한 부분에 대해 개선하도록 하였다.

셋째, '교수학습' 영역에 대한 평가기준을 더욱 강화하였다. 비록 '교수학습' 영역 전체에 대해서는 최고 등급인 '매우 우수(outstanding)' 판정을 받은 경우에도, '교수학습'의 하위 항목 중에서 '매우 우수' 등급을 받지 못한 경우에는 해당 하위 항목에 대해 재평가를 받도록 하여, '교수학습'의 모든 하위 항목에서 최고 등급인 '매우 우수'

판정을 받도록 하였다.

넷째, 다양한 이해당사자들의 의견을 반영하기 위하여, 교육 소비자인 예비교사, 졸업생 및 고용주의 의견 및 만족도를 양성기관 평가 항목에 추가하였다.

한편, 영국 교육기준청에 의한 교원양성기관 평가체제는 교원양성 프로그램의 질 관리 측면과 평가 결과에 따른 차별적인 인센티브 제공 등을 통해 양성기관 간 건설적인 경쟁을 유도하는 측면을 동시에 포함하고 있다. 특히 교원양성기관 평가를 통한 책무성 강화 정책은 평가 기준의 수를 크게 줄여 기본적이고 핵심적인 기준으로만 제시하고 있는데, 이는 각 양성기관에 교육 프로그램 운영상에 더 많은 자율성을 부여하여 행정적인 업무 등 부차적인 것보다 본질적인 교수학습 활동에 더 집중하도록 하기 위함이다. 아울러 외부 전문기관에 의한 교원양성기관 평가는 단순히 등급을 매기는 것에 머물지 않고, 해당 교육 프로그램의 개선 및 발전을 위한 피드백이나 컨설팅을 제공하기 위한 것이기도 하다. 그리고 교원양성기관 평가의 결과에 따라 차별적으로 후속 조치가 이루어지는데, 예를 들어 '매우 우수' 등급 판정을 받은 기관의 경우에만 신규 학생 정원을 보장하거나, 혹은 '개선 필요' 등급을 받은 기관의 경우에는 해당 기관의 대학원 정원을 폐지하는 것과 같은 것이다. 이러한 평가 결과 활용 방식은 양성기관 간의 건설적인 경쟁을 유도하면서 교육 프로그램의 질을 높이는 데 기여하고 있다.

(2) 교원임용제도

영국의 교원임용제도와 관련하여 교원임용 주체와 임용 방법으로 나누어 간단히 설명하면 다음과 같다.

① 교원임용 주체

영국에서 교원임용 주체는 크게 두 가지로 나눌 수 있다. 하나는 지방자치단체[LA, 혹은 지방교육청(LEA)]이고, 다른 하나는 단위 학교의 운영위원회이다. 전자의 경우에는 대부분의 공립학교가 이에 해당하고, 후자의 경우에는 모든 사립학교와 공립학교 중 상대적으로 단위 학교의 자율성이 높은 아카데미(Academy), 자율학교(Free School), 재단학교(Foundation School), 재정적인 지원을 받는 종교학교(Voluntary Aided School)가 이에 해당한다.

② 임용 방법

개별 학교에서 교원 정원에 결원이 발생할 경우, 해당 학교에서는 새로운 교원을 임용하기 전에 신규 채용에 필요한 자세한 내용을 관할 지방자치단체에 통보해야 한다. 비록 교원임용의 주체가 지방자치단체일 경우에도 해당 학교의 운영위원회와 학교장이 신규 교원임용에 대한 많은 권한을 가지고 있어서, 단위 학교가 교원 신규 임용에 주도적인 역할을 하는 경우가 대부분이다.

신규 교원임용을 위해서는 교육부와 지방자치단체 홈페이지, 그리고 해당 학교 홈페이지에 공지하도록 하고 있다. 교육부(Department for Education, 2021a)가 공개한 '학교 교직원 임용에 관한 조언(Staffing and Employment: Advice for Schools)'에 따르면 모든 학교는 지원자에게 일정한 최소 요건을 포함한 서면의 구체적인 내용을 제공해야 한다. 그 내용에는 급여 체계, 급여 간격, 근무 시간, 휴가, 병가 혜택, 연금, 통보 기간, 직책 제목, 계약이 기간제인지 정규직인지 여부, 그리고 근무 장소 등이 포함되어야 한다.

신규 교원임용을 위한 일반적인 절차는 다음과 같다(Department for Education, 2021a, 2023f; Long & Danechi, 2022).

첫째, 지원자가 임용하고자 하는 분야에 해당하는 적합한 교사 자격증을 소지하고 있는지 여부를 확인한다.

둘째, 적합한 교사 자격증을 소지한 지원자를 대상으로 제출한 서류들(학위증, 자격증, 교육경력, 자기소개서 등)에 대한 평가를 실시한다.

셋째, 서류 평가를 통과한 지원자들을 대상으로 면접을 실시한다. 보통 면접에서는 교육 철학, 교육 방법, 학생 관리 능력 등이 평가되며, 단위 학교의 교장이나 교사 선발위원회 위원들이 평가자로 참여하게 된다.

넷째, 일부 학교에서는 면접 후에 교육실습이나 실기 시험을 요구하는 경우도 있다. 이는 지원자의 교육 능력과 학급 관리 능력 등을 실제 교육 상황에서 실천할 수 있는지 등을 평가하기 위한 것이다.

마지막으로, 서류 심사, 면접, 교육실습의 과정을 거쳐 최종적으로 임용후보자를 선정한 다음 해당 지원자에게 임용을 제안하게 되고, 그 지원자가 이를 수용하면 임용 절차가 완료된다.

3. 교육행정제도

이 절에서는 영국의 교육행정제도와 관련하여 초 · 중등교육 행정제도와 고등교육 행정제도로 나누어 논의하고자 한다.

1) 초 · 중등교육 행정제도

초기의 영국 교육시스템은 일반적으로 교회나 수도원과 같은 지역 종교기관에 의해 운영되었다. 초기의 영국 학교들은 남자들을 위한 교육만을 제공했으며, 내용은 주로 종교적인 교육에 치중되어 있었다.

영국의 첫 번째 초 · 중등교육을 위한 국가교육시스템은 1870년「초등교육법」에 의해 확립되었다. 이 법으로 인해 5세에서 13세 사이의 모든 아이들은 초등교육을 무료로, 그리고 의무적으로 이수하게 되었다. 또한, 1870년「초등교육법」에 의해 학교의 운영을 감독할 수 있는 지역 교육위원회가 설립되었다. 1902년에는 개정된「교육법」에 따라 지역 교육위원회를 폐지하고 각 지역에서 교육을 제공할 책임이 있는 지방교육청(Local Education Authorities: LEA)으로 대체했다. 지방교육청은 지역 재정으로 자금을 지원받았으며, 학교를 짓고, 유지하고, 운영할 수 있는 권한을 부여받았다(Gillard, 2018). 참고로 1980년대 이후 영국 대부분의 지역에서 지방교육청(LEA)이 지방자치단체(LA)에 흡수되면서 지방교육청(LEA) 업무를 지방자치단체(LA)에서 총괄하지만, 일부에서는 여전히 지방교육청(LEA)이라는 명칭을 사용하고 있으므로, 이 글에서는 지방교육행정을 담당하는 기관으로 지방자치단체(LA)와 지방교육청(LEA)을 혼용하여 사용하고자 한다.

한편, 1944년에 개정된「교육법」은 영국의 학교 행정 역사에서 중요한 터닝 포인트가 되었다. 이 법의 주요 목적은 잉글랜드와 웨일스에 포괄적인 초 · 중등교육 시스템을 도입하여 사회적 배경이나 능력에 관계없이 모든 아이에게 동등한 기회를 제공하는 것이었다. 이 법에 의해 의무교육 나이가 15세로 상향 조정되었으며, 1993년「교육법」개정으로 16세로 연장되어 현재에 이르고 있다. 현재 영국의 초 · 중등학교 행정제도는 대체로 1944년「교육법」에 의해 설립된 기본 체제를 유지하고 있으며, 교육부와 지방교육청이 학교 행정에서 핵심적인 역할을 하고 있다. 그래서 교육부는 영국의 교육을 둘러싼 전반적인 정책과 규정을 책임지고 있으며, 교육 과정 기준을 설정하고 지방교육청과 개별 학교에 자금을 지원한다. 지역차원에서는 지방교육청(LEA)이 잉글랜드와 웨일스의 공립 학교의 관리를 책임지고 있다. 학교 행정에서 LEA의 주요 역할은 다음과 같다(Department for Education, 2023).

- **학교 계획 및 제공**: LEA는 지역 주민의 요구를 충족시킬 수 있는 충분한 학교 공간이 있는지 확인하고 새로운 학교 및 시설을 계획하고 제공한다.
- **자금 지원 및 자원 할당**: LEA는 학생 수, 지역의 필요 수준 및 학교 운영 비용과 같은 요소를 고려한 공식을 기반으로 학교에 자금을 제공한다.
- **학교 개선**: LEA는 지역 내 학교의 성과를 모니터링하고 필요한 경우 기준을 개선하기 위한 조치를 취할 책임이 있다. 여기에는 학교에 대한 지원 및 지도 제공, 학교가 요구되는 기준을 충족하지 못하는 경우 개입 등이 포함된다.
- **입학**: LEA는 자신의 지역에 있는 학교의 입학 기준을 정하고, 입학 절차가 공정하고 투명하도록 보장할 책임이 있다.
- **인력**: LEA는 교사와 지원 직원을 포함한 학교 직원을 고용하고, 그들이 자신의 일을 할 수 있는 교육을 받고 자격을 갖추도록 보장할 책임이 있다.
- **보호**: LEA는 어린이들이 학교에서 안전하고 보호받을 수 있도록 보장하고, 그들의 복지에 대한 우려가 있는 경우 조치를 취할 책임이 있다.

최근 몇 년 동안 LEA와는 별개로 독립적으로 자금을 지원하고 관리하는 아카데미(Academy)와 자율학교(Free School)가 도입되면서 학교 행정에서 LEA의 역할이 많이 축소되었다. 그러나 LEA는 초 · 중등교육과 관련하여 여전히 특히 학교 계획, 자금 및 지원 분야에서 주정부가 지원하는 학교 행정에서 여전히 중요한 임무를 수행하고 있다.

개별 초 · 중등학교 단위에서는, 각 학교가 학교의 전반적인 운영 전략을 세우고, 재정적 지속가능성을 보장하며, 교장을 임명한다. 교장은 학교의 일상적인 관리에 책임이 있으며, 학교의 성과에 대한 책임은 학교운영위원회에 있다. 이처럼 각 학교는 어느 정도의 자율성을 보장받는 한편, 다양한 단체와 기관에 의해 학교 교육의 품질을 평가받는다. 예를 들어, 교육기준청(Ofsted)은 영국의 학교를 평가하고 규제하며, 스코틀랜드의 일반 교사 위원회는 스코틀랜드의 교사 등록과 전문적인 개발을 감독한다.

요컨대, 영국의 초 · 중등학교 행정제도는 교육부와 지방자치단체(혹은 지방교육청)가 협력하여 모든 학생이 국가 기준(standards)에 부합하는 고품질의 교육을 받을 수 있도록 하는 동시에, 개별 학교가 운영 방식에 있어 어느 정도의 자율성과 유연성을 유지할 수 있도록 설계되어 운영되고 있다.

2) 고등교육 행정제도

영국의 고등교육 행정제도의 중요한 특징은 국가나 지방자체단체의 직접적인 규제나 간섭없이 각 고등교육기관이 기관의 전반적인 관리를 책임지는 자체적인 운영 방식을 취하고 있다는 것이다. 여기에는 전략적 방향 설정, 재무 관리 감독, 고위 직원 임명 등이 포함된다. 개별 대학의 일상적인 운영 및 관리는 부총장 또는 총장이 이끄는 고위 경영진이 맡고 있다.

영국의 고등교육 행정제도와 관련하여 대체로 각 고등교육기관의 자율적 운영을 보장하되, 고등교육질보장단체(Quality Assurance Agency for Higher Education: QAA)와 같은 기관이 고등교육기관에 품질 보증 및 개선에 대한 지침 및 자문을 제공하고, 각 기관이 국가표준을 충족하는지 확인하기 위해 정기적으로 점검 혹은 평가를 시행한다. QAA는 1997년에 설립되었고, 주로 회원들의 회비로 운영되는 독립 기관이며, 영국의 고등교육기관의 질을 보증하고 개선하는 역할을 담당한다. QAA의 세부적인 기능은 다음과 같다(QAA, 2023).

- 학업 기준의 검토 및 확인: QAA는 영국의 모든 고등교육기관에서 학업 수준이 유지되고 있음을 보장한다. 이는 기관에 대한 정기적인 검토와 평가를 통해 이루어지며, 이는 해당 분야 전반에 걸쳐 학술 표준이 일관되고 비교 가능하도록 설계되었다.
- 학생 경험의 질 검토: QAA는 교육, 평가 및 학생 지원을 포함하여 고등교육 제공자가 제공하는 학습 경험의 품질을 평가한다. 이것은 학생들이 양질의 교육을 받을 수 있도록 개선할 수 있는 영역을 식별하는 데 도움이 된다.

- **품질 기준 개발**: QAA는 영국의 고등교육 제공자를 위한 일련의 품질 기준(standards)을 개발하고 유지한다. 이러한 기준은 모든 학생이 공부하는 장소와 관계없이 일관되고 고품질의 학습 경험을 제공하도록 설계되었다.
- **지침 및 지원 제공**: QAA는 고등교육 제공자들에게 그들의 제공의 질을 개선하는 방법에 대한 지침과 지원을 제공한다. 여기에는 커리큘럼 설계, 평가 및 학생 지원에 대한 조언이 포함된다.
- **모범 사례 홍보**: QAA는 교육, 평가 및 학생 지원에 대한 효과적인 접근 방법의 예를 공유함으로써 고등교육 모범 사례의 전파를 촉진한다.

한편, 영국에서는 대학생들도 고등교육기관의 질 관리에 참여하고 있는데, 2018년에 설립된 학생사무소(Office for Students: OfS)가 그 역할을 지원하고 있다. 예컨대, OfS는 고등교육기관들이 최소한의 교육 품질과 학생 지원 기준을 충족하도록 보장하고, 학생들이 자신이 속한 고등교육기관의 과정에 대한 정확하고 투명한 정보에 접근할 수 있도록 보장한다(Gov.uk, 2023c). 아울러 정부는 주로 교육부(DfE)와 비즈니스, 에너지 및 산업 전략부(Department for Business, Energy and Industrial Strategy: BEIS)를 통해 고등교육 행정에 대한 종합적인 관리를 담당한다. 예컨대, 교육부는 고등교육과 관련된 정책과 법률을 개발하는 책임이 있지만, BEIS는 대학의 연구와 혁신을 위한 자금을 제공한다. 전반적으로 영국의 고등교육 행정제도는 고등교육기관 운영에 있어 각 기관에 어느 정도의 자율성과 유연성을 유지하면서, 고품질의 교육과 연구를 제공할 수 있도록 설계되어 있다고 볼 수 있다.

4. 교육개혁 동향

영국은 입헌국주군으로 일찍부터 자유민주주의가 발달한 나라이며, 지방자치제도도 크게 발달하였다. 이러한 상황에서 지방교육자치제도와 단위학교 책임경영제를 지속적으로 발전시켜 왔다. 그래서 영국은 중앙정부 차원의 통일된 교육체제보다는 지방분권적인 교육체제가 발달하였는데, 1988년 「교육개혁법」의 일환으로 국가교육과정(National Curriculum)이 도입되면서 교육의 중앙집권화와 지방분권화의 균형과 조화를 추구하게 되었다(Fisher, 2008).

영국은 1988년「교육개혁법」을 시작으로 교육정책을 지속적이면서도 점진적으로 개혁을 추진해 왔다고 할 수 있다. 그리고 보수당이나 노동당 어느 당이 집권하든 무관하게, 교육정책의 변화는 단절되거나 급진적으로 이루어지기보다는 기존 교육정책을 수정하고 보완하는 성격이 강하였다. 이러한 지속성과 연속성의 맥락을 고려하여 일련의 교육개혁을 뒷받침해 온「교육법」의 변화과정과 교육부의 정책 보고서들을 중심으로 영국의 교육개혁 동향을 살펴보면 다음과 같다.

1) 1988년 교육개혁법(Education Reform Act 1988)

1988년에 이루어진 교육개혁은 영국의 교육 제도, 학교 운영, 교사 평가 등에서 중요 변화를 가져왔으며 다양한 측면에서 새로운 정책을 추진하였는데, 그 주요 내용은 다음과 같다(Legislation.gov.uk, 1988).

첫째, 국가수준에서 교육과정을 제시함으로써 초·중등학교 교육의 표준화를 시도하였다. 다시 말해서 초·중등학교 교육의 질을 향상시키기 위해, 국가수준에서 핵심 단계별로 교육 내용 및 평가 방법 등을 표준화하여, 영국의 모든 학생들이 비슷한 수준의 교육을 받을 수 있도록 하였다.

둘째, 지방자치단체 혹은 지방교육청의 권한을 축소하는 대신 단위 학교의 자율성을 강화하였다. 그래서 개별 학교는 자체적으로 예산을 관리하고 교육 방침을 결정하는 데 더 많은 권한을 갖게 되었다.

셋째, 교사의 성과를 평가하고 그에 따른 보상 시스템을 도입하였다. 단위 학교는 교사의 업적을 기준으로 성과를 평가하고, 우수한 교사에 대한 인센티브를 제공하도록 유도되었다.

넷째, 학생들의 권리와 의무에 대한 명확한 규정이 도입되었다. 학생들은 안전하고 적절한 교육을 받을 권리를 갖게 됨과 동시에 학교 규칙을 지키고 학업에 적극 참여해야 하는 의무를 부여받았다.

다섯째, 학부모와 지역 사회는 학교 운영에 더 많이 참여하도록 장려되었다. 이를 통해 학부모의 학교 선택권이 확대되고, 학부모와 지역 사회는 학교의 교육 방향과 활동에 더 많이 관여할 수 있게 되었다.

2) 1992년 교육법[Education (Schools) Act 1992]

1988년 교육개혁의 후속조치로 취해진 초 · 중등교육 관련 1992년 교육개혁은 단위 학교의 자율성을 높이되, 운영 및 성과에 대한 투명성을 제고하는 방식으로 추진되었으며, 그 주요 내용은 다음과 같다(Ligslation.gov.uk, 1992a).

첫째, 학교를 하나의 독립적인 사업체처럼 운영할 수 있도록 자치권이 강화되었다. 그래서 단위 학교는 요건만 갖추면 자체적으로 자금을 조달하고, 예산을 계획하며, 교육 방향을 스스로 결정할 수 있는 자율성을 얻게 되었다.

둘째, 개별 학교는 학교운영위원회(Governing Bodies)를 구성하게 되었고, 이사회에는 학부모 대표 및 지역사회 대표가 포함되었다. 학교운영위원회는 학교의 경영과 교육 방향을 책임지며, 지역사회와 학부모의 의견을 반영하도록 설계되었다.

셋째, 교사의 성과 평가가 더욱 강화되었다. 그래서 교사들은 자신의 업적에 따라 평가를 받고, 그 결과에 따라 실제로 차별적인 보상을 받을 수 있게 되었다.

넷째, 학부모는 자녀들을 다른 지역의 학교로 이전시킬 수 있는 자유를 더 많이 가지게 되었다. 그 결과 학생과 학부모에게 학교 선택의 폭이 넓어지게 되었다.

다섯째, 학교 운영 및 성과에 대한 투명성을 높이기 위해 교육부는 개별 학교를 평가하고 그 결과를 교육부 홈페이지 등을 통해 공개하게 되었다.

3) 1992년 계속교육 및 고등교육법 (Further and Higher Education Act 1992)

1992년에 시행된 계속교육 및 고등교육과 관련 교육개혁은 교육기관의 자율성을 높이되 정부의 재정적 지원을 강화하는 방식으로 추진되었으며, 그 주요 내용은 다음과 같다(Ligslation.gov.uk, 1992b).

첫째, 고등교육 기관의 자치 권한과 자율성이 강화되었다. 그래서 학부 및 대학원 프로그램의 개발과 관리, 학생 등록 및 관리, 재정 운용 등에 대한 권한이 각 고등교육 기관에 부여되었다.

둘째, 고등교육 기관의 학위 수여 권한이 다양화되었다. 그래서 각 고등교육 기관에서는 새로운 학위 프로그램을 개발할 수 있게 되었다.

셋째, 학생들에게 제공되는 장학금 및 지원 제도가 개선되었다. 그래서 학생들에게 다양한 방식으로 더 많은 재정적인 지원이 이루어지게 되었다.

넷째, 계속교육 기관에 대한 법적 지원이 강화되었다. 그래서 계속교육 기관에서는 다양한 교육프로그램을 개발하고 운영할 수 있게 되었다.

다섯째, 고등교육 기관 간의 협력을 지원하고, 학생들의 대학 운영 참여가 강화되었다. 그래서 고등교육 기관 간 학문적인 교류와 협력이 강화되고, 학생들이 대학의 의사결정에 더 많이 참여할 수 있게 되었다.

4) 1993년 교육법(Education Act 1993)

1993년의 「교육법」은 중등학교들이 각 학교가 정한 분야 및 과목을 특화하여 가르치는 특성화 학교(Specialist Schools)가 되도록 중앙정부가 보조금의 지원을 확대하여, 학부모에게 더 많은 선택권을 제공함으로써 학교에 다양성, 책무성 및 자율성을 확대하기 위해 제정되었다(Ligslation.gov.uk, 1993; Dorey, 2016). 또한 장애인 대상 특수교육의 필요성을 제기하고 지방교육감이 아닌 교육부 장관의 권한을 크게 확대하였으며, 교육부 산하 학교 교육과정 및 평가 기관을 설치하는 계기가 되었다(Lindsay & Rodgers, 1998).

5) 1996년 교육법(Education Act 1996)

1996년의 「교육법」은 1996은 초 · 중등교육, 의무교육, 지방교육청, 국가교육과정, 특별교육요구, 재정지원학교 등 기본적인 교육시스템 등을 규정하고 있다(Legislation.gov.uk, 1996). 특히, 이 법에는 의무교육에 대해 의무학령기의 아동을 둔 학부모는 학교에 정기적으로 출석하거나 그 이외의 방법으로 자녀에게 나이, 능력, 적성, 그리고 특수 교육적 요구에 적합하면서도 효율적으로 교육을 받을 수 있도록 해야 한다고 규정하고, 만 5세부터 만 16세까지를 의무교육 연령으로 규정하고 있다. 그래서 해당 연령의 자녀를 둔 모든 부모는 자녀를 학교에 등록해야 하며, 학교는 적절한 교육을 제공해야 한다. 아울러 학생들은 학교에 출석할 의무가 있으며, 학교는 학생의 출석에 대한 기록을 유지해야 한다.

6) 2001년 교육법안(Education Bill 2001)

2001「교육법안」은 중등학교 교육의 질을 신장시키기 위해 학교의 자율성 확대와 규제 완화 등의 내용을 담고 있다(Education for Education, 2001a). 특히 규제 완화는 학교에 더 많은 자율성을 부여하여 새로운 교육 방법과 프로그램을 개발하고 운영할 수 있는 환경을 조성하여 모든 학생들에게 그 혜택이 돌아가도록 하기 위한 것이다. 아울러 모든 학생들의 재능을 개발하기 위해 다른 학교나 지역 사회와 적극적으로 협력할 수 있도록 하기 위해 자율성과 인센티브를 제공할 수 있도록 하였다. 그리고 학교 운영이 상대적으로 매우 자유로운 아카데미(Academy)의 설립을 적극적으로 지원하여 혁신적이고 창의적인 새로운 학교들이 많이 설립되고 운영될 수 있도록 하였다.

7) 2006년 교육 및 장학법(Education and Inspections Act 2006)

2006년「교육 및 장학법」에는 주로 초·중등교육 및 계속교육과 훈련에 관한 평가 및 장학 규정과 함께 학교 교육 시설이나 보육 시설에서 제공되는 음식이나 음료에 관한 규정 등을 제시하고 있다(Legislation.gov.uk, 2006). 그래서 학교 및 교육 기관의 질을 제고하기 위해 정기적으로 평가하고 장학하는 과정 등이 자세히 규정되어 있다. 특히 영유아 보육 및 교육 기관에 대한 평가 및 장학에 대한 규정이 포함되어 있으며, 학교장에게 학생 괴롭힘 등 부적절한 행동을 통제할 수 있는 권한을 부여하였다.

한편 이 법률로 영국 지방교육행정기관의 역할에 변화가 있었는데, 지방교육청(LEA)이 가졌던 기존의 권한과 역할 대부분이 중앙정부 및 개별 학교로 이관되었으며, 대부분 지역에서 '지방교육청(LEA)'이 하던 업무가 '지방자치단체(Local Authority: LA)'의 업무로 통합되었다. 이러한 과정에서 학교의 자치권과 자율성은 지속적으로 강화되었으며, 학부모의 선택권은 더욱 확대되었다. 아울러 지방자치단체와 개별 학교에 대한 중앙 정부의 규제를 큰 폭으로 완화하는 대신, 개별 학교에 대한 지방자치단체의 지원 및 평가 기능은 강화하였다.

8) 2011년 교육법(Education Act 2011)

2011년의「교육법」에는 교육, 보육, 도제교육 및 훈련, 학교 및 교직원, 고등교육 부문 및 아카데미들(Academies)에 관한 규정 등을 제시하고 있다(Legislation.gov.uk, 2011). 그리고 이「교육법」에는 교사나 학교장이 필요한 경우 학생에게 등교 금지와 같은 처벌을 할 수 있는 합법적인 권한을 부여하고 있다. 예컨대 폭력을 행사하거나, 개인 상해 혹은 재산 피해와 같은 범죄 행위에 사용될 것으로 예상되는 소지 금지 물건을 소지한 경우 적절한 절차를 거쳐 수색할 수 있으며, 그 후속 조치로 등교금지 같은 처벌을 할 수 있도록 하고 있다. 아울러 이 법안에는 정부의 구조조정에 따라 폐지되는 기관에 대한 규정들이나, 교직원 및 학생들을 대상으로 은행 대출과 같은 재정적인 지원 정책이 포함되어 있어서 교직원의 전문성 개발이나 학생들의 상급학교 진학 및 취업을 위한 준비교육 등을 지원하는 내용들이 제시되어 있다.

9) 교육부 전략 2015~2020(DfE Strategy 2015~2020)

2016년 3월에 영국의 교육부는 교육 전략 2015~2020이라는 백서를 발간하였다. 이 백서에서 제시한 교육 비전은 모든 아이들과 젊은이들이 출신 배경과 무관하게 자신의 잠재력을 실현할 수 있도록 세계 수준의 교육과 돌봄을 제공하는 것이었다. 이 교육 전략 백서에는 앞서 언급한 비전과 함께 다음 세 가지 목표를 두고 있다. 첫째는 안전과 웰빙, 둘째는 우수한 교육성과 창출, 셋째는 성인으로서의 사회생활 준비이다(Department for Education, 2016a). 이러한 목표 아래 열두 가지 실행전략과 5개 원칙이 규정되어 있으며, 자세한 내용은 〈표 1-7〉과 같다.

표 1-7 영국 교육 전략 백서 2015~2020(개요)

비전	모든 아이들과 젊은이들이 자신의 배경과 무관하게 자신의 잠재력을 실현할 수 있도록 세계 수준의 교육과 돌봄을 제공한다.
목표	1. 안전과 웰빙 2. 우수한 교육 성과 창출 3. 성인으로서의 사회생활 준비

실행 전략	1. 교사 채용, 개발 2. 학교 및 시스템 리더십 강화 3. 지속가능한 학교 발전 4. 명확하고 지적인 책임 수립 5. 정교한 교육 목표, 과정, 평가 수립 6. 양질의 학교 설립 7. 공정하고 지속가능한 자금 조달 8. 16~19세 역량 개편 9. 유아교육 전략 수립 10. 어린이 복지 강화 11. 불우한 어린이 돌봄 및 보호 12. 개성과 회복탄력성 개발
원칙	1. 어린이와 청소년 우선 2. 모든 어린이들에게 높은 기대 3. 결과 지향 4. 자율성 5. 요구와 성과에 반응

10) 2019년 교육분야에서 기술의 잠재력 발현 (Realising the Potential of Technology in Education, 2019)

영국은 코로나 팬데믹(The COVID-19 Pandemic)으로 인해 원격교육의 수요가 급증함에 따라 디지털 기술의 교육 분야 활용을 위한 논의와 이를 추진하기 위한 노력을 가속화하고 있다. 이와 관련하여 교육부는 2012년「교육부 디지털 전략(Department for Education: Departmental Digital Strategy)」을 시작으로 2023년 최근까지 디지털 및 AI 기술의 교육 분야 접목을 위한 전략들을 발표하고 있는데, 특히 교육 분야에서의 AI 도입 및 그 활용과 같은 기술적 혁신을 교육기술(EdTech)을 통해 활성화하기 위한 전략인「교육분야에서 기술의 잠재력 발현(Realising the Potential of Technology in Education)」 보고서를 2019년 4월에 발표하였다. 여기서 'EdTech(Education Technology)'란 교육 현장에서의 일상적인 수업 운영을 효과적으로 지원하기 위해 사용되는 기술을 일컫는데, 태블릿과 같은 각종 디지털 기기뿐만 아니라 학습관리시스템 또는 정보 공유 플랫폼과 같은 소프트웨어 및 서비스가 포함된다(Department for Education, 2019e). 해당 보고서는 모든 교육기관이 디지털을 효과적으로 활용하기 위한 전제조건인 디지털 성숙도(digital maturity)의 최소 기준 충족, 교사의 업무 부담 경감, 수업 효율성 제고, 학업성취도 향상 등을 목표로 변화를 위한 EdTech 체계(EdTech Framework for Change)를 제안하며, 기술이 적용될 수 있는 핵심 분야를 다음과 같이 다섯 가지로 구분하여 제시하였다(Department for Education, 2019e).

ⓐ 행정 처리: 교원 행정 업무 경감
ⓑ 평가 과정: 평가의 효과성 및 효율성 극대화
ⓒ 수업 지도: 교육 결과 개선 및 접근성 지원
ⓓ 지속적인 전문성 개발: 교원 및 교육 분야 리더들의 유연한 전문성 개발 지원
ⓔ 평생에 걸친 학습: 학교 밖 청소년 및 교육 제도 내에 있지 않은 이들의 취업 또는 진학에 대한 결정과 새로운 기술 교육 지원

이와 더불어 앞의 다섯 가지 핵심 분야에 EdTech를 효과적으로 접목하기 위해 해결해야 할 과제를 최신 디지털 인프라 구축, 디지털 역량 및 기술 개발, 디지털의 조달과 디지털 보안 측면으로 규정하고, 이를 극복하기 위한 세부적인 실행전략을 다음과 같이 제시하였다(〈표 1-8〉 참조).

또한 교육부는 2022년 9월에 이러한 EdTech에 대한 지원 정책 시행 이후 학교와 대학의 EdTech(하드웨어 또는 소프트웨어) 제품의 효과성, 제품 구현 수준, 제품 구현 시 직면하는 어려움들과 그에 대한 극복 방법 등을 「학교와 대학 교육에서의 기술 구현(Implementation of Education Technology in Schools and Colleges)」 보고서를 통해 발

표 1-8 「교육 분야에 대한 기술의 잠재력 실현」의 변화를 위한 EdTech 체계(개요)

목표	1. 교사의 업무 부담 경감, 2. 수업 효율성 제고, 3. 학업성취도 향상	
EdTech 적용 핵심 분야	행정 처리	교원 행정업무 경감
	평가 과정	평가의 효과성 및 효율성 극대화
	수업 지도	교육 결과 개선 및 접근성 지원
	지속적인 전문성 개발	교원 및 교육 분야 리더들의 유연한 전문성 개발 지원
	평생에 걸친 학습	직업 및 계속교육을 지원

실행 전략	디지털 인프라 구축	–2033년까지 전국 단위학교 및 대학교에 고속 인터넷 통신망 연결 –모든 교육기관에 클라우드 기반 IT 시스템으로 전환하도록 장려
	디지털 역량과 기술 개발	–교원 인증 및 업무 지원 전문기관인 공인교직협회(Chartered College of Teaching)와의 협력으로 기술을 활용한 수업의 확대를 위한 무료 온라인 연수과정을 개설 –디지털 기술 활용 관련 교원전문성 개발을 위한 영국교육기자재협회(British Educational Suppliers Association, BESA)의 LearnED 프로그램(교사를 대상으로 제품 및 우수사례를 시연하는 지역 순회 에듀테크 로드쇼 행사)을 지속적으로 지원
	효율적인 EdTech 조달 지원	–EdTech 제품의 선택과 구매 지원 –영국교육기자재협회(BESA)의 에듀테크를 무료로 체험하고 구입할 수 있는 오픈 플랫폼인 LendED를 활용할 수 있도록 지속적으로 지원
	디지털 보안 개선	–주요 데이터 보호 활동을 안내하는 지침서인 데이터 보호 툴킷(data protection toolkit) 배포
	활발한 에듀테크 시장 형성	–EdTech에 대한 명확한 비전과 리더십 제공 –산업 및 연구 단체와 협력하여 기술의 개발, 파일럿 및 평가를 지원하기 위해 학교 및 대학의 소규모 '테스트베드'를 구축 –활발한 EdTech 비즈니스 환경 보장
	에듀테크가 직면한 과제 해결을 통한 혁신 지원	–교육 분야와 관련 산업 및 학문분야 사이의 협력관계 구축 지원 –기술 개발, 시범 적용 및 평가 지원 목적의 시범학교 운영
	교육부 제공 디지털 서비스의 개선	–교사 채용 인원 공개 및 대학원 교원양성과정 지원 경로 단순화 –교사 및 학교 지도자들의 EdTech 관련 제품 구매 지원 –학교 및 대학에서 교육부로의 데이터 전송 시 보안 보장 –30시간의 무상 보육을 포함한 보육비 지원 –적합한 도제교육 프로그램 찾도록 지원 –학자금 대출 및 계속 교육 지원 시 온라인 경로 지원
결론	에듀테크의 실행, 통합, 혁신	–앞 실행 전략들을 종합하여 학교 EdTech를 잘 활용할 수 있도록 현재 직면한 과제를 적극적으로 해결하고 지원하여 그 기회를 활용하는 역할 수행 –EdTech의 개발과 적용, 평가를 지원하기 위한 학교 및 대학 내 소규모 테스트베드(Testbed; EdTech의 효과를 실험해볼 수 있는 가상 환경)를 구축하고, 이를 위한 산업과 교육 분야의 협력 필요

표함으로써 EdTech의 활용 현황과 사용상의 이점 및 영향에 대해 지속적으로 모니터링하고 있다(Department for Education, 2022a).

11) 2019년 국제교육전략(International Education Strategy 2019)

영국 교육부는 2019년 3월에 국제교육전략을 발표했는데, 이는 현재 영국 정부의 중요한 교육전략 중 하나에 해당한다. 영국이 교육전략을 해외에 중점을 둔 이유는 교육을 하나의 산업으로 보고, 중요한 경제전략 중 하나로 여기고 있기 때문이다. 영국은 교육 산업에서 많은 경제적 이익을 취하고 있는데, 교육 관련 수출은 2016년에 거의 200억 파운드를 창출하여 국가 경제에 크게 기여하였다. 또한 영국은 교육에 대한 세계적인 명성에 자부심을 가지고 있는데, 영국에는 세계 10위권 안에 4개의 대학이 있고 세계 100위권 안에 18개의 대학이 있기 때문이다. 최근 세계 교육 시장에서의 경쟁이 심화되고 있는 상황에서, 영국 정부는 교육 분야에 대한 투자와 지원을 아끼지 않겠다고 발표하였다(Department for Education, 2019c). 2019년 국제교육전략의 주요 내용은 다음과 같다.

ⓐ 새롭고 확립된 시장에서 강력한 국제 파트너십을 구축하여, 교육 문제에서 도전과 장벽을 해결하는 데 도움을 줄 국제 교육 챔피언(Champion)을 임명한다.

ⓑ 조기 교육부터 고등교육에 이르기까지의 교육의 전 과정을 외국인들에게 좀 더 정확하게 제공한다. 2019년 GREAT 챌린지 펀드에 교육 입찰을 장려하여, 5백만 파운드의 기금으로 전 세계의 교육 섹터를 위한 수출 활동을 지원한다.

ⓒ 유학생들에게 환영받을 수 있는 환경을 지속적으로 제공하고 더 경쟁력 있는 시스템을 구축한다. 비자 절차를 개선할 수 있는 부분을 고려하여 학업 후 비자 기간을 연장하고, 취업을 지원하며, 기존 및 예비 학생들이 계속해서 환영을 받을 수 있도록 한다. 연간 600,000명의 유학생 유치를 목표로 한다.

ⓓ 정부 부처 간의 협력으로 범정부적인 접근 방식을 확립한다. 국제교육전략은 국제무역부(The Department for International Trade: DIT)와 교육부 장관이 의장을 맡고 있는 기존 교육 분야의 자문단, 그리고 행정부를 포함한 관리 운영단을 통해 관리되도록 한다.

ⓔ 연간 발행되는 교육 수출 데이터의 정확성과 적용 범위를 개선하고, 강화된 방법론을 개발한다.

이후 영국 교육부는 2021년부터 2023년까지 해마다 국제교육전략의 수정 · 보완 사항을 정책 보고서(Policy Paper) 형태로 발간하였는데, 주요 내용은 다음과 같다(Department for Education, 2021b, 2022b, 2023d).

ⓐ 새로운 대학원 과정 도입: 학부 또는 석 · 박사 과정 유학생이 영국에서 학위를 마친 후 일자리를 찾을 수 있도록 영국에 머무를 수 있는 기간을 2년(박사과정은 3년)으로 하는 비자를 발급받을 수 있도록 한다.

ⓑ 튜링 계획(Turing Scheme) 도입: 브렉시트(Brexit) 이후 유럽 연합(EU)의 교환학생 프로그램인 에라스무스(European Region Action Scheme for the Mobility of University Students: ERASMUS) 프로그램은 유럽 연합(EU)에 속한 나라들의 대학교 간 교환학생 프로그램에 참여할 수 없게 되어, 자국 청년들의 해외 진출을 지원하는 '튜링 계획'을 도입하였다. 이전에 해외 경험을 할 수 없었던 취약계층 학생들을 중심으로 지원하며, 2022/23학년도에는 160개 이상의 해외 지역에 38,000명 이상의 학생이 공부하거나 일할 수 있도록 하였다.

ⓒ 2021/22학년도에 영국으로 유입된 국제 학생은 67만 9,970명이었으며, 이는 국제 학생 유치의 목표를 2년 연속 달성한 것이었다. 이로 인한 교육 수출 이익은 256억 파운드로 추산되며, 전략 계획 첫해인 2019년보다 0.8% 증가한 수치이다. 그러나 계속교육 및 영어 교사 양성과정에 의한 수익은 각각 49%와 74% 감소했다. 이에 대한 원인 파악 및 추후 대책을 마련하기 위해 교육 분야 전문가 자문 그룹과 긴밀히 협력할 계획이다.

ⓓ 국제 교육 챔피언(Champion)은 2022년에 고등교육 및 영어 교육을 포함하여 교육 분야 전반에 걸친 교육 수출을 위해 인도, 나이지리아, 베트남, 인도네시아 및 사우디아라비아를 성공적으로 방문하였고, 이와 더불어 중국, 말레이시아, 파키스탄, 미국, 프랑스 및 독일과 같은 주요 국제 학생 모집 국가에서 영국 문화원과 GREAT 재단의 자금 지원으로 유학생 유치를 장려하였다.

12) 2020년 직업 교육과정(T-level) 도입

티레벨(T-level)은 2020년 9월에 시작된 새로운 직업 교육과정으로, 후기 중등교육 단계(16~19세)에 해당되며, 학생들이 산업 분야의 요구를 충족할 수 있도록 고등 및 계속 교육을 통해 관련 기술 교육이나 취업 맞춤 교육을 받을 수 있는 2년간의 직업 교육과정이다. 이는 A-level의 과목 3개에 해당되고, 교육부 산하의 도제 및 기술 교육 연구소(Institute for Apprenticeships and Technical Education)가 인증한 기업과 학교가 협력하여 해당 교육과정을 운영한다(Department for Education, 2023e).

T-level은 도제제도(Apprenticeships)와는 다른 직업 교육과정인데, 도제제도는 이론 수업 20%, 현장 교육 80%로 구성되고 급여가 지급되는 과정으로서 대학 진학보다는 취업 준비에 집중하고자 하는 학생에게 필요하다면, 이 T-level은 대학 준비 과정인 A-level과 유사한 과정으로 중등교육 자격시험인 GCSE 이후에 고등교육기관으로 진학을 원하는 학생이 선택할 수 있는 주요 진로 경로 중 하나로 개발되었다. 최소 315시간(약 45일)의 현장 실습을 포함하고, 학교 또는 대학에서의 이론 수업과 현장 실무 교육을 제공하며, 평가는 2번의 기말 평가와 기업의 고용주가 고안한 프로젝트 평가로 구성된다. T-level을 이수하는 학생은 디자인, 회계, 헬스케어 등의 실용적인 과목을 수강할 수 있고, 평가 완료 후 T-level 자격증에는 통과(Pass), 우수(Merit), 탁월(Distinction), 탁월*(Distinction*)까지의 성적을 받을 수 있다(Department for Education, 2023e, 2023k).

13) 2022년 지속가능발전교육 (Education for Sustainable Development, 2022)

2022년 4월, 영국 교육부는 「지속가능성과 기후 변화: 교육과 아동 서비스 시스템을 위한 전략(Sustainability and Climate Change: A Strategy for the Education and Children's Service Systems)」 정책 보고서를 공개했다. 이는 UN의 '17개 지속 가능한 발전 목표'와 UNESCO의 '2030 지속능한 발전 교육', 파리 협정 및 글래스고 기후 협약 등 국제기구의 환경 변화에 대한 발전 계획과 맥을 이은 것으로, 교육부는 이 보고서를 통해 2050년까지 온실가스의 순배출량을 제로화하는 넷제로(Net Zero)를 달성하는 데 집중할 것을 밝혔다. 이를 위해 5년 동안 온실 가스의 총 배출량을 제한하고, 2035년까지 탄소 배출량을 78% 감축하는 법을 입안하는 노력을 기울이고 있으며, 2025년까지 GCSE에 자연사(natural history) 과목을 도입하는 등 청소년들에게 환경에 대한 깊은 지식을 쌓을 수 있도록 하는 목표를 제시하였다. 이러한 기후 변화 및 탄소 배출 감소를 위한 교육 시스템을 평가하기 위해 2022년부터 매년 기후 문해력 조사(Climate literacy survey)를 실시할 계획이라고 하였다. 또한 영국이 지속가능성 및 기후 변화 대응 분야에서 세계를 선도하는 국가가 되는 비전 아래 다음과 같이 구체적인 방향을 5개 영역으로 제시하였다.

① 환경 교육: 기후 변화와 자연 환경에 대한 교육을 국가 교육과정[학령 전 기초단계(EYFS)와 GCSE]에 도입하고, 직접 채소 재배를 하는 등 학생들이 실생활에서 경험할 수 있는 학습 기회를 제공한다. 또한 교사 및 학교 리더에게 이러한 교육이 실현되도록 다양한 교육 자원을 지원한다.

② 녹색 기술과 직업: 미래의 인재들이 녹색 일자리와 관련한 교육을 이수하고 직무 경험을 쌓을 수 있도록 T-level에 농업, 토지 관리 및 생산에 관한 교육과정을 도입하고 다양한 환경 분야 자문기관을 통해 일자리를 연결한다. 이를 위해 38억 파운드의 예산이 투자될 계획이며, 넷제로 실현에 필요한 기술을 개발할 수 있도록 더 많은 청년에게 기회를 제공한다.

③ 교육 시설과 디지털 기반 시설: 아이들과 청소년들이 건강하고 지속 가능한 삶을 살아갈 수 있도록 환경친화적인 시설을 설계하고 교육 환경을 개선한다. 교육부가 2021년 11월부터 새롭게 건설하는 교육 시설은 넷제로의 달성 기준에 따라 건축되며, 기존 건물들은 기업 에너지 산업 전략부(Department for Business, Energy and Industrial Strategy)와 협력하여 탄소중립 및 에너지 절감이 실현되도록 지원한다.

④ 운영 및 공급망: 교육부는 지속가능성 전략을 모범적으로 실천하고 모니터링하며 지역사회와 사람들에게 영감이 되도록 한다. 구체적으로, 2023년까지 국가 기후 행동 교육을 지원하고 폐기물 처리 방지 및 관리를 위한 근거 마련 및 넷제로를 달성한 기업을 지원한다. 또한 2025년까지는 모든 교육 현장에 지속가능성을 선도할 담당자를 임용하여 기후 대응 계획을 수립하며, 농림축산식품부

(Department for Environment, Food and Rural Affairs)와 협력하여 교육 현장이 재사용 및 재활용이 가능한 기자재 사용이나 자원을 재활용할 수 있도록 장려하는 방안을 마련할 계획이다.

⑤ 국제 전략: 2027년까지 국제 기후 리더상을 구축하고, 국립 자연 교육 공원(the National Education Nature Park)을 확장하여 전 세계 아이들이 가상으로 연결되어 전지구적 요구에 대한 이해를 넓힐 수 있게 한다. 또한 영국 국내 대학이 녹색 기술과 녹색 일자리를 창출할 수 있도록 매년 국제 녹색 기술 컨퍼런스의 개최를 지원한다.

어느 나라를 막론하고 시대와 상황이 달라지면 해당 국가의 교육정책이나 제도도 변하기 마련이다. 최근 초지능, 초연결, 초융합으로 특징되는 제4차 산업혁명 시대를 맞이하여, 영국의 교육부도 빅데이터, 인공지능(AI), 사물인터넷, 로봇공학, 생명공학 분야의 전문가 양성을 고등교육에서 중시하고 있으며, AI 기반 교육을 포함하는 디지털 대전환 교육을 초·중등 교육에서 강조하고 있다. 그리고 글로벌 이슈 중 하나인 기후변화 등에 대응하기 위하여 지속가능한 발전과 탄소중립을 위한 교육과 함께 다른 국가들과의 협력이나 글로벌시민의식 등을 강조하는 글로벌 협력 교육을 중시하고 있다.

참고문헌

위키백과(n.d.). 영국의 왕실 문장. ko.wikipedia.org/wiki/영국의_왕실_문장

정일환, 김병주, 구자억, 권동택, 김병찬, 김정희, 박남기, 박선형, 박희진, 신태진, 신효숙, 유성상, 윤종혁, 이병진, 이화도, 정영근, 정종진, 주경란, 최영표, 팽영일, 한만길, 한용진, 한일조(2012). **비교교육학: 이론과 실제**. 교육과학사.

Anderson, R. (2006). *British universities past and present*. Bloomsbury Academic.

Bolton, P. (2023). *Higher education numbers*. https://researchbriefings.files.parliament.uk/documents/CBP-7857/CBP-7857.pdf

Brewster, R. (2019). *Getting the most out of reading week*. https://www.ucas.com/connect/blogs/getting-most-out-reading-week

Brisard, E., & Menter, I. (2014). Compulsory education in the United Kingdom. In D. Matheson (Ed.), *An introduction to the study of education* (pp. 252-277). Routledge.

Burns, W. (2021). *A Brief history of Great Britain* (2nd ed.). Infobase Holdings.

Coats of Arms (2023). Coats of Arms. https://www.royal.uk/coats-arms

Department for Education (2001a). *Education bill 2001*. DfES Publications. https://adiscuola.it/Pubblicazioni/RiformaScuola/DFES-Education-Bill-2001.pdf

Department for Education (2001b). *Schools: Achieving success*. DfES Publications. https://assets.publishing.service.gov.uk/government/uploads/system/uploads/attachment_data/file/355105/Schools_Achieving_Success.pdf

Department for Education (2014). National curriculum in England: Secondary curriculum. *GOV.UK*. https://www.gov.uk/government/collections/national-curriculum#full-publication-update-history

Department for Education (2015). *Carter review of initial teacher training(ITT)*. The Stationery Office.

Department for Education (2016a). *DfE strategy 2015-2020*. The Stationery Office. https://assets.publishing.service.gov.uk/government/uploads/system/uploads/attachment_data/file/508421/DfE-strategy-narrative.pdf

Department for Education (2016b). *Educational excellence everywhere*. The Stationery Office.

Department for Education (2018a). *Factors affecting teacher retention: Qualitative investigation*. The Stationery Office. https://assets.publishing.service.gov.uk/media/5aa15d24e5274a53c0b29341/Factors_affecting_teacher_retention_-_qualitative_investigation.pdf

Department for Education (2018b). *Induction for newly qualified teachers*. The Stationery Office. https://assets.publishing.service.gov.uk/media/5f7496698fa8f5188aa28957/Statutory_Induction_Guidance_2019.pdf

Department for Education (2018c). *Strengthening qualified teacher status and improving career progression for teachers: Government consultation response*. The Stationery Office. https://assets.publishing.service.gov.uk/government/uploads/system/uploads/attachment_data/file/704942/Government_consultation_response_-_QTS_and_career_progression.pdf

Department for Education & The Rt Hon Nick Gibb (2019a). Changes to the professional skills test for teachers. *GOV.UK*. https://www.gov.uk/government/news/changes-tothe-professional-skills-test-for-teachers

Department for Education (2019b). *Early career framework: January 2019*. The Stationery Office. https://assets.publishing.service.gov.uk/media/60795936d3bf7f400b462d74/Early-Career_Framework_April_2021.pdf

Department for Education (2019c). *International Education Strategy: global potential, global growth*. The Stationery Office. https://assets.publishing.service.gov.uk/government/uploads/system/uploads/attachment_data/file/ 799349/International_Education_Strategy_Accessible.pdf

Department for Education (2019d). *ITT core content framework*. The Stationery Office. https://assets.publishing.service.gov.uk/government/uploads/system/uploads/attachment_data/file/974307/ITT_core_content_framework_.pdf

Department for Education (2019e). *Realising the potential of technology in education: A strategy for education providers and the technology industry*. The Stationery Office. https://assets.publishing.service.gov.uk/media/5ca360bee5274a77d479facc/DfE-Education_Technology_Strategy.pdf

Department for Education (2019g). *TSM and initial teacher training allocations: 2020 to 2021*. The Stationery Office. https://assets.publishing.service.gov.uk/government/uploads/system/uploads/attachment_data/file/839879/The_teacher_supply_model_and_initial_teacher_training_allocations_2020_to_2021.pdf

Department for Education (2020a). Coronavirus (COVID-19): Initial teacher training (ITT): Information for providers about managing initial teacher training courses impacted by the coronavirus (COVID-19). *GOV.UK*. https://www.gov.uk/government/publications/coronavirus-covid-19-initial-teacher-training-itt

Department for Education (2020b). *National retraining scheme: Key findings paper*. The Stationery Office. https://assets.publishing.service.gov.uk/government/uploads/system/uploads/attachment_data/file/926045/National_retraining_scheme_key_findings_paper.pdf

Department for Education (2021a) *Staffing and employment advice for schools*. The Stationery Office. https://assets.publishing.service.gov.uk/government/uploads/system/uploads/attachment_data/file/1026591/Staff_Advice_Handbook_Update_-_October_2021.pdf

Department for Education (2021b). *International Education Strategy: 2021 update*. The Stationery Office. https://assets.publishing.service.gov.uk/government/uploads/

system/uploads/attachment_data/file/958990/International-Education-Strategy-_2021-Update.pdf

Department for Education (2021c). *Teachers' Standards: Guidance for school leaders, school staff and governing bodies*. The Stationery Office. https://assets.publishing.service.gov.uk/media/61b73d6c8fa8f50384489c9a/Teachers__Standards_Dec_2021.pdf

Department for Education (2022a). *Implementation of education technology in schools and colleges*. The Stationery Office. https://assets.publishing.service.gov.uk/government/uploads/system/uploads/attachment_data/file/1107808/Implementation_of_education_technology_in_schools__and_colleges.pdf

Department for Education (2022b). International education strategy: 2022 progress update. *GOV.UK*. https://www.gov.uk/government/publications/international-education-strategy-2022-update/international-education-strategy-2022-progress-update

Department for Education (2022c). ITT: Requesting places and allocations methodology for the 2022 to 2023 academic year. *GOV.UK*. https://www.gov.uk/government/publications/itt-requesting-places-and-allocations-2022-to-2023/itt-requesting-places-and-allocations-methodology-for-the-2022-to-2023-academic-year

Department for Education (2022d). *Keeping children safe in education 2022*. The Stationery Office. hhttps://consult.education.gov.uk/safeguarding-in-schools-team/kcsie-proposed-revisions-2022/supporting_documents/KCSIE%202022%20for%20consultation%20110122.pdf

Department for Education (2022e). *School Teachers' Review Body THIRTY-SECOND REPORT-2022*. The Stationery Office. https://assets.publishing.service.gov.uk/government/uploads/system/uploads/attachment_data/file/1092278/STRB_32nd_Report_2022_Accessible.pdf

Department for Education (2022f). *Statutory guidance Initial teacher training (ITT): Criteria and supporting advice 2022*. The Stationery Office. https://dera.ioe.ac.uk/id/eprint/39061/1/criteria%20and%20supporting%20advice%20-%20GOV.pdf

Department for Education (2023a). *Evaluation of the national roll-out of the early career framework induction programmes*. The Stationery Office. https://assets.publishing.service.gov.uk/government/uploads/system/uploads/attachment_data/file/1146673/Early_career_framework_evaluation_year_one_research_brief_2023.pdf

Department for Education (2023b). Induction for early career teachers(England), Revised

April 2023. London. https://assets.publishing.service.gov.uk/government/uploads/system/uploads/attachment_data/file/1151553/Statutory_Induction_for_early_career_teachers_england.pdf

Department for Education (2023c). *Initial teacher training census: Academic year 2022/23*. The Stationery Office.

Department for Education (2023d). *International education strategy: 2023 progress update*. *GOV.UK*. https://www.gov.uk/government/publications/international-education-strategy-2023-update/international-education-strategy-2023-progress-update

Department for Education (2023e). Introduction of T-levels. *GOV.UK*. https://www.gov.uk/government/publications/introduction-of-t-levels/introduction-of-t-levels

Department for Education (2023f). *Keeping children safe in education 2023*. The Stationery Office. https://assets.publishing.service.gov.uk/government/uploads/system/uploads/attachment_data/file/1161273/Keeping_children_safe_in_education_2023_-_statutory_guidance_for_schools_and_colleges.pdf

Department for Education (2023g). Qualified teacher status (QTS): Qualify to teach in England. *GOV.UK*. https://www.gov.uk/guidance/qualified-teacher-status-qts

Department for Education (2023h). *Routes to qualified teacher status (QTS) for teachers and those with teaching experience outside the UK*. The Stationery Office. https://www.gov.uk/government/publications/apply-for-qualified-teacher-status-qts-if-you-teach-outside-the-uk/routes-to-qualified-teacher-status-qts-for-teachers-and-those-with-teaching-experience-outside-the-uk

Department for Education (2023i). Sustainability and climate change: a strategy for the education and children's services systems. The Stationery Office. https://www.gov.uk/government/publications/sustainability-and-climate-change-strategy/sustainability-and-climate-change-a-strategy-for-the-education-and-childrens-services-systems#action-area-3-education-estate-and-digital-infrastructure

Department for Education (2023j). *Teacher recruitment and retention strategy*. The Stationery Office. https://assets.publishing.service.gov.uk/government/uploads/system/uploads/attachment_data/file/786856/DFE_Teacher_Retention_Strategy_Report.pdf

Department for Education (2023k). *T-level action plan 2022 to 2023*. The Stationery Office. https://assets.publishing.service.gov.uk/government/uploads/system/uploads/attachment_data/file/1141405/T_Level_Action_Plan_2022-2023.pdf

Department for Education (2023l). The role of local education authority in school education. *GOV.UK*. http://www.Department for Educations.gov.uk/learole/policypaper/part1_part2.shtml

Department for Education (2023m). *Updating the evidence base of the ITT core content framework and the early career framework. Government response to call for evidence*. The Stationery Office. https://assets.publishing.service.gov.uk/government/uploads/system/uploads/attachment_data/file/1168038/Updating_the_evidence_base_of_the_ITT_CCF_and_ECF_government_response_.pdf

Donelan, M. (2020). Higher education student finance. *UK Parliament*. https://questions-statements.parliament.uk/written-statements/detail/2020-07-06/hcws336

Dorey, P. (2016). *The major premiership: Politics and policies under John Major, 1990-97*. Springer.

Earlymatters (2008). *Statutory Framework for the Early Years Foundation Stage*. The Stationery Office. https://assets.publishing.service.gov.uk/government/uploads/system/uploads/attachment_data/file/1170108/EYFS_framework_from_September_2023.pdf

Ellis, R., & Hogard, E. (2018). *Handbook of quality assurance for university teaching*. Routledge. https://doi.org/10.4324/9781315187518

Fisher, T. (2008). The era of centralisation: The 1988 Education Reform Act and Its consequences. *In FORUM: for promoting 3-19 comprehensive education Vol. 50*(No. 2). 255-261. Symposium Journals. PO Box 204, Didcot, Oxford, OX11 9ZQ, UK.

Gearon, L. (2013). *Education in the United Kingdom: Structures and organization*. David Fulton Publishers.

Get Into Teaching (2023). Teacher training. *Get into teaching*. https://getintoteaching.education.gov.uk/train-to-be-a-teacher/initial-teacher-training

Gillard, D. (2009). Short and faught: The history of primary education in England. *Education in the UK*. http://www.educationengland.org.uk/articles/28primary.html

Gillard, D. (2018). Education in England: A history. *Education in the UK*. http://www.educationengland.org.uk/history/chapter09.html

Gosling, D. (2009). Educational development in the UK: A complex and contradictory reality. *International Journal for Academic Development, 14*(1), 5-18.

Gov.uk (2012). *Education system in the UK*. https://assets.publishing.service.gov.uk/government/uploads/system/uploads/attachment_data/file/219167/v01-2012ukes.pdf

Gov.uk (2015). 2010 to 2015 government policy: Childcare and early education. *GOV.UK*. https://www.gov.uk/government/publications/2010-to-2015-government-policy-childcare-and-early-education/2010-to-2015-government-policy-childcare-and-early-education

Gov.uk (2022). Everything you need to know about SATs. *GOV.UK*. https://educationhub.blog.gov.uk/2022/05/05/everything-you-need-to-know-about-sats

Gov.uk (2023a). Ofsted. *GOV.UK*. https://www.gov.uk/government/organisations/ofsted

Gov.uk (2023b). The national curriculum. *GOV.UK*. https://www.gov.uk/national-curriculum

Gov.uk (2023c). Office for Students: Annual report and accounts 2022 to 2023. https://www.gov.uk/government/publications/office-for-students-annual-report-and-accounts-2022-to-2023

Groom, N. (2012). *The Union Jack: The story of the British Flag*. Atlantic Books Ltd.

Higginbotham, D. (2023). Foundation degrees. *Prospects*. https://www.prospects.ac.uk/applying-for-university/choosing-a-course/foundation-degrees

Hodgson, A., Spours, K., & Waring, M. (2011). *Post-Compulsory Education and Lifelong Learning Across the United Kingdom: Policy, Organisation and Governance*. UCL IOE Press.

International Monetary Fund (2023). World economic outlook database. *IMF Live*. https://www.imf.org/en/Publications/WEO/weo-database/2023/April/weo-report?c=112,&s=NGDPD,&sy=2023&ey=2023&ssm=0&scsm=1&scc=0&ssd=1&ssc=0&sic=0&sort=country&ds=.&br=1

Jones, K. (2016). *Education in Britain: 1944 to the present*. John Wiley & Sons.

La Velle, L., Newman, S., Montgomery, C., & Hyatt, D. (2020). Initial teacher education in England and the Covid-19 pandemic: Challenges and opportunities. *Journal of Education for Teaching, 46*(4), 596-608.

Learndirect (2023). About us. *Learndirect*. https://www.learndirect.com/about-learndirect/our-information-and-guidance-services

Legislation.gov.uk (1988). Education reform act 1988. *Legislation*. https://www.legislation.gov.uk/ukpga/1988/40/contents

Legislation.gov.uk (1992a). Education (Schools) act 1992. *Legislation*. https://www.legislation.gov.uk/ukpga/1992/38/contents

Legislation.gov.uk (1992b). Further and higher education act 1992. *Legislation*. https://

www.legislation.gov.uk/ukpga/1992/13/contents

Legislation.gov.uk (1993). Education act 1993. *Legislation*. https://www.legislation.gov.uk/ukpga/1993/35/contents/enacted

Legislation.gov.uk (1996). Education act 1996. *Legislation*. https://www.legislation.gov.uk/ukpga/1996/56/contents

Legislation.gov.uk (2006). Education and Inspections Act 2006. *Legislation*. https://www.legislation.gov.uk/ukpga/2006/40/contents

Legislation.gov.uk (2011). Education Act 2011. *Legislation*. https://www.legislation.gov.uk/ukpga/2011/21/contents/enacted

Lindsay, G., & Rodgers, T. (1998). Market orientation in the UK higher education sector: the influence of the education reform process 1979-1993. *Quality in Higher Education, 4*(2), 159-171.

Long, R., & Danechi, S. (2022). *Teacher recruitment and retention in England*. House of commons library briefing paper.

Long, R., & Danechi, S. (2023). *Initial teacher training in England*. House of commons library briefing paper.

Lossing, B. J. (2023). *A History of England*. BoD-Books on Demand.

Machin, S., & Vignoles, A. (2006). *Education Policy in the UK* (No. 57). Centre for the Economics of Education. London School of Economics and Political Science.

MacLeod, D. (2004). 'University for industry' failed to attract private cash. *The Guardian*. https://www.theguardian.com/education/2004/dec/10/furthereducation.uk.

Moon, B. (2001). *A guide to the national curriculum* (4th ed.). Oxford University Press.

Noble-Rogers, J. (2016). Quality assurance of teacher education in the United Kingdom. In N. Michelli, R. Dada, D. Eldridge, R. Tamim & K. Karp (Eds.), *Teacher Quality and Teacher Education Quality* (pp. 190-211). Routledge.

OECD (2022). *Education at a glance 2022*. OECD.

Office for National Statistics (2023). UK population. *Office for National Statistics*. https://www.ons.gov.uk/

Ofsted (2023). *Initial teacher education (ITE) inspection framework and handbook*. Ofsted

Open University (2023a). History of the OU. *Open University*. https://web.archive.org/web/20100717081233/http://www.open.ac.uk/about/ou/p3.shtml

Open University (2023b). The purpose of the OU. *Open University*. https://web.archive.org/web/20100805081213/http://www.open.ac.uk/about/ou/index.shtml

Open University (2023c). Recognition of OU qualifications. *Open University*. https://web.archive.org/web/20100717203234/http://www.open.ac.uk/about/ou/p6.shtml

Open University (2023d). How studying works at the OU. *Open University*. https://web.archive.org/web/20100801070546/http://www.open.ac.uk/about/ou/p5.shtml

Pearson (2023a). A Level History Specification. http://qualifications.pearson.com./content/dam/pdf/A%20Level/History/2015/Specification%20and%20sample%20assessments/9781446914366-gce-2015-a-hist.pdf

Pearson (2023b). Question Paper-A Level Option 39-November 2021. http://qualifications.pearson.com./content/dam/pdf/A-Level/History/2015/Exam-materials/9HI0_39_que_20211016.pdf

Pells, R. (2017). SATs having 'damaging consequences' for both children and schools, teachers warn. *independent*. https://www.independent.co.uk/news/education/education-news/sats-having-damaging-consequences-children-schools-teachers-nut-survey-a7806571.html

QAA (2023). Our main areas of work. https://www.qaa.ac.uk/en/about-us/our-main-areas-of-work.

Santsevich, D., & Lichevskaya, S. (2019). The history of the flag 'Union Jack'. Repository of the Belarusian National Technical University. БНТУ. https://rep.bntu.by/handle/data/60800

Scott, W. (2015). EYFS Best Practice: A short history of early education. *NurseryWorld*. https://www.nurseryworld.co.uk/features/article/eyfs-best-practice-a-short-history-of-early-education

Teach First (2023). Training programme. *Teach First*. https://www.teachfirst.org.uk/training-programme

Teaching Regulation Agency (2021). Teacher status checks: Information for employers. *GOV.UK*. https://www.gov.uk/guidance/teacher-status-checks-information-for-employers

Teaching Regulation Agency (2023). Teaching regulation agency annual report and accounts 2022 to 2023. https://assets.publishing.service.gov.uk/government/uploads/system/uploads/attachment_data/file/1169468/TRA_Annual_Report_and_Accounts_2022-23.pdf

Thinkstudent (2022). What is a foundation degree in the UK? *Thinkstudent*. https://thinkstudent.co.uk/what-is-a-foundation-degree/.

Turnbull, W. (2020). *A brief history of credit in UK higher education: Laying siege to the ivory tower*. Emerald Publishing Limited.

UCAS (2023a). UCAS undergraduate entry requirements. https://www.ucas.com/undergraduate/applying-university/entry-requirements

UCAS (2023b). Teacher training. How to get into teaching. *UCAS*. https://www.ucas.com/teaching-in-the-uk

UK Parliament (2023). Further reform, 1902-4. *UK Parliament*. https://www.parliament.uk/about/living-heritage/transformingsociety/livinglearning/school/overview/reform1902-14/

Whitbread, N. (2013). *The evolution of the nursery-infant school: A history of infant and nursery education in Britain, 1800-1970*. Routledge.

White, J. (1990). Educational reform in Britain: Beyond the national curriculum. *International Review of Education / Internationale Zeitschrift Für Erziehungswissenschaft, Revue Internationale de l'Education, 36*(2), 131-143.

Wikeley, F., & Hughes, M. (1995). Parents and educational reform in the UK. *International Journal of Educational Reform, 4*(3), 301-309.

Wikipedia (2023. 7. 17.). Coat of arms of the United Kingdom. https://en.wikipedia.org/w/index.php?title=Coat_of_arms_of_the_United_Kingdom&oldid=1165382855

제2장

프랑스의 교육제도와 교육개혁 동향

1. 사회문화적 배경

1) 프랑스 교육제도의 역사적 배경과 특징

프랑스 교육제도의 역사는 프랑스 대혁명 시기인 1789년까지 거슬러 올라간다. 당시에는 사회의 모든 계층을 교육하기 위한 공공 교육망이 공화정 수립에 필수적인 요소라는 생각이 자리 잡았고, 이에 따라 혁명 기간 동안 다양한 교육시설이 만들어졌다. 그러나 이어진 제정 시기에 권력을 잡은 나폴레옹은 분산된 공교육 시설만으로는 국가가 필요로 하는 관리직을 양성하기에 불충분하다는 사실을 인식했고, 고급 전문교육을 포함한 강력하고 안정적이며 중앙집중화된 공교육제도를 고안했다. 이러한 관점에서 1808년 '제국 대학(Université impériale)'이 설립되었는데, 이는 다른 국가 기관에 비해 큰 자율성을 지닌 비종교적 직업 조합(Corporation laïque)의 지위를 누렸으며, 오늘날 널리 사용되는 '교원 조합(Corps enseignant)'이라는 용어도 이때 등장한 표현이다. 한편, 이 제국 대학의 수장은 황제에 의해 직접 임명되며 '그랑-메트르 드 유니벡시떼(Grand-maître de l'Université)'라는 칭호로 불렸는데, 1828년에 공교육 담당 조직이 하나의 독립적인 정부기관이 되면서 이 그랑-메트르 드 유니벡시떼가 그 수장을 겸임했고, 이는 훗날 프랑스 교육부의 전신이 되었다. 이어 제3공화국 시기인 1881~1882년에 이 초창기 교육부의 수장이었던 쥘 페리가 초등교육의 무상화, 의무화, 세속주의화를 명시한 일명 「쥘 페리 법(Lois Jules Ferry)」을 만들며 무상의 무교육 개념을 법제화했다. 이때까지 프랑스 공교육을 지칭하던 용어가 '앙스트뤽씨옹 퓌블릭(Instruction publique)', 즉 '공공의 지도' 또는 '교화'의 의미를 지녔다면, 현대적 의미의 교육부가 설치된 1932년부터 지금까지 사용되는 용어는 '에듀까씨옹 나쇼날(Éducation nationale)', 즉 '국가 교육'이다. 이는 18세기 후반에 교육 문제에 대한 국가의 강한 역할을 옹호하는 사람들이 사용했던 용어이며, 이후 1910~1920년대에 교육과정을 서로 다른 계통으로 분화하는 것에 반대하는 사회 흐름 아래서 다시 사용되기 시작해 오늘날 프랑스의 공교육제도를 통칭하는 용어로 자리 잡았다.[1)]

국가 주도형 공교육 모델과 능력주의 학교제도로 요약되는 오늘날 프랑스 교육제도의 특징은 이러한 역사적 배경을 그대로 반영한다. 모든 어린이들이 시민의 권리와 의무를 함양할 수 있도록 초등학교 보편화를 제안한 1792년 콩도르세(Condorcet) 개혁안부터, 교육과정 분화 없이 단일한 중학교를 법제화한 1975년의 교육개혁 꼴레쥬 유니크(Collège unique)까지, 프랑스의 역사적 교육개혁들은 모두 보편적인 교육 접근권에 초점을 맞춰 왔다. 그러나 다른 한편으로, 나폴레옹이 국가를 조직하고 경영할 고급 인재를 양성하기 위해 설립한 소수정예 특수목적교육기관인 그랑제꼴(Grandes Écoles)은 프랑스 교육의 엘리트주의를 보여 주는 전형으로 현재까지 존속하고 있다. 정리하면, 프랑스는 강력한 중앙집권적 행정제도를 바탕으로 교육제도 조직과 재정 부담의 대부분을 국가가 맡는다. 또한, 공화주의에 입각한 보편무상교육 개념과 더불어 능력주의 이데올로기에 기반한 학교제도를 갖추고 있다. 이러한 교육 모델에서는 국가가 독점적으로 조직하는 학교 및 학위제도가 개인의 진로 선택과 사회 편입에 강한 영향을 미치게 되는데, 결론적으로 이러한 특성은 오늘날 프랑스 사회에서 제기되는 학교에 의한 사회 불평등 재생산 문제와 직결된다(Bourdieu & Passeron, 1970).

1) 프랑스 교육부에서 소개한 교육부 연혁의 내용을 발췌하여 재구성.

2) 프랑스의 교육제도 관련 쟁점 및 사회적 논의

Dubet(2011)는 유럽 국가 간 비교를 통해 프랑스식 교육 모델의 특수성을 국가의 역할에 초점을 맞춰 설명한다. 이 분석에 따르면 프랑스에서는 국가가 명명하고 수여하는 학위가 개인의 사회적 위치를 결정하고 직업을 가질 수 있도록 한다는 믿음이 강하기 때문에 학교제도의 영향력이 유럽에서 가장 강한 나라에 속한다. 이러한 학교의 사회적 영향력은 물론 여러 긍정적 측면을 지닌다. 가령 사회 전반의 교양 및 학력 수준이 향상되었고, 무상으로 제공되는 지식과 문화의 가치를 효과적으로 전파했으며, 교육에 의한 사회 이동 또한 촉진시킨 바 있다. 그럼에도 불구하고 이러한 교육 메커니즘은 본질적 문제를 내포하고 있는데, 무엇보다도 학력에 의한 위계질서가 공정하며, 따라서 학위가 개인의 직업 및 경력을 결정하는 것이 옳다는 사회적 믿음으로 이어진다는 것이다. 이에 따라, 학교에 의한 사회 불평등 재생산에 관한 수많은 비판에도 불구하고 학업 능력과 결합된 능력주의 또는 학교 엘리트에 대한 프랑스 사회의 믿음은 강하게 지속되고 있다고 Dubet는 지적한다(Dubet, 2011: 22-23).

프랑스 교육의 엘리트주의적 속성을 보여 주는 대표적 특징은 조기 진로 선택과 선별적 교육과정인데, 1950년대 후반까지는 11세의 나이에 학업 능력에 따른 선별 및 계열 분화가 이루어졌다면 오늘날에는 15~16세에 진로 선택이 이루어진다. 1960년대에 들어 이러한 선별적 학교제도는 개혁의 대상이 되었는데, 이 배경에는 급증하는 학령 인구 및 변화하는 경제 구조에 부합하는 새로운 교육의 필요성과(Gayraud et al., 2009: 12) 68혁명에 의해 촉구된 교육 민주화 혹은 현대화 요구가 있다(Forestier, 2010). 이러한 맥락에서 Fraser는 1959~1969년 사이에 프랑스에서 진행된 일련의 교육개혁들이 계몽주의와 민주주의의 유산에 정당성을 부여하는 동시에 현대 국가의 요구에 부응할 새로운 제도를 구축하려는 시도였다고 해석한다(Fraser, 1971: 3). 이러한 의도를 압축적으로 보여 주는 조치가 14세까지였던 의무교육과정을 16세까지로 연장한 1959년의 베르투앙(Berthoin) 개혁이다. 이는 6세부터 16세까지의 모든 프랑스 청소년들이 사회적 배경에 상관없이 의무적으로 기본교양 교육과정을 거치도록 함으로써 공교육제도에 기회의 평등을 담고자 하는 프랑스 공화국의 가치를 반영한다(Fraser, 1971: 4). 이에 더해 11세에 이루어지던 교육계열상의 선별을 전기 중등단계의 진로교육으로 대체하고, 학급평의회(Conseil de classe)와 같이 학생의 진로 선택을 돕기 위한 학급 내 소통기구를 설치하는 등 선별적 교육과정의 경직성을 해소하기 위한 개혁 또한 동반되었다(Dequiré, 2008: 59).

그럼에도 불구하고 프랑스 교육부 산하 연구기관들이 발간하는 통계자료에 의하면 오늘날까지도 프랑스 학생들의 학업성취도 및 고등교육 이수율에는 여전히 사회경제적 배경의 영향이 짙은 것으로 드러난다. 2019년 기준 프랑스에서는 25~34세 성인의 48%가 고등교육 학위 소지자였는데, 이 중 80%는 사회경제적 수준이 높은 계급(부모가 고소득 및 전문직 종사자인 경우) 출신이었고, 29%만이 노동계급(부모가 단순노무 종사자인 경우) 출신이었다. 다시 말해, 학생들의 사회경제적 배경이 최종학력 수준에 강하게 영향을 주는 것으로 드러나며, 이는 이미 초기 교육 단계에서부터 뚜렷이 관찰된다. 가령 초등학교에서 문해력, 디지털 기술 습득 능력 등과 관련해 측정된 학업성취도 수준은 학생들의 사회적 배경과 밀접한 연관이 있는 것으로 나타났으며, 이러한 연관성은 OECD 국가들 중 프랑스에서 가장 높다. 다시 말해, 지난 20년간 바칼로레아 취득율은 전반적으로 상승했음에도 불구하고(2022년 기준 합격률 91%), 고등교육 접근권을 보장하는 일반계 바칼로레아 선택 및 학업 진로 선택에 있어서 여전히 학생들의 사회경제적 배경이 강하게 작용하는 것으로 나타나 계층 간 교육격차가 심화되고 있다는 사실을 보여 준다(DEPP, 2020a: 4).

한편, 이와 같은 개인의 사회경제적 배경에 따른 교육격차를 해소하고자 프랑스 정부가 시행하고 있는 대표적인 정책이 우선교육 네트워크 REP(Réseaux d'Éducation Prioritaire)이다. 이는 일종의 취약교육지역 지원 정책으로서, 지원 대상이 된 학교들은 학급당 학생 수를 줄이고, 추가적인 학습지원 및 재정도 교부하는 등 다양한 교육지원을 받게 된다. 2021학년도 기준 전체 국공립중학교 재학생의 7.3%가 REP+(불평등 정도가 더 심한 지역)에, 14.2%가 REP에 속하는 것으로 집계되었다. 또 전체 8.1%의 초등학생이 REP+에, 12.3%의 초등학생이 REP에 속하는 국공립학교에 재학중인 것으로 나타났다. 한 가지 주목할 점은 이러한 REP 및 REP+의 지리적 분포가 프랑스 각 지역 간에 매우 이질적이라는 사실이다. REP+에 속하는 중학교의 비율을 예로 들면, 프랑스 본토의 경우 해당 비율이 평균 5.6%로 나타난 반면, 해외 영토에서는 평균 36.3%였다. 프랑스 본토 내에서도 지역마다 격차를 보이는데, 가령 디종의 경우 해당 비율이 0.4%에 그치는 반면 리옹은 9.8%였다. 일 드 프랑스(인구가 매우 밀집한 프랑스의 수도권)의 교육 3구인 크레테이, 파리, 베르사유에서도 이 비율은 각각 9.9%,

2.8%, 5%로 나타나 수도권 내 교육 환경에도 지역마다 상당한 차이가 있는 것으로 보인다(DEPP, 2022c: 52-53).

전통적으로 중앙에 집중되어 있던 교육행정제도 또한 꾸준한 사회적 논의의 대상이 되었다. 따라서 1960년대 중앙과 지역의 행정 재정비(Fraser, 1971: 3)부터 시작하여 1980년대에는 본격적인 지방분권화(Décentralisation) 흐름 속에서 직업교육훈련 운영에 관한 지자체의 권한 강화 등, 교육행정의 지방분산과 관련된 법적, 정책적 추진이 가속화되었다(Berthet & Gayraud, 2015: 32). 이러한 변화는 물론 사회구조적 변동과도 맞물려 있다. 앞서 기술한 대로 1960년대부터 프랑스에서는 학령 인구 증가 및 교육 대중화로 다양한 교육훈련 수요가 증대됨과 동시에, 중앙정부가 지역 간 교육 격차 및 기회의 불균등을 해소할 수 없다는 문제 제기가 시작되었다. 이에 따라 중앙에 집중되어 있던 행정제도를 효율화하고 각 지역의 맥락에 맞는 정책을 구현하기 위한 지방정부의 역할이 새로이 부각되며 교육행정 지방분권화 개혁에 착수했다(Mons, 2008: 75-78). 이러한 행정의 지방분산 정책의 효과성은 오늘날까지 꾸준한 분석의 대상이며, 구체적인 추진 과정은 추후 교육행정제도에 관한 장에서 기술하도록 한다.

이렇듯 프랑스의 교육제도는 고유한 역사적 맥락으로부터 비롯한 특수성을 그대로 간직한 동시에, 인구 및 경제 구조의 변동과 같은 시대적 변화와 맞물리며 꾸준한 사회적 논의의 대상이 되어 왔다. 결과적으로 이러한 흐름은 지방교육행정 효율화와 교육 불평등 해소에 초점을 두는 오늘날 프랑스의 교육정책 방향과도 긴밀히 닿아 있다.

3) 팬데믹 이후의 교육 쟁점 및 현황

2020년에 닥친 코로나19 팬데믹 위기에 프랑스 정부는 전국 봉쇄 조치로 대응했으며, 휴교령을 포함해 1년 넘게 이어진 이 봉쇄 기간에 따라 학교 수업의 붕괴, 학교와 학부모 간의 관계, 중앙집중식 학교 관리의 부적절성 등, 기존 학교제도의 오랜 취약점들이 수면 위로 드러났다(Bouvier et al., 2021: 171). 그러나 같은 맥락에서 Bouvier 외는 팬데믹 상황이 역설적으로 학교에 미친 긍정적인 효과들에 주목한다. 전염병 위기로 인한 정상적 학교교육의 단절은 학습 개별화의 필요성을 상기시켰고, 원격교육의 새로운 발견과 함께 디지털 교수학습에 대한 관심이 증폭되었으며, 학교와 학부모 간의 연대를 재정립한 측면이 있다. 또한, 사회적 거리두기 경험을 통해 오히려

학교의 유연성이 확대되었고, 관료주의적 교육행정의 문제점이 부각되며 중앙이 지시한 획일적 체계에서 벗어나 다양한 교육 참여자들이 새로운 역할을 수행하는 학교의 자율성 및 지역화가 강조되는 계기를 마련했다고 저자는 분석한다(Bouvier et al., 2021: 174).

그러나 다수의 프랑스 연구자들은 팬데믹 시기에 드러난 대표적인 사회 현상을 불평등의 가시화로 꼽는다. 팬데믹 시기에 심화된 것으로 관찰되는 교육 불평등이 각 가정의 디지털 사용 환경 격차에 기인한다고 설명하는 연구가 있는 한편(Goudeau et al., 2021), 또 다른 연구는 팬데믹 기간 동안 드러난 문제점들은 새로운 것이 아니라 기존에 이미 존재하던 교육격차가 재발견된 것으로, 사회불평등 문제를 새로이 조명한 계기가 되었다고 보기도 한다(Jellab, 2021: 25).

프랑스 교육부 역시 팬데믹 전후 교육 현황 파악을 위한 패널조사를 진행중이며, 객관적인 모니터링과 더불어 팬데믹의 실질적 영향을 평가하는 보고서를 매년 발표한다. 교육부의 분석에 따르면 팬데믹 여파에 의한 교육격차는 가시적으로 확인되는 부분이 있으나 아직 결론을 내리기는 이른 수준이며, 앞으로도 계속 추적조사가 필요할 것으로 보인다. 가령, 2020년 첫 휴교령 기간이었던 3월부터 5월까지 학생들의 학습 현황을 조사하는 설문에 응한 중학생과 고등학생들의 약 75%가 원격교육 기간 동안 학교 수업이 유익했다고 답했으나(DEPP, 2022d: 11), 학생들이 집에서 학습에 투자한 시간 및 학습 자율도는 학업성취도가 이미 우수한 학생과 가정의 사회경제적 수준이 아주 높은 학생, 그리고 남학생보다는 여학생에게서 더 높게 나타났다(DEPP, 2020b). 다른 한편, 초등학생들의 학업성취도는 2020년과 2021년 사이에 어느 정도의 회복탄력성을 보인 것으로 파악된다. 2020년 측정된 초등학교 1학년과 2학년 학생들의 프랑스어 구사 능력은 2019년에 비해 하락했으며 특히 지역 간 격차가 심화된 것으로 조사된 반면(DEPP, 2021: 1-2), 2021년에 같은 평가를 실시했을 때는 학생들이 대체로 만족스러운 프랑스어 구사 능력을 보여 2020년 팬데믹 위기의 부정적 영향이 회복된 것으로 나타났다(DEPP, 2022b: 1-2).

이는 공교육 부문의 교육 연속성을 유지하기 위한 당국의 조치와 학교의 빠른 적응력이 만난 결과로 보이는데, 실제로 유네스코의 데이터에 따르면 프랑스는 팬데믹 위기가 시작된 이래 휴교 기간이 가장 짧았던 국가들에 속한다. 조사된 193개국 중 20주 미만으로 휴교한 나라들이 약 10%에 불과한 가운데, 프랑스는 2020년 첫 봉쇄 조치

당시 3월부터 5월 사이 12주 동안만 학교를 닫았으며, 이후로는 사회적 거리 두기 및 유연한 상황 대응과 함께 교육기관들을 최대한으로 열어 놓는 조치를 취했다.

2. 교육제도 및 교사교육

1) 교육제도

프랑스의 교육제도는 초등(Premier degré), 중등(Second degré), 고등(Supérieur)의 세 단계로 구성되며, 2019년부터는 6세부터 16세까지였던 무상의무교육 기간을 3세부터로 확장하여 유아교육까지 공교육의 영역으로 포함시키고 있다. 프랑스는 일찍이 국가가 조직 및 재정의 대부분을 담당하는 국가주도형 공교육 모델을 발전시켰으며, 1958년에 제정된「헌법」제34조항에 의거해 프랑스어를 공용어로 하는 세속주의 무상의무교육을 법으로 보장하고 있다. 초등·중등교육의 주무부처는 교육부, 고등교육은 고등교육 연구부이며, 이들 부처는 교육기관 및 교육과정의 성격에 따라 농업부나 보건부와 협업하기도 한다.

(1) 연령에 따른 프랑스의 학제 구성

연령에 따른 프랑스의 학제 구성은 [그림 2-1]과 같다.

연령	0	1	2	3	4	5	6	7	8	9	10	11	12	13	14	15	16	17	18
학제				1기			2기			3기		4기				최종기			
기관				유치원			초등학교					중학교				고등학교			

바칼로레아 이후 고등교육 연한

(년)	1	2	3	4	5
대학	학사			석사	
그랑제꼴	준비반		그랑제꼴		
고등기술과정	기술자격증				
대학기술교육	대학학위				

[그림 2-1] 연령에 따른 프랑스 학제

(2) 프랑스의 초 · 중등교육제도

프랑스의 초 · 중등교육제도는 크게 보면 한국과 같은 6 · 3 · 3의 학제라고 할 수 있으나, 2016년부터 초등학교의 마지막 학년이 중학교 예비단계의 성격으로 전기 중등교육에 편입되고 2019년부터 유아교육이 공교육에 포함되면서 학제가 약간 개편되었다. 2023년 기준으로 프랑스의 공교육은 3년간의 유아교육, 5년간의 초등교육, 4년간의 전기 중등교육을 제공하며, 이 과정을 마치면 첫 중등교육 졸업장이 수여된다. 이어지는 후기 중등교육은 고등학교 공통의무과정 1년, 그리고 진로 선택에 따라 일반교육 또는 기술교육 2년으로 구성된다. 한국의 고등학교 2학년과 3학년에 해당하는 2년간의 고등학교 과정은 그간에는 한국의 수능에 해당하는 바칼로레아 종류(문학, 과학, 사회과학)에 따라 학급을 나누었으나, 2020년부터는 학생들의 선택과목에 따라 학급을 편성하고 있다.

프랑스의 학제는 초등학교에서는 한국과 마찬가지로 진급에 따라 학년을 올리다가, 중학교부터 고등학교까지는 다시 학년을 줄여 가는 방식으로 센다. 즉, 5년간의 초등교육을 마치고 6학년이 되어 중학교에 진학하면, 거기서부터 상위 학년으로 진급할수록 학년을 하나씩 줄이는 방식이다. 따라서 한국의 고등학교 2학년에 해당하는 학년은 프랑스에서는 1학년이 되고, 바칼로레아를 치르는 고등학교 마지막 학년은 떼르미날(Terminale)이라고 부른다. 이를 도식으로 설명하면 [그림 2-2], [그림 2-3], [그림 2-4]와 같다(DEPP, 2022c: 11에 제시된 도식 재구성).

<table>
<tr><td rowspan="3">1기(초기 학습)</td><td>초급반 (3세)</td><td></td></tr>
<tr><td>중급반</td><td></td></tr>
<tr><td>고급반</td><td></td></tr>
<tr><td rowspan="3">2기(기초 학습)</td><td>초등 예비반 (1학년)</td><td rowspan="5">장애학생 및
외국인 학생 특별반</td></tr>
<tr><td>기초수업 1학년 (2학년)</td></tr>
<tr><td>기초수업 2학년 (3학년)</td></tr>
<tr><td rowspan="2">3기(강화)</td><td>중급수업 1학년 (4학년)</td></tr>
<tr><td>중급수업 2학년 (5학년)</td></tr>
</table>

[그림 2-2] 초등(Premier degré): 유치원 및 초등학교 (8년)

<table>
<tr><td>3기 (강화)</td><td>6학년</td><td rowspan="4">장애학생 및
외국인 학생
특별반</td><td rowspan="4">학습부진 학생
특별반</td></tr>
<tr><td rowspan="3">4기 (심화)</td><td>5학년</td></tr>
<tr><td>4학년</td></tr>
<tr><td>3학년</td></tr>
<tr><td></td><td colspan="3">중등교육 졸업증서</td></tr>
</table>

[그림 2-3] 중등(Second degré): 중학교 (4년)

<table>
<tr><td>진로
결정기</td><td colspan="3">일반 및 기술고 2학년</td><td>기술자격준비
2학년</td><td>실업고
2학년</td><td>전문능력준비
1학년</td><td rowspan="3">장애학생 및
외국인 학생
특별반</td></tr>
<tr><td rowspan="2">최종기</td><td>일반고 1학년</td><td>기술고
1학년</td><td>기술고
특별반</td><td>기술자격준비
1학년</td><td>실업고
1학년</td><td>전문능력준비
2학년</td></tr>
<tr><td>일반고 최종학년</td><td colspan="2">기술고 최종학년</td><td>기술자격준비
최종학년</td><td>실업고
최종학년</td><td>전문능력
증명서</td></tr>
<tr><td></td><td>일반계
바칼로레아</td><td colspan="2">기술계
바칼로레아</td><td>기술 자격증</td><td>실업계
바칼로레아</td><td></td><td></td></tr>
</table>

[그림 2-4] 중등(Second degré): 고등학교 (3년)

(3) 프랑스의 고등교육제도

프랑스의 고등교육은 고도로 전문화 및 세분화된 교육훈련 제공을 특징으로 하며, 따라서 교육훈련의 성격에 따라 매우 다양한 교육기관에서 이루어진다. 이는 대학, 특수학교, 전문교육 고등학교, 그리고 그랑제꼴 등 크게 네 종류의 기관으로 나눌 수 있다. 교육과정에 따라 교육 연한 또한 달라지며, 바칼로레아 이후 추가교육연수를 더해가는 방식으로 센다. 가령, 학사학위는 바칼로레아+3년이라는 뜻의 Bac+3, 석사학위는 Bac+5로 표기하는 식이다. 일반적으로 학사, 석사학위에 준하는 대부분의 고등교육과정은 바칼로레아 이후 3년에서 5년의 이수 연한이, 전문교육과정은 보통 2년에서 3년이 요구된다. [그림 2-5]는 프랑스의 고등교육제도를 설명하는 도식이다(DEPP, 2022c).

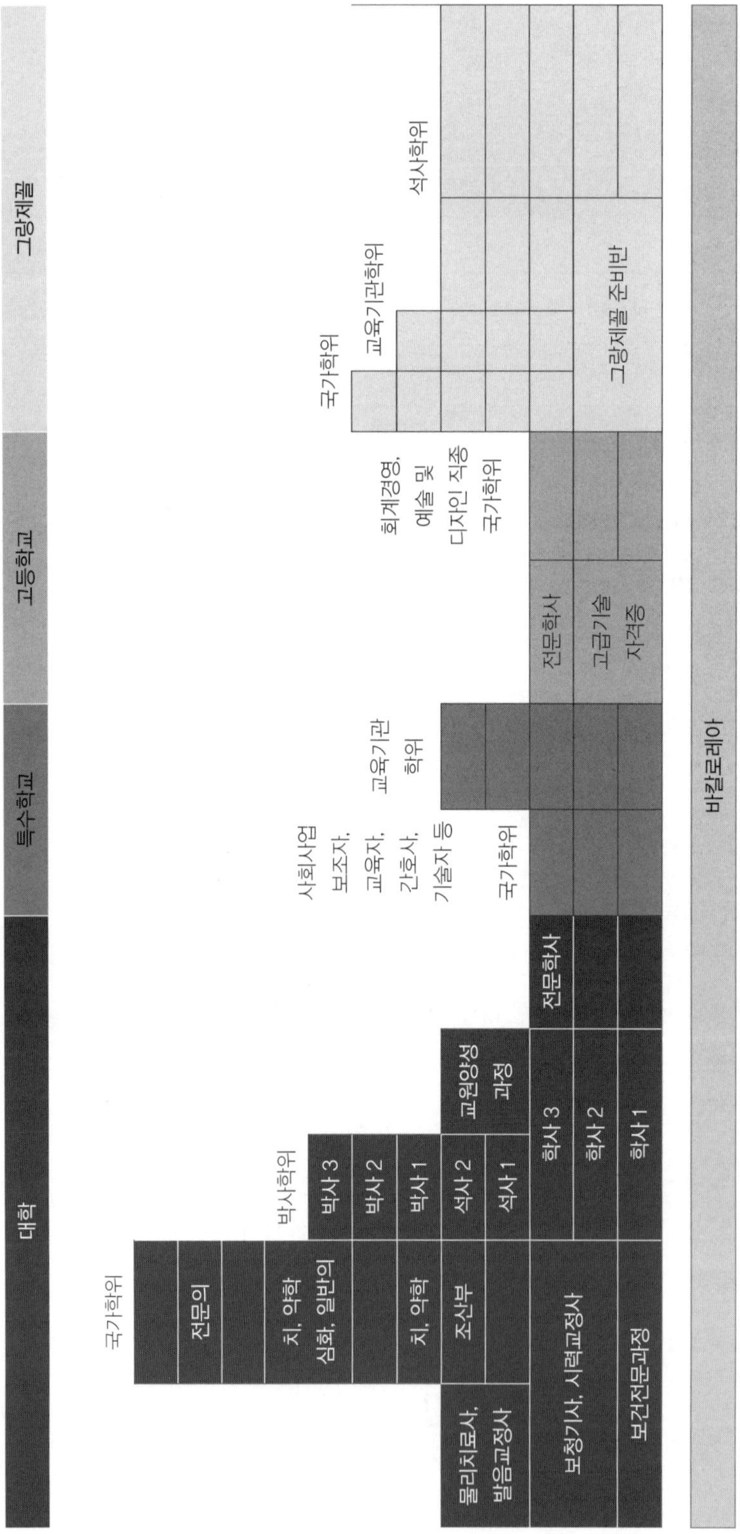

[그림 2-5] 프랑스의 고등교육제도

(4) 교육기관 구성 및 규모

프랑스의 초등 · 중등학교와 고등교육기관들의 대다수는 교육부와 고등교육연구부에 속하나, 몇몇 중등교육기관들은 농업부에 속해 있으며 특정 고등교육기관 및 도제교육기관들은 관리감독 부처가 여럿인 경우도 있다. 프랑스의 모든 유치원과 초등학교는 교육부의 관리 감독 하에 있으며, 사립으로 분류되는 중등교육, 고등교육기관들의 경우도 대부분은 국가와 계약관계에 있다.

2021년 기준으로 프랑스 전역(본토와 해외영토 포함)의 유치원 및 초등학교 숫자는 국공립학교 약 4만 4,000여 개, 사립학교 약 5,700여 개로 집계되며, 같은 연도 중학교와 고등학교 숫자는 국공립학교가 약 8,000여 개, 사립학교가 4,200여 개로 집계된다(DEPP, 2022c: 24). 고등교육기관의 경우는 총 71개의 대학, 287개의 엔지니어 학교, 369개의 상업, 경영, 회계 학교, 458개의 그랑제꼴 준비반, 30개의 교원양성기관, 632개의 의료보조 및 사회복지학교가 있으며, 고급 기술자 전문과정은 이론교육과정 2,491개, 도제과정 2,508개가 있는 것으로 나타난다(DEPP, 2022c: 58-59).[2)]

2) 교사교육

2021~2022년 한 해 동안 교육부에 고용된 프랑스 초 · 중등교원의 수는 85만 9,000명이다. 이 중 71만 7,800명을 차지하는 국공립학교 교원의 수는 2015년에 비해 1.6% 증가한 수치이고, 14만 1,200명을 차지하는 사립학교 교원의 같은 기간 대비 증가세는 둔화하는 추세이다(DEPP, 2022c: 268). 프랑스의 초 · 중등교원들은 석사 이상 학위 소지자에 한해 응시 자격이 주어지는 임용시험을 거쳐 선발된다.

한편, 고등교육 수준에서 교사교육을 전문으로 담당하는 별도의 교원양성기관도 있다. 2019년 교육개혁을 통해 기존의 에스뻬(Écoles Supérieures du Professorat et de

2) 단, 2013년에 처음 추진되어 2018년 행정령으로 보강되며 진행 중인 프랑스의 대학 군집화 정책으로 이러한 교육기관 구성은 계속해서 변화하는 추세이다. 가령, 개별 대학의 수는 2019년부터 2021년까지 꾸준히 71개로 변동이 없으나, 이러한 대학을 중심으로 같은 지역의 다른 교육기관들이 모여 구성된 대학기관의 숫자는 계속 증가하는 추세이다. 실험기관(Établissements expérimentaux)이라고 불리는 이러한 대학기관들은 2021년에는 전년보다 9개 증가한 107개로 집계된다. 현재 대학과 엔지니어 학교, 고등사범대학, 상업, 예술, 건축학교 등 총 169개의 고등교육기관들이 이러한 실험기관 구성에 참여하는 것으로 나타난다(DEPP, 2022c: 58).

l'Éducation: ESPÉ)라는 대학 연계 교육기관에서 인스뻬(Instituts Nationaux Supérieurs du Professorat et de l'Éducation: Inspé)라는 국립기관으로 거듭난 이 교육기관에서는 학사 졸업자들을 대상으로 2년간의 석사교육과정(Métiers de l'Enseignement, de l'Éducation et de la Formation: MEEF)을 제공한다. 오늘날 총 30개의 인스뻬에서 약 300여 개의 교육과정이 개설되어 초·중등 예비교사들을 교육하고 있다. 이렇듯 교원양성기관의 이름 및 구조를 개편한 2019년의 개혁은 다음의 세 가지 내용을 골자로 한다.

- 국가 단위의 통일된 교사교육과정 수립: 대학 부설 교육기관을 국립기관으로 바꾸면서, 소속 대학마다 천차만별이던 이질적인 교사교육과정을 국가 단위로 통일하고 교육부와 고등교육부가 중심이 되어 표준화된 교사교육과정을 수립한다.
- 교사교육 성취기준 설정 및 기본 훈련 강화: 초·중등학생들의 기초교육을 강화하기 위한 새로운 교원교육방식의 일환으로, 교직 석사과정인 MEEF에 예비교원의 목표 성취 수준을 정하고 이에 도달하기 위해 연간 800시간의 기본교육시간을 도입한다.
- 실습 및 실용적 지식교육 강화: 교사업무에 관한 이론교육과 실용교육을 조화롭게 배치하고 예비교사 실무연수를 강화하는 것을 목표로, 교사교육기간의 최소 3분의 1 이상을 현직 교사 및 실무담당관이 참여하는 현장실습에 할애하도록 한다.

이에 따르는 교직 석사과정 MEEF의 교육과정 구성을 간략히 살펴보면 다음과 같다.

교육과정 주제	비율
교육부가 지정한 기초지식(읽기, 쓰기, 셈하기, 타인 존중) 또는 전문과목 교육	50%
교수학습전략, 학급운영, 교육평가	20%
연구방법론	15%
각 인스뻬마다 고유하게 개설되는 자유과목	10%
현장실습(관찰실습 및 보조실습 6주, 실제 학교현장 실습 12주)	18주

2019년부터 도입된 또다른 교사교육제도로는 교육기간 동안 일정 급여가 지급되는 예비전문화(Préprofessionnalisation) 과정이 있다. 교직을 희망하는 학생들을 선

발해 대학 교육과 학교현장실습교육(최대 주 8시간)을 병행하는 이 교직과정은 학사 2~3학년, 석사 1학년까지 총 3년간의 계약을 맺고 진행되며 이 기간 동안 학사는 월 707유로, 석사는 월 980유로의 급여를 받는다.

이러한 교사교육의 효과성 및 교사 직무활동의 현황은 OECD에서 5년마다 실시하는 교육분야 설문조사인 Talis에서 프랑스의 초·중등교사들이 그들의 근무환경 및 직무수행에 관해 대답한 내용을 바탕으로 살펴볼 수 있다(2018년 기준). 초등교사의 10명 중 9명이 가르치는 과목에 대한 실제 교과내용과 교수법이 교사교육과정에 포함되었다고 대답했으며, 중등교사들은 각각 94%(교과내용), 77%(교수법)가 그렇다고 대답했다. 반면, 초등교사의 4명 중 1명, 중등교사의 3명 중 1명만이 디지털 사용 능력과 학급 운영에 관해 제대로 훈련을 받았다고 대답해, 해당 분야의 교사 역량에 있어 프랑스의 교사교육과정이 취약한 것으로 드러났다(DEPP, 2022c: 306-309). 다른 한편, 현직 교사들이 직무연수를 받는 비율은 2019년까지 초등교사 약 82%, 중등교사 약 73%까지 꾸준히 증가했으나, 이후 코로나 격리 기간 동안 크게 하락해 2020~2021년에는 각각 67%, 50%까지 내려갔다(DEPP, 2022c: 304). 이러한 연수의 효과성 또한 2018년 Talis 설문조사에 소개되어 있다. 프랑스 초등교사 10명 중 6명, 중등교사 10명 중 7명이 지난 12개월간 참석한 직무연수 중 최소한 하나 이상의 연수가 자신들의 교수학습방식과 학급 운영 등 직무수행에 긍정적인 영향을 미쳤다고 답했으며(DEPP, 2022a: 46), 이러한 조사결과들은 프랑스 초·중등 교사들의 역량계발을 위한 직무연수 활동에 대한 전반적인 관심과 영향을 보여 준다.

3. 교육행정제도

1) 프랑스 교육행정제도의 변천 및 현황

1980년대에 들어 프랑스는 역사적으로 중앙집권적 성격을 띠던 국가 조직을 재편하고 중앙의 행정권력을 지역으로 분산하기 위한 지방분권화(Décentralisation) 개혁에 착수했다. 이는 급증한 학령 인구와 지방 단위의 행정 효율화라는 사회경제적 필요에 맞춘 개혁이었으며, 이때부터 제정되고 정비된 법령들이 오늘날 프랑스 교육행정제도 전반에 있어 중앙과 지역의 관계 및 역할 분담을 규정하고 있다. 현행 프랑스 교육행정 체계의 기틀을 구성하는 대표적인 법령으로는 2007년 제정된「대학 자율 및 책임에 관한 법(LRU)」과, 2015년「행정 지방분산(Déconcentration) 헌장」이 있다.

프랑스에서 통상 LRU 법이라고 불리는 2007년「대학의 자율 및 책임에 관한 법」은 대학에 큰 폭의 경영 자율권을 부여한 법으로, 특히 대학의 임금 총액에 관해 내국법 및 고등교육부의 규정을 지키는 선에서 각 기관에 고유한 결정 권한이 주어졌다. 한편, 2015년에 단행된 행정구역 개편은 오늘날 교육부와 고등교육부의 조직 및 역할 재정립에 많은 영향을 주었다. 새로 재편된 행정구역은 기존의 중앙교육행정기구가 담당하던 기능을 더 큰 단위로 묶인 지역으로 분산시키고자 했고, 이어서 2019년에 지방교육청들을 연결하는 거점으로서 지역 교육관할구의 권한을 강화하는 행정명령이 제정되며 지역 단위 교육행정이 강화될 수 있는 기반을 마련했다(IGÉSR, 2022: 5).

이렇듯 2000년대부터 프랑스에서 이루어진 일련의 교육행정 개혁들은 행정 분산에 있어 지자체 및 개별 행정기관들의 자율성과 권한을 우선시한다는 데 원칙을 두고 있다. 그러나 오랜 기간 중앙에 집중되어 있던 행정권한을 효율적으로 지역에 분산하는 데 한계가 있다는 분석도 적지 않다. 특히 2015년 행정구역 개편 이후 각각의 지방교육청들을 연결하고 지역 단위 교육행정에 효율성과 일관성을 부여하고자 새로 설치된 교육관할구(Région académique)는 아직 지역교육행정 거점으로서 충분한 권한을 행사하지 못한다는 지적이 나온다. 그럼에도 불구하고 지자체들의 자율성 확대 움직임과 결합된 프랑스의 행정분산 정책은 대대적인 공공정책 점검 및 현대화 노력(RGPP, MAP 프로젝트)으로 꾸준히 계승되고 있으며, 최근에는 악씨옹 퓌블릭 2022(Action Publique 2022)라는 국가 단위 계획을 통해 분산된 각 행정 부처들의 관계와 역할을 재검토하고 중앙과 지역 간의 행정분권 효율화를 도모하고 있다(IGÉSR, 2022: 2-5).

2) 교육부와 고등교육연구부

프랑스의 교육행정 주무부처는 초·중등교육을 담당하는 교육부와 고등교육 및 연구를 담당하는 고등교육연구부로 나누어져 있으나, 교육 및 연구 분야 행정감사나 대학입시제도, 지역별 직업교육훈련 조직 등 소관 업무의 성격에 따라 두 부처는 긴밀한 협력관계에 있다.

(1) 교육부

2023년 현재 공식명칭 '교육, 청소년, 체육부'로 명명된 프랑스 교육부는 초등교육과 중등교육을 총괄하는 중앙행정기관이다. 이에 투입되는 교원과 행정인력 등 교육부가 직접 고용하는 인원은 2021~2022년 기준 120만 3,000여 명에 이른다(DEPP, 2022a: 36). 유아 · 초등 · 중등교육에 관한 국가정책을 실현하고 조직하는 임무와 더불어 교육부는 구체적으로 다음과 같은 권한을 갖는다.

- 교육훈련과정의 정의 및 설정, 교육 내용의 조직
- 국가자격증의 정의 및 발급, 대학 학위 및 자격의 수여
- 교육 각 분야 담당 직원의 채용 및 관리
- 공교육 서비스에 대한 평등한 접근을 보장하기 위한 교육 할당 예산 및 자원의 분배
- 교육제도 전반의 일관성을 보장하기 위한 교육 정책의 모니터링 및 평가

이와 더불어 교육부의 수장인 교육부 장관에게는 행정 관리와 직원들의 교육 및 임명, 그리고 일반 감사 임무가 부여된다. 교육부 장관의 관리 및 감사활동을 지원하는 중앙 조직으로는 국가의 교육정책과 교육내용을 수립하는 Dgesco(Direction générale de l'enseignement scolaire), 그리고 학교의 교육활동을 감독 및 지원하기 위한 장학사를 파견하는 IGEN(Inspection Générale de l'Éducation Nationale)과 같은 기관들이 있다.

한편, 이러한 교육부의 중앙 행정 기능은 전국의 각 지방교육관할기구에 나누어 배분된다. 2023년 현재 프랑스에는 총 18개의 지역 교육관할구(Région académique)가 있으며, 이는 다시 30개의 교육청(Académie)으로 나뉜다. 그리고 각 지방에 설치된 총 97개의 도별 지원기구(Directions des services départementaux)가 세부 지역의 교육행정을 담당한다. 지역 교육관할구는 2015년 행정구역 개혁에 따라 신설된 체계로, 새로운 행정구역으로 묶인 지역에서 중앙정부와 지방자치단체와의 협력을 수월하게 하고 각 지역적 맥락에 맞는 교육행정을 보급하려는 목적을 띤다. 각 교육관할구의

특성 및 인구수에 따라 포함하는 교육청의 수가 다른데, 가령 특정 지역권은 여러 개의 교육청을 두고 있고, 또 다른 지역권은 하나씩만 가지고 있거나 인근의 다른 지역권과 합쳐서 한 개의 교육청만 두는 식이다. 교육관할구와 교육청의 구체적인 기능은 다음과 같다.

① 교육관할구(Région académique)

18개의 교육관할구는 지역 단위 교육정책의 일관성을 확보하기 위한 행정구역이며, 특히 중앙정부와 지자체 간의 조율이 필요한 다음과 같은 교육행정 분야에 관여한다.

- 직업교육훈련, 도제교육, 진로 관련 평생교육 및 재훈련
- 국공립 중등교육기관에서 제공되는 교육훈련의 예측 및 계획 수립
- 고등교육과 연구
- 청소년들의 학업 포기 방지
- 공공 디지털 교육서비스
- 유럽 기금 운용
- 중앙-지방 간 협력사업을 위한 기여

교육관할구의 장(Recteur de région académique)은 각 지역마다 한 명씩 임명되며 여러 개의 교육청을 포함하는 관할구에서는 해당 교육청 장들 중에서 임명된다. 교육관할구의 장은 해당 지역의 교육 예산 심의와 행정의 적법성 심의를 수행할 의무가 있으며, 지자체 행정의 효율성 및 전문성 강화를 위한 교육청들 간의 협력을 주도할 수 있다.

② 교육청(Académie)

프랑스어로 '아카데미'라고 부르는 교육청은 지방교육행정 조직의 기초단위가 되는 행정구역이다. 2023년 기준으로 프랑스 본토에 25개, 해외 영토에 5개가 설치되어 있다.[3] 교육청의 장인 교육감(Recteur d'académie)은 각료 회의와 장관 추천을 거쳐 프

랑스 대통령이 임명하며, 관할 교육청 내에서 교육 활동의 내용 및 조직에 관한 임무를 총괄하고 공교육을 담당하는 일체의 구성 부서를 대표한다. 즉, 교육감은 유치원에서 대학교까지 해당 지방교육청이 수행하는 모든 임무의 최종 책임자이며, 때로는 계약 하에 사교육 분야에서도 권한을 행사한다. 상위 기관인 교육관할구 장과의 공조 아래, 교육감은 공식적으로 다음과 같은 임무를 수행한다.

- 공교육과 관련된 모든 입법 및 규제 조항의 적용을 보장
- 국가 교육정책 적용을 위한 교육청 차원의 전략 정의
- 인력 및 시설 관리 책임
- 학계, 정치, 경제, 사회 직능 분야, 특히 지자체와 협력해 공공서비스 발전 도모
- 지역 협의회가 주도하는 지역 교육 프로그램 구현
- 본인이 지휘하는 교육청의 행정 및 교육서비스 운영 현황에 대해 장관에게 보고

이와 같은 임무는 공식적으로 교육부 장관이 교육감에 위임하는 것이나, 교육부 지침의 방향성을 벗어나지 않는 선에서 교육감은 담당 지방교육청의 관할 범위와 기능, 부서별 업무 할당 등을 독자적으로 조직할 수 있다.

(2) 고등교육연구부

프랑스 고등교육연구부는 공교육 부문에서 고등교육, 연구 및 기술혁신에 관한 임무만 별도로 수행하고 있는 중앙행정기관이다. 고등교육에 할당되는 국가 재정 운영과 대학 및 연구기관들의 연구활동을 위한 재원을 관리하고 분배한다. 가령 2009년부터 운영하고 있는 프랑스 정부의 대표적인 연구기금사업 PIA(Programme d'Investissements d'Avenir)와, 연구 촉진에 관한 장기전략 제시를 위해 2020년 제정된 「연구계획법(Loi de programmation de la recherche)」과 같은 법적, 재정적 수단을 통해

3) 지방교육청이 위치한 30개 도시: 릴, 아미앵, 랭스, 낭시-메츠, 스트라스부르, 브장송, 디종, 오를레앙-뚜르, 크레테이, 파리, 베르사유, 노르망디, 렌느, 낭트, 푸아티에, 리모쥬, 클레르몽페랑, 리옹, 그르노블, 엑스-마르세유, 니스, 몽펠리에, 뚤루즈, 보르도, 코르시카, 과들루프, 프랑스령 기아나, 마르티니크, 레위니옹, 마요트

대학들의 연구를 지원한다. 다음은 고등교육연구부 장관의 역할을 규정하는 법령의 일부이다.

> -고등교육 개발과 관련된 정부 정책을 준비하고 시행한다.
> -관련 부처 장관들과 함께 연구 및 기술 분야에서 정부의 정책을 제안하고 시행한다.
> -부처 간 협의가 전제되는 "연구 및 고등교육" 임무의 틀 안에서 국가가 할당한 자원 및 수단의 배분에 관한 정부안을 마련한다.
> -국제적 영향력을 가진 연구 중심 대학의 설립에 관한 정부안을 마련한다.
> -과학 기술의 진흥, 학문, 기술, 산업 문화의 보급 및 지속 가능한 개발 정책에 참여한다.

한편, 이와 같은 임무를 수행하기 위해 고등교육연구부는 산하의 여러 부속 부서들의 지원을 받는다. 가장 핵심적인 기능을 지닌 부서는 고등교육연구부 장관의 인솔 하에 국가의 모든 고등교육 및 평생교육에 관한 정책을 개발하고 구현하는 DGESIP(Direction Générale de l'Enseignement Supérieur et de l'Insertion Professionnelle)와 연구 및 혁신을 관장하는 DGRI(Direction Générale de la Recherche et de l'Innovation)이다.

① 고등교육, 취업 관리본부(DGESIP)

DGESIP는 고등교육의 질, 학생 복지 및 학업 지원을 관리하고, 다른 한편으로는 국가적, 지역적 생태계를 고려하며 교육기관들의 발전 전략을 조언한다. DGESIP이 운용하는 예산 규모는 한 해 약 180억 유로이며, 여기서 개발하는 학생생활 지원 정책의 수혜 대상자는 매년 280만 명 이상으로 추정된다.

② 연구, 혁신 관리본부(DGRI)

DGRI는 관련 부처 및 모든 참여 주체와 협력해 국가의 혁신역량 강화를 위한 연구개발 전략을 주도하는 역할을 맡는다. 직접 지휘하는 연구 프로그램의 성과 지표를 정의하며, 개별 연구기관들을 감독하고 평가할 책무를 맡는다. 또한 DGRI는 국가 연구재원을 기관에 할당하고 모니터링을 위한 법적 틀을 개발한다.

(3) 교육재정

2021년 기준으로 프랑스의 국내 교육비 지출(dépense intérieure d'éducation)에서 각 교육 부문이 차지하는 비중은 초등교육이 29.4%, 중등교육이 38.2%, 고등교육이 21.5%, 그리고 기타 교육 지출이 10.9%로 나타난다. 프랑스 GDP 대비 교육비 지출이 차지하는 비중은 평균적으로 7% 내외이며, 이 중 57.1%를 국가가 부담하고 26.1%를 지자체 및 기타 행정기관이, 그리고 16.9%를 민간이 부담하는 구조이다(DEPP, 2022a: 28).

교육부와 고등교육부의 예산은 학교교육과 고등교육 및 연구라는 두 부처 간 협력 임무를 바탕으로 편성된다. 이에 따라 2022년 표결된 세출 예산은 1,070억 유로로, 이는 국가 예산의 27.3%에 해당한다. 이 비율은 전체 예산 증액에도 불구하고 2019년보다 낮은 수준인데, 코로나19 팬데믹으로 인해 국가 예산 분배에 많은 변동이 생겼기 때문이다. 해당 연도 주요 예산 배정 비율은 초·중등학교 교육에 약 778억 유로, 고등교육 및 대학 연구에 약 292억 유로로, 2022년 증액 내용은 특히 학생 생활 지원에 대부분 할당되었다(DEPP, 2022c: 332-333).

4. 교육개혁 동향

1) 프랑스 교육개혁의 역사적 흐름 및 현 정부의 교육정책 방향

프랑스 대혁명과 나폴레옹 통치하에 근대적 기틀이 마련된 프랑스의 교육제도는 1960년대에 들어 첫 중요한 개혁의 시기를 맞는데, Fraser는 이 시기 프랑스에서 이루어진 교육개혁의 굵직한 흐름을 다음과 같이 나열한다. 먼저 가톨릭계 사립학교에 국가와의 계약 하에 공교육제도 내의 공식 지위가 부여되었고, 학교제도의 선별적 구조가 개편되는 동시에 의무교육의 범위가 확장되었으며, 교육부 내에서 중앙과 지방의 행정권한 재정비가 이루어졌고, 국립대학들에 조직과 운영에 관한 자율성이 처음으로 부여되었다(Fraser, 1971: 3). 다시 말해, 이 시기부터 프랑스에서는 사립학교 영역까지 포함한 6~16세 무상의무교육 체제가 확립되었고, 중앙의 권한이 각 지역교육청에 위임되었으며, 프랑스 대학들은 경영에 관한 폭넓은 자율권을 갖게 되었다. 이는 큰 맥락에서 볼 때 오늘날의 교육개혁 방향과도 연결된다고 볼 수 있는데, 2023년 현 프랑스 정부의 대표적인 교육정책을 살펴봄으로써 이러한 국가적 일관성을 이해해 볼 수 있다.

2017년 첫 집권 이후 프랑스 사회 다방면의 개혁을 이끌며 논란과 지지의 중심에 섰던 마크롱 대통령이 2021년 연임 이후에도 국가의 정책 역량을 집중하고 있는 분야는 단연 교육이다. 첫 임기 동안의 개혁은 초등교육과 고등교육에 집중되었는데, 이 두 분야의 개혁이 함축하는 정책 의도 혹은 교육 철학이 다소 대비되는 바가 있다. 마크롱 정부는 초등교육 부문에서는 기초학습지원을 확대함으로써 초기 교육과정에서 발생하는 불평등을 줄이고 교육의 보편성을 강화하는 동시에, 고등교육에서는 선별적 입시제도 도입과 대학 경쟁력 제고를 통한 교육의 수월성을 강화하는 방향을 취하고 있다. 현 프랑스 정부가 집권 초기부터 현재까지 추진 중인 주요 교육정책 내용을 간략히 소개하면 다음과 같다.

(1) 초 · 중등교육 개혁

2019년 프랑스 정부는 「'신뢰의 학교' 법(Loi pour une école de la confiance)」을 통과시키며 생애 최초 교육에 국가가 더 강력하게 개입함으로써 교육 불평등을 줄이겠다는 정책적 의지를 표명했다. 해당 법의 골자는 유아교육을 공교육에 포함시킴으로써 3세부터 의무교육을 실시하고, 불평등 정도가 큰 지역의 초 · 중등학교 학급 인원을 절반으로 줄이고 교사 보너스를 지급하는 등 취약계층 학생들의 교육 환경을 개선하는 것이다. 이에 더해 당시 교육부 장관이던 장미셸 블랑케는 읽기, 쓰기, 셈하기, 그리고 타인에 대한 존중과 같은 초등학교 기본교육의 중요성을 역설하기도 했다.

이러한 기초학력 강화 정책은 2023년부터 중등교육 부문에도 확대 적용된다. 2022년 새로 임명된 팝 은디아예 프랑스 교육부 장관은 먼저 초등학교와 중학교 간 교육과정 연계를 강화할 계획에 있는데, 이는 27%의 초등학생들이 중학교 입학 후 읽기에 어려움을 겪는다는 보고로부터 비롯된 조치이다. 이에 따라 팝 은디아예 장관은 프랑스어와 수학 수업 시간을 1시간씩 더 편성하도록 지시했으나, 일선 교사들은 읽기와 쓰기 능력 향상을 위해서는 학급당 학생 수를 줄이는 것이 더 효율적인 방안이라고 주장하고 있다. 다른 한편, 프랑스 고등학생들의 수학 능력이 유럽 최하위 수준으로 저하되고 있다는 우려에 따라 교육부는 2023학년도부터 전국 고등학생들의 수학 수업 시간을 1시간 30분 늘리기로 했다. 최근 프랑스 교육부는 고등학생들의 수학 기피 현상을 심각하게 바라보고 있는데, 특히 2021년 고등학교 전공 선택과목 개편 이후에는 전체 고등학생의 37%만 총 4개의 전공과목 중 하나로 수학을 선택한 것으로 나타났다.

(2) 고등교육 개혁

마크롱 정부 임기 초반인 2017년에 단행된 대학입학제도 개편은 국립대학 학사과정 입학에서 각 학과가 특정 선발 기준에 따라 학생을 선별 모집할 수 있도록 한 것으로, 프랑스 전역에서 대학생들의 격렬한 시위를 불러일으켰다. 그동안 프랑스 국립대학 학사과정은 선별적 교육과정이 아닌 한 지원자를 탈락시킬 수 없었고, 학과 정원이 초과된 경우에는 알고리즘을 통한 무작위 추첨을 통해 학생을 배정했다. 당시의 총리 에두아르 필립과 고등교육부 장관 프레데릭 비달은 50%를 훌쩍 넘는 대학교 1학년 유급 비율은 현행 대학입학제도에 분명한 문제가 있음을 시사한다며, 고등학교 진로지도를 강화하고 학사과정에 따라 개별화된 고등교육과정을 도입함으로써 모든 학생의 적성과 진로에 부합하는 대학교육을 구축하는 것이 해당 개혁의 취지라고 설명했다. 이러한 조치는 보편적 교육 접근권을 가치로 하던 프랑스 국립대학의 오랜 전통을 깬 것으로, 68혁명 이후 최대 규모의 학생 시위를 촉발한 교육개혁이라는 수식어가 붙기도 했다.

다른 한편, 프랑스 정부는 약 10여 년 전부터 고등교육 및 연구기관들의 지역별 통합을 유도하는 대학 군집화(Regroupement universitaire) 정책을 추진 중이다. 그간 프랑스의 고등교육과 연구 분야는 각각 학술연구, 일반교육, 특수목적교육 등 서로 다른 기능을 담당하는 기관들이 분리되어 발전해 왔는데, 대학 군집화 정책의 목표는 이러한 각 기관의 분산된 역량을 통합하고 인적, 물적 자원을 공유함으로써 프랑스 대학의 국제경쟁력을 강화하는 것이다(Musselin, 2017: 8-9). 이러한 움직임은 2013년부터 관련 법 제정 등으로 본격화되기 시작했는데, 2018년 고등교육부는 고등교육, 연구기관의 실험적 형태의 연합 또는 통합에 관한 행정명령을 제정하며 모든 기관들이 자율적으로 최대 10년 동안 새로운 협력 방식을 실험해 보도록 하는 실험적 공동법인 설립을 허가했다. 공동법인에 참여하는 개별 기관들에 허용되는 이러한 제도적 자율성 및 유연성은 국립대학에 높은 수준의 자율성을 부여한 1968년 개혁 당시 이미 그 기반이 마련되었다고 볼 수 있다. 이러한 맥락에서, 프랑스의 대학 군집화 정책은 지역경제 발전과 연계한 연구 중심 대학 육성과 고등교육의 수월성 제고라는 국가적 목표를 달성하기 위해 공공기관들의 자율성을 바탕으로 모든 역량과 자원을 결집하고자 하는 프랑스 특유의 정책적 시도라고 할 수 있다(Guiselin, 2019). 현재에도 다양한 기관들이 실험적 형태의 결합을 활발히 진행 중인데, 2022년 1월 기준으로 총 169개의 기관들이 자율적으로 결합해 34개의 공동법인을 구성하고 있다(DEPP, 2022c: 59).

이처럼 초·중등교육에서는 교육의 보편성 강화에, 고등교육에서는 수월성 강화에 초점을 두는 현 마크롱 정부의 개혁 방향은 초기 공교육에서 국가의 역할을 더욱 공고히 하면서도 고등교육기관들의 자율적, 지역적 협력을 장려한다는 점에서 상반된 가치를 추구하는 동시에, 프랑스 교육개혁의 역사적 흐름과도 그 맥을 같이 한다고 볼 수 있다.

2) 최근의 교육개혁 분야

두 번째 임기를 맞은 마크롱 대통령과 팝 은디아예 교육부 장관이 최근 정책 역량을 집중하고 있는 분야는 교사 급여와 직업고등학교이다. 2023년 1월부터 5월까지 잇달아 발표된 정부 계획안은 이 두 분야에 대한 대대적인 개혁을 예고하고 있다.

(1) 교사 급여 인상

현재 프랑스 초임교사의 평균 연봉 수준은 세후 월 1,700유로로, 이는 젊은 층 사이에서 직업으로서의 교사의 매력도가 떨어지는 주요 요인이 된다는 분석이 나온다. 심지어 2022학년도 교원임용시험에서는 총 2만 7,300명의 채용 정원 중에서 4,000명의 지원 미달이 발생해, 학기 시작 1주일 전까지 각 지역교육청에서 단기직무연수를 받은 인력을 교육 현장에 긴급 투입하는 등 교사 충원에 어려움을 겪었다. 이에 따라 팝 은디아예 교육부 장관은 2023년부터 급여, 경력 및 임무 재평가 계획을 발표하며, 교사 초봉을 세후 2,000유로 이상으로 유지시키고, 추가 수당도 확대할 방침을 밝혔다. 교육부는 해당 조치가 현직교사 약 85만 명의 직무환경을 실질적으로 개선하고 신입교사들의 교직 선택 동기를 강화할 것으로 판단하고 있다.

(2) 직업고등학교 교육과정 제고

프랑스의 고등학교는 일반 및 기술고등학교(Lycée général et technologique)와 직업고등학교(Lycée professionnel)로 나뉘는데, 직업고등학교 학생 수는 1995년부터 2021년까지 14.2% 줄었고, 2021년에는 전년 대비 1.8% 줄어들어 꾸준한 감소 추세에 있다(DEPP, 2022c: 86). 이에 따라 2022년에 마크롱 대통령은 직업교육의 질 제고를 위해 직업고등학교 학생들의 현장실습 시간을 50% 이상 확대하고 보수도 더 늘리는 동시에, 전문 직업 종사자 출신의 교사를 더 많이 모집하겠다는 계획을 내비친 바 있다. 그러나 이 중 현장실습 시간 50% 확대 방침은 곧바로 여론의 비판과 교원조합의 반대에 부딪혔으며, 교육부의 직업교육훈련 부서를 관장하는 카롤 그랑장 차관 또한 해당 사항에 관한 각계 관계자들의 합의가 부족한 상태라는 사실을 인정하며 정부 계획을 수정한다는 입장을 밝혔다. 최종적으로 교육부는 2023년부터 직업고등학교에 매년 10억 유로를 투자할 방침과 함께, 전체 교육기간 동안 최대 2,100유로의 실습 급여 지급, 80개의 새로운 교육과정 개설, 2,100개의 기업 담당 부서를 통해 직업고등학교와 해당 지역의 기업들 간의 연결 강화, 각 학교장의 역할 강화와 같은 세부 정책방향을 발표하였다.

3) 팬데믹 이후의 학교에 관한 정책적 논의

코로나19 팬데믹 위기는 무엇보다도 학교의 중요성을 프랑스 사회에 각인한 집단적 경험이 되었다. 2020년 약 12주간 이어진 휴교 기간 동안 교사와 학생, 학부모 등 학교 공동체 구성원들이 겪은 경험과 심리 상태를 조사한 연구자들이 내리는 공통적인 결론은 교사 역할의 재발견 및 사회적 재평가, 비대면 학습상황에서 개별화와 자율성의 중요성, 그리고 새로운 학교의 필요성을 일깨웠다는 측면에서 팬데믹 사태가 학교에게는 위기인 동시에 기회였다는 점이다(DEPP, 2022d; Chauvel, Delès, & Pirone, 2021; Martin et al., 2021). 학교가 처한 위기의 지역적 관리 방식에 주목하는 연구들도 있다. 프랑스 교육자 협회이자 교육행정학회인 AFAE가 수행한 학교장 대상 설문조사를 바탕으로 한 연구들은 각 단위 학교가 비대면 상황에서 익숙한 학교 형태를 구성하고, 의사소통을 재구성하며, 자율성을 바탕으로 집단적 의사결정을 이루어 낸 방식 등을 조명한다(Christyn de Ribaucourt & Dubes, 2021; Roaux, 2021).

이와 같은 맥락에서 프랑스 상원에서 공공보건 위기와 관련한 학교장의 역할에 대해 작성한 보고서가 눈길을 끈다. 사실 프랑스 학교장의 지위 및 업무에 관한 애로사항은 교육부도 일찍이 관심을 가진 사안으로, 프랑스 상원 보고서에 따르면 프랑스 학교장의 3분의 2 정도가 업무 과중과 번아웃을 경험하며, 이에 따라 임용 기피 현상도 나타난다고 알려져 있다. 이러한 상황에서 팬데믹과 학교 폐쇄, 그리고 학교 재개방에 따른 엄격한 방역 수칙 등은 시장, 도지사, 교육청과의 협력하에 학교의 교육적, 조직적, 행정적 기능을 이어가기 위한 학교장의 필수적 역할을 다시금 주목하게 한 계기가 되었다. 이러한 맥락에서 해당 보고서를 제출한 상원 위원회는 공공보건 위기를 계기로 훨씬 더 커진 학교장의 책임과 임무를 뒷받침할 수 있는 법적 수단 및 관리 도구가 그 어느 때보다도 시급하며, 학교장의 역할 수행을 지원하기 위한 행정 프레임워크, 충분한 시간, 교육연수, 그리고 업무 재정의가 필요하다고 제안했다(Commission de la culture, de l'éducation et de la communication, 2020: 5-6). 이러한 논의는 프랑스에서 꾸준히 추진되어 온 지방교육행정 권한 강화, 더 나아가 학교 행정의 지역화 정책 기조와 연계된다는 측면에서 프랑스 교육행정 체계의 가속화된 변화를 예고한다.

한편, 프랑스 정부와 교육부는 미래의 새로운 학교를 만들기 위한 "학교 형태의 혁신(Innovation dans la forme scolaire)"이라는 프로젝트를 추진 중이다. 이는 새로운 학교를 시도하는 실험에 재정을 지원하고 전국 단위의 협력 네트워크를 만들어 학교교육의 변화를 촉진하는 것을 목표로 한다. 학교들의 자발적 교육 실험을 지원함으로써 교육부는 학생들의 필요에 부응하는 학습과 협동을 제공하는 혁신 학교의 설계를 장려하고, 더불어 학생들의 학교생활이 조직되는 방식에 근본적인 변화를 일으키고자 한다. 지원 대상으로 선정된 학교는 5년 동안 최소 200만 유로의 보조금을 받는다.

실제로 이러한 실험 학교가 성공을 거두며 도시단위의 모든 학교로 일반화되는 사례도 나타나고 있다. 프랑스 남부에 위치한 마르세유에서는 마크롱 대통령이 주도한 교육혁신 프로젝트가 2021년 9월 59개의 실험 학교에서 출발해 2023년 현재 82개로 참여 학교 수를 늘려가며 진행 중이다. 실험 학교들은 수업 주제(수학, 프랑스어, 스포츠, 예술, 문화 및 음악, 지속 가능한 개발, 자유선택 수업)에 따라 바퀴가 달린 의자와 탁자를 배치하고 교실을 자유로운 실험실 형태로 바꾸는 등 공간의 형태에 변화를 시도하고, 게임을 도입한 수학 수업, 독서와 음악 연주의 결합이나 예술가와 협업한 창의적 융합수업 등 새로운 교수법을 도입했다. 이에 더해, 몇몇 실험 학교들은 학부모의 참여를 촉진하기 위해 학부모를 위한 영어 수업도 마련했다. 2022년 팝 은디아예 교육부 장관과 동반해 마르세유에 방문한 마크롱 대통령은 이를 "아래로부터" 시작된 거대한 실험실이라고 자평하며, 59개 학교에서 진행된 혁신교육 프로그램을 마르세유에 있는 모든 국공립 학교로 확대할 방침을 밝힌 바 있다.

참고문헌

Assemblée nationale (n.d.). Condorcet(20 et 21 avril 1792). https://www2.assemblee-nationale.fr/decouvrir-l-assemblee/histoire/grands-discours-parlementaires/condorcet-20-et-21-avril-1792

Berthet, T., & Gayraud, L. (2015). Analyse des politiques publiques et problématisation du changement dans les politiques régionales de formation professionnelle. *Net. doc*(145), 31-44.

Bourdieu, P., & Passeron, J. C. (1970). La reproduction éléments pour une théorie du système d'enseignement.

Bouvier, A., Boissinot, A., Tricot, A. & Houdé, O. (2021). Conclusion: et après? *Administration & Éducation, 169*, 169-184.

Chauvel, S., Delès, R., & Pirone, F. (2021). Enseigner pendant le confinement en Réseau d'Éducation Prioritaire (REP et REP+) Entre difficultés accrues et montée en réflexivité. *Administration et Education*(1), 119-124.

Christyn de Ribaucourt, A., & Dubes, N. (2021). Comprendre l'enseignement au temps du confinement pour accompagner et former en circonscription. *Administration et Éducation*(1), 89-91.

Commission de la culture, de l'éducation et de la communication (2020). *Rapport d'information N°489, Mettre fin à un statu quo intenable: 16 préconisations pour améliorer la situation des directeurs d'école*. Sénat.

DEPP (2020a). Briefing Note, n°20.41. Ministère de l'Éducation nationale et de la Jeunesse.

DEPP (2020). *Note d'Information, n°20.42*. Ministère de l'Éducation nationale et de la Jeunesse.

DEPP (2021). *Note d'Information, n°21.02*. Ministère de l'Éducation nationale et de la Jeunesse.

DEPP (2022a). *L'Etat de l'Ecole 2022*. Ministère de l'Éducation nationale et de la Jeunesse.

DEPP (2022b). *Note d'Information, n°22.01*. Ministère de l'Éducation nationale et de la Jeunesse.

DEPP (2022c). *Repères et références statistiques(RERS)*. Ministère de l'Éducation nationale et de la Jeunesse.

DEPP (2022d). *Synthèse de la DEPP n°5*. Ministère de l'Éducation nationale et de la Jeunesse.

Dequiré, A. F. (2008). Le conseil de classe face à la notation des élèves: une évaluation subjective? *Spirale-Revue de recherches en éducation, 41*(1), 57-71.

Dubet, F. (2011). Attendons-nous trop de l'école? *Administration & éducation*(131), 9-15.

Eurydice-European Union (n.d.). France. https://eurydice.eacea.ec.europa.eu/national-education-systems/france/overview

Forestier, Y. (2010). Mai 68 et les paradoxes de la modernisation de l'école. *Carrefours de l'éducation*(1), 181-196.

Fraser, W. R. (1971). *Reforms and restraints in modern French Education*. Published in 2018 by Routledge.

French Education International (n.d.). The French education system. https://www.france-education-international.fr/en/article/le-systeme-educatif-francais?langue=en

Gayraud, L., Agulhon, C., Bel, M., Giret, J. F., Simon-Zarca, G., & Soldano, C. (2009). Professionnalisation dans l'enseignement supérieur: quelles logiques territoriales? *Net.doc*(59), 130.

Goudeau, S., Sanrey, C., Stanczak, A., Manstead, A., & Darnon, C. (2021). Why lockdown and distance learning during the COVID-19 pandemic are likely to increase the social class achievement gap. *Nature human behaviour, 5*(10), 1273-1281.

Guiselin, E. P. (2019). Les regroupements d'établissements dans l'enseignement supérieur et la recherche: enjeux politiques et cadrage juridique. *Revue française d'administration publique*(1), 37-50.

IGÉSR (2022). *Les relations entre les administrations centrales, les services déconcentrés et les opérateurs: stratégies nationales et subsidiarité, N°21-22 092A*. Ministère de l'Éducation nationale et de la Jeunesse.

Jellab, A. (2021). Le confinement et l'école d'après: Les enseignements d'une expérience inédite. *Administration & Éducation, 169*, 23-31.

Jouvenceau, M., & Monso, O. (2020). *Overview of the French Education System*. Ministère de l'Éducation nationale et de la Jeunesse.

L'Autonome de Solidarite Laique (n.d.) . L'impact de la réforme sur la formation initiale des enseignants. https://www.autonome-solidarite.fr/articles/limpact-de-la-reforme-sur-la-formation-initiale-des-enseignants/

L'Etudiant (2018. 5. 4.). De mai 1968 à mai 2018: les mouvements étudiants en images. https://www.letudiant.fr/etudes/retour-sur-les-grands-mouvements-etudiants-en-images.html

Le Monde (2017. 10. 30.). Entrée à l'université: "L'idée de notre réforme est de réparer un dispositif qui ne fonctionne plus". https://www.lemonde.fr/campus/article/2017/10/30/entree-a-l-universite-pour-chaque-licence-des-attendus-seront-definis-au-niveau-national-pour-2018_5207770_4401467.html

Le Point (2023. 1. 13.). Réformes du système scolaire: ce qui a été annoncé. https://www.lepoint.fr/education/reformes-du-systeme-scolaire-ce-qui-a-ete-annonce-13-01-2023-2504713_3584.php#11

Légifrance (n.d.). Décret n° 2015-510 du 7 mai 2015 portant charte de la déconcentration. https://www.legifrance.gouv.fr/loda/id/JORFTEXT000030558997

Légifrance (n.d.). Décret n° 2017-1080 du 24 mai 2017 relatif aux attributions du ministre de l'éducation nationale et de la jeunesse. https://www.legifrance.gouv.fr/loda/id/JORFTEXT000034807240

Légifrance (n.d.). Décret n° 2019-1200 du 20 novembre 2019 relatif à l'organisation des services déconcentrés des ministres chargés de l'éducation nationale et de l'enseignement supérieur, de la recherche et de l'innovation. https://www.legifrance.gouv.fr/loda/id/LEGITEXT000039403750

Légifrance (n.d.). Décret n° 2020-1010 du 6 août 2020 relatif au délégué territorial de l'Agence nationale du sport. https://www.legifrance.gouv.fr/jorf/id/JORFTEXT000042220004

Légifrance (n.d.). Décret n° 2020-880 du 15 juillet 2020 relatif aux attributions du ministre de l'enseignement supérieur, de la recherche et de l'innovation. https://www.legifrance.gouv.fr/jorf/id/JORFTEXT000042121434

Légifrance (n.d.). Loi n° 2007-1199 du 10 août 2007 relative aux libertés et responsabilités des universités (1). https://www.legifrance.gouv.fr/loda/id/JORFTEXT000000824315

Légifrance (n.d.). LOI n° 2015-29 du 16 janvier 2015 relative à la délimitation des régions, aux élections régionales et départementales et modifiant le calendrier électoral (1). https://www.legifrance.gouv.fr/loda/id/JORFTEXT000030109622

Légifrance (n.d.). LOI n° 2019-791 du 26 juillet 2019 pour une école de la confiance (1). https://www.legifrance.gouv.fr/jorf/id/JORFTEXT000038829065

Légifrance (n.d.). Ordonnance n° 2018-1131 du 12 décembre 2018 relative à l'expérimentation de nouvelles formes de rapprochement, de regroupement ou de fusion des établissements d'enseignement supérieur et de recherche. https://www.legifrance.gouv.fr/loda/id/JORFTEXT000037800979

Les Echos (2022. 6. 2.). Marseille, un laboratoire à grande échelle pour "l'école du futur". https://www.lesechos.fr/politiquesociete/societe/marseille-un-laboratoire-a-grande-echelle-pour-lecole-du-futur-1410996

Les Echos (2023. 4. 18.). Comment Emmanuel Macron veut relancer le chantier de l'école. https://www.lesechos.fr/politiquesociete/societe/comment-emmanuel-macron-veut-relancer-le-chantier-de-lecole-1935583

Martin 1, P., Gebeil 2, S., Filippi 1, P. A., & Félix 1, C. (2021). Impact des usages numériques préexistants des enseignants du supérieur face à l'impératif de l'enseignement à distance en période de confinement. *Revue internationale des technologies en pédagogie universitaire, 18*(1), 170-183.

Ministère de l'Éducation nationale et de la Jeunesse (n.d.). [ARCHIVE] 4 priorités pour renforcer la maîtrise des fondamentaux. https://www.education.gouv.fr/4-priorites-pour-renforcer-la-maitrise-des-fondamentaux-9056

Ministère de l'Éducation nationale et de la Jeunesse (n.d.). Après une licence 1: la préprofessionnalisation. https://www.devenirenseignant.gouv.fr/apres-une-licence-1-la-preprofessionnalisation-79

Ministère de l'Éducation nationale et de la Jeunesse (n.d.). Augmentation de la rémunération nette mensuelle des professeurs et conseillers principaux d'éducation à la rentrée 2023: quels effets? https://www.education.gouv.fr/augmentation-de-la-remuneration-nette-mensuelle-des-professeurs-et-conseillers-principaux-d-377954

Ministère de l'Éducation nationale et de la Jeunesse (n.d.). Collége unique. https://www.education.gouv.fr/loi-ndeg75-620-du-11-juillet-1975-relative-l-education-3716

Ministère de l'Éducation nationale et de la Jeunesse (n.d.). France 2030: 11 nouveaux lauréats de l'appel à manifestation d'intérêt "Innovation dans la forme scolaire". https://www.education.gouv.fr/france-2030-11-nouveaux-laureats-de-l-appel-manifestation-d-interet-innovation-dans-la-forme-378485

Ministère de l'Éducation nationale et de la Jeunesse (n.d.). La ministre de l'Éducation nationale et de la Jeunesse. https://www.education.gouv.fr/la-ministre-de-l-education-nationale-et-de-la-jeunesse-209

Ministère de l'Éducation nationale et de la Jeunesse (n.d.). Le ministère de l'Éducation nationale, de 1789 à nos jours. https://www.education.gouv.fr/le-ministere-de-l-education-nationale-de-1789-nos-jours-41534

Ministère de l'Éducation nationale et de la Jeunesse (n.d.). Les régions académiques, académies et services départementaux de l'Éducation nationale. https://www.education.gouv.fr/les-regions-academiques-academies-et-services-departementaux-de-l-education-nationale-6557

Ministère de l'Éducation nationale et de la Jeunesse (n.d.). Réforme de la voie professionnelle dès la rentrée 2023: foire aux questions. https://www.education.gouv.fr/reforme-de-la-voie-professionnelle-des-la-rentree-2023-foire-aux-questions-378209

Ministère de l'enseignement supérieur et de la recherche (n.d.). Direction générale de la recherche et de l'innovation (Dgri). https://www.enseignementsup-recherche.gouv.fr/fr/direction-generale-de-la-recherche-et-de-l-innovation-dgri-83753

Ministère de l'enseignement supérieur et de la recherche (n.d.). Direction générale de l'enseignement supérieur et de l'insertion professionnelle (DGESIP). https://www.enseignementsup-recherche.gouv.fr/fr/direction-generale-de-l-enseignement-superieur-et-de-l-insertion-professionnelle-dgesip-83714

Ministère de l'enseignement supérieur et de la recherche (n.d.). Mission et organisation. https://www.enseignementsup-recherche.gouv.fr/fr/mission-et-organisation-50351

Ministère de l'enseignement supérieur et de la recherche (n.d.). Priorités ministérielles. https://www.enseignementsup-recherche.gouv.fr/fr/priorites-ministerielles-50357

Mons, N. (2008). Décentralisation, efficacité et égalité scolaires : une comparaison internationale. *Administration & Éducation, 177*, 75-88.

Musselin, C. (2017). *La grande course des universités* (p. 303). Presses de Sciences Po.

onisep (n.d.). La formation des enseignants en Inspé. https://www.onisep.fr/formation/les-principaux-domaines-de-formation/la-formation-des-enseignants-en-inspe

Roaux, C. (2021). La direction d'école: crise sanitaire et crise de sens. *Administration & Éducation*, 169, 83-87.

UNESCO (n.d.). Education: From COVID-19 school closures to recovery. https://en.unesco.org/covid19/educationresponse#schoolclosures

제**3**장

독일의 교육제도와 교육개혁 동향

1. 사회문화적 배경

1) 교육제도의 사회 · 역사적 배경

독일의 학교제도가 다른 나라와 크게 구분되는 점은 4년간의 초등교육 직후 다양한 유형으로 세분화된 중등학교로 진학해 직업적 진로의 방향이 조기에 결정된다는 것으로 그 역사적 배경을 살펴볼 필요가 있다. 예전의 신분사회에서는 이원화된 학교, 즉 기초학교(Elementarschule)와 라틴어학교(Lateinschule)로 나뉘어져 있었다. 그러나 시대 · 사회적 변화에 따라 18세기에서 19세기에 이르는 시기에 세 갈래의 학교로 분화된 학제를 형성하게 되었는데, 민중학교(Volksschule)와 레알슐레 혹은 중간학교(Real- oder Mittelschule) 그리고 김나지움(Gymnasium)이 바로 그것이다. 이 학교들은 세 부류의 사회 신분계층 자녀들을 위한 것으로 민중학교에는 가장 낮은 계층의, 중간학교에는 상 · 공업에 종사하는 계층의, 그리고 김나지움에는 최상 계층의 자녀들이 진학하였다. 이후 19세기 후반 신분제 국가가 해체되는 과정을 겪으면서 신분계층에 따라 분리된 학제가 비판을 받게 되었으며, 1919년 제정된「바이마르헌법」에 보편적 취학의무가 명시되었다. 그러나 히틀러에 의한 민족 사회주의 통치가 끝날 때까지 분화된 학교구조에 대한 포괄적 변화는 없었다.

제2차 세계대전 패전 후 예전의 학제로 돌아갔던 서독은 점령국의 군정을 거쳐 1960년대 중반부터 여러 차례 학교교육 개혁을 추진하였다. 소련의 점령상태에 있던 동독에서는 8년제로 일원화된 초등학교와 4년제 중등학교가 도입되었으나 후에 초등교육을 포함하는 10년제 종합 중등학교(allgemeinbildende polytechinische Oberschule)로 개편되었다. 서독의 "독일교육위원회"는 1965년 다수의 보고서와 건의사항을 제안함으로써 초등학교에서 김나지움 상급반을 거쳐 대학에 이르는 학교교육의 모든 단계에서 변화가 발생하였다. 중등 제1단계 교육을 통합하여 시행하는 종합학교를 비롯하여 직업전문학교 및 응용과학대학이 신설되었으며, 유럽의 다른 국가에 비해 상대적으로 비율이 낮았던 고등교육의 확대를 위해 대학 진학자 30%를 목표로 대학교를 신설하는 등의 조처가 시행되었다(Döbert, 2010). 이후 평화공존을 위한 미국과 소련 사이의 긴장완화 정책이 진전됨에 따라 분단되었던 동 · 서독이 1990년 10월 3일 통일됨으로써 옛 동독의 교육체제가 연방제의 서독 교육제도에 통합되었다. 2000년대에는 PISA 결과에 나타난 다양한 문제점을 해결하기 위한 국가 및 사회적 차원의 논의가 시작되어 언어능력 향상, 학령 전 교육과 초등교육의 연계, 교육 소외계층 지원, 수업과 학교의 질 보장, 교원의 전문성 향상 및 전일제 학교 설치 · 운영 등의 조처와 개혁이 진행되었다.

독일의 일반교육 학교 시스템은 다른 산업선진국들의 제도와 비교할 때 특유의 문화적 전통을 보여 준다. 보편적 일반교육이 추구되는 독일의 학교체제는 수요자의 기대나 특수한 요구사항에 의해 결정되지 않으며, 교육 공급자인 국가의 이해 관심이 실용적으로 규정되는 경향 또한 작다. 즉, 독일 학교의 교육은 소위 말해 인간 '도야이론(Bildungstheorie)'의 정신적 전통에 의해 규범적으로 규정되고 있다. 그에 따라 무엇을 가르쳐 어떤 결과를 얻을 것인가 하는 문제가 기능 · 실용적 목적에 의해 좌우된다기보다, 그보다 상위의 정신적 이념이나 문화 및 개별 학문의 전통 등에 의해 결정된다(Döbert, 2010). 독일 학교교육의 이러한 특징은 홈스쿨링을 배제하는 보편적 학교 출석 의무(Schulpflicht)에서 잘 드러난다. 학교는 개별 학생이 타인과의 관계에서 자기 결정권을 지닌 인격체로 성장하도록 지원하는 기관으로 민주시민 형성의 핵심 장소이기 때문에 모든 학생의 학교 출석 수업은 의무이다. 또한 중등교육 학제가 초기단계부터 인문교육과 직업교육으로 독특하게 분화되어 있으며, 고등교육 영역에서도 영·미의 대학들과 학제적 차이를 보여 왔다. 그러나 글로벌 시대 및 유럽연합의 학제통일 협약으로 인해 21세기 독일의 교육제도와 학교체제는 그 본질적 특성을 완전히 바꾸지는 않았지만 다양한 영역과 부분에서 뚜렷이 변화하는 중이다.

2) 독일의 교육현황

1990년 통일된 독일은 현재 16개 주로 이루어진 연방공화국이다. 2022년 독일의 총 인구는 8,430만 명으로 그중 외국국적을 소지한 사람이 약 1,200만 명이다.[1] 그러나 독일 국적을 지녔더라도 이민배경을 지닌 거주자들을 포함하는 '문화적' 외국인의 수가 2,250만 명에 이르고 있어 국가가 교육 및 문화정책적 지원을 고려해야 하는 사람이 인구 전체의 25%를 넘어선다. 2022년의 국내총생산(GDP)은 3조 8,670억 유로였으며 서비스 분야를 포함한 총 수출액은 1조 5,760억 유로였다. 교육예산은 1,766억 유로로 GDP의 4.6%를 차지하였다. 2021/22 학년도 초등학생과 인문계 및 실업계 중등학생 수는 1,110여 만 명으로 국가가 모든 학비를 지원한다. 대학 교육 또한 수업료가 없다. 사립학교에 재학하는 학생 수가 100만 명을 넘어 전체의 9%를 상회하고 있다. 발도르프학교(Waldorfschule)를 제외할 경우, 사립학교는 대체로 종교기관에 의해 운영되는 교육기관으로 청소년을 사회적으로 지원하기 위한 실업교육이나 특수교육을 담당하는 실업계 중등학교이다. 사립학교 역시 국가의 재정적 지원을 받는다. 고등교육의 경우 1980년 103만 6천여 명이었던 대학생 수가 2021/22학년도에는 약 세 배로 증가한 294만 명에 달하고 있다. 이 중 외국인 대학생은 약 44만 명으로 15% 정도이다.

독일의 학교교육에서는 학년별 학업성취 기준을 충족하지 못한 학생을 철저하게 유급시키고 있다. 전체 학생의 약 2% 정도가 매년 유급을 하고 있어, 수치상으로만 보면 독일 학생의 1/4 정도가 중등교육을 마칠 때까지 최소한 한 번의 유급을 하는 것으로 나타난다. 독일의 학교에는 학년 진급을 위한 별도의 시험이 원칙적으로 없

1) 이 글에서 제시되는 독일의 사회 및 교육에 대한 통계는 대부분 독일통계청(Statisches Bundesamt Deutschland)의 2022년 9월 자료에 근거하고 있다.

다. 학교에서의 평가는 한국처럼 중간/기말고사 성적에 따른 것이 아니라, 능동적 수업 참여 및 발표 능력, 과제물 제출 그리고 필기시험을 종합하여 이뤄진다. 따라서 제아무리 숙제를 잘하고 필기시험에서 만점을 받았다 할지라도 수업시간에 수동적으로 듣기만 하는 경우 '미(중간 대 점수)'를 받기조차 어렵다. 상급학교로 올라갈수록 수업에서의 발표 및 토론의 비중이 더 커진다(정영근, 2022: 180-193). 몇몇 주에서는 여름방학이 끝난 후에 다음 학년으로 진급하지 못한 학생들에게 추가시험을 치르게 하기도 한다. 레알슐레(Realschule)와 김나지움(Gymnasium)에서 연속으로 두 번 낙제할 경우 학교의 유형을 바꾸어 전학해야 한다. 즉, 김나지움에서는 레알슐레로 또 레알슐레에서는 하우프트슐레(Hauptschule)로 하향 조정해야 하는 것이다. 대학입학자격시험인 아비투어(Abitur) 역시 실패할 경우 한 번의 기회가 더 주어지지만, 이후에 시험 성적이 다시 기준점 이하가 되면 직업교육으로 전환해야 한다.

2. 교육제도 및 교사교육

독일의 의무교육은 만 6세부터 18세까지 12년 동안이다. 어떤 유형의 학교에서든지 정규 학교교육을 9년 이상 받게 되어 있다.[2)] 만약 중등 실업학교인 하우프트슐레처럼 9년 만에 학교교육을 마치게 될 경우 의무적으로 직업교육학교에 최소 3년 더 진학해야 한다. 이처럼 최소한의 직업교육을 의무화한 까닭은, 성별과 관계없이 누구나 하나의 직업에 필요한 역량을 필수적으로 배워 자신이 종사할 분야의 자격증을 갖추게 하려는 제도적 장치 때문이다. 독일은 전통적으로 각종 학교의 졸업이 인력생산체제와 연결되어 있으며 자격증에 따라 직업과 지위가 결정되어 왔다. 그러나 현재는 실업계 학교를 졸업하더라도 인문계 학교 졸업생과 마찬가지로 대학입학 준비를 위한 상급학교 진학을 할 수 있으며 직업세계의 승진에서도 동등한 기회가 보장되고 있다. 모든 사람은 스스로 선택한 시기에 원하는 학교에 진학하기 위해 보수교육을 받아 수학할 능력을 획득한 후 다른 유형의 상급학교에 입학할 수 있는 것이다. 이렇듯 독일 교육제도의 특징은 5학년부터 시작되는 중등교육이 처음부터 인문 · 실

2) Berlin, Brandenburg, Bremen, Nordrhein-Westfalen, Sachsen-Anhalt주에서는 10년이다.

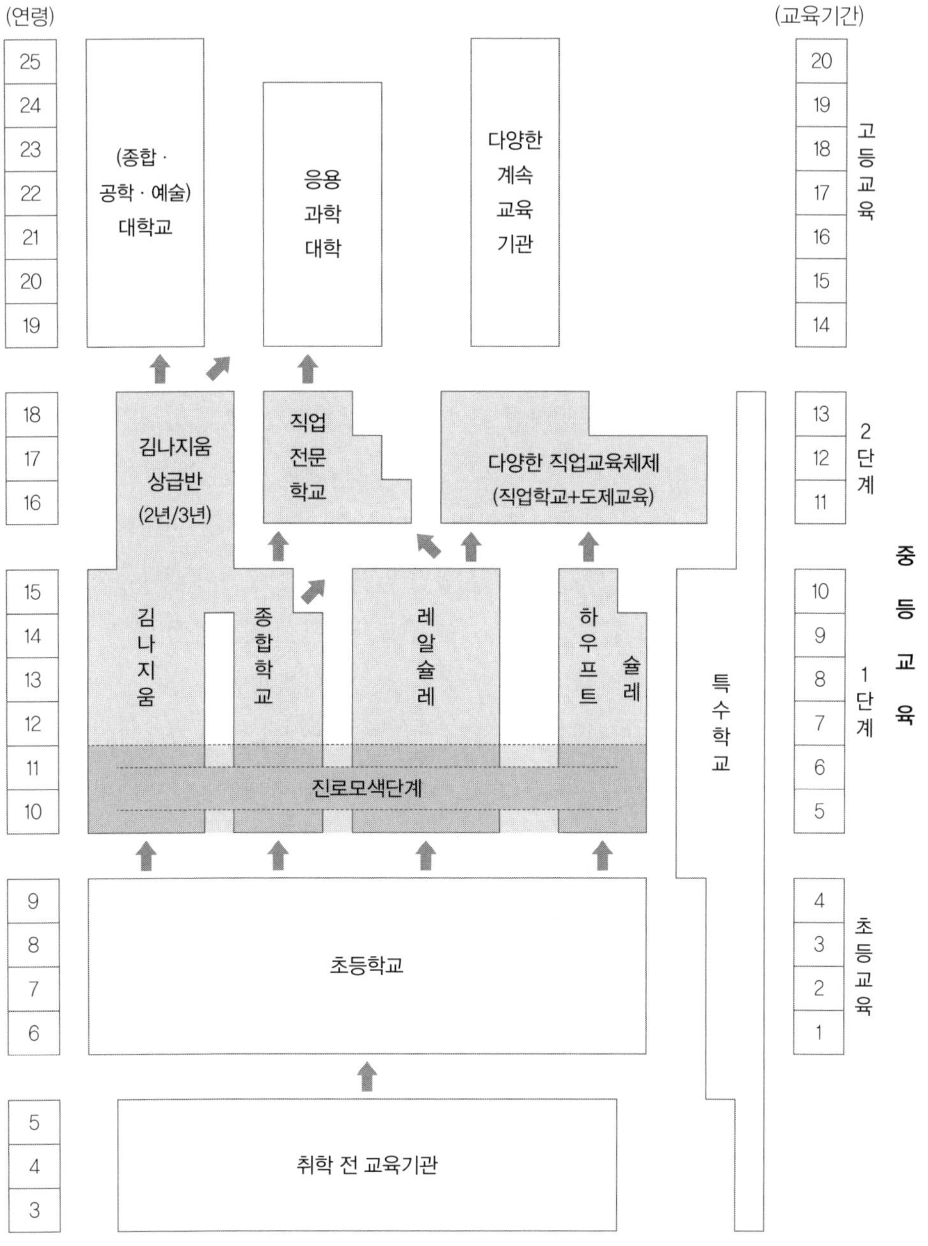

[그림 3-1] 독일의 학교제도

업교육으로 분화되어 있지만, 재학 중 다른 유형의 학교로 이동하거나 졸업자격 획득을 위한 다양한 학업 보완 기회 또한 제도적으로 열려 있다는 점이다.

독일 학교시스템에는 먼저 '기초영역'인 유치원을 비롯한 학령 전 교육기관이, 그리고 그다음으로 '제1영역'에 해당하는 초등학교(Grundschule)가 있다. 중등교육기관 전체를 포괄하는 '제2영역'은 두 단계로 구분된다. 실업계인 하우프트슐레(Hauptschule)와 레알슐레(Realschule) 및 인문계인 김나지움(Gymnasium)의 초 · 중급단계와 종합학교(Gesamtschule) 등이 중등교육 제1단계에 속하는데, 하우프트슐레와 레알슐레 같은 실업계의 경우 중등교육 제1단계에서 학교의 일반교육이 종료된다. 중등교육 제2단계에는 김나지움 상급단계(Gymnasialoberstufe, 11~13학년)와 실업계 학교의 중등교육 제1단계 이후 시작되는 직업교육(Berufsausbildung)이 포함된다. 인문계 중등교육 제1단계 졸업자는 김나지움 상급단계로, 그리고 실업계 졸업자는 직업교육기관으로 진학하게 되는 것이다. 이후 김나지움 상급단계를 졸업한 학생들은 대학을 비롯한 고등교육기관에 진학할 수 있으며, 직업교육을 이수한 학생들은 취업하거나 상급 직업교육을 받는다. 만약 실업교육을 마친 학생이 대학에 진학하고 싶다면 야간 김나지움이나 콜렉슐레 같은 연계 교육기관에 진학하여 대학입학자격(Hochschulreife)을 획득하면 된다. [그림 3-1]은 독일의 학교제도이다.

교원양성교육의 경우 독일의 중등학교 학제가 복선적이라 그에 상응하여 분화된 중등교원 자격 및 양성과정이 존재한다. 초등이나 중등할 것 없이 먼저 대학에서 최소한 두 분야 수업 교과를 전공하는 1단계 양성교육을 거쳐 졸업자격인 국가시험에 합격해야 한다. 그 뒤에는 주마다 각기 규정된 18개월에서 24개월 동안 교사양성세미나와 실무실습 학교에서 제2단계 양성과정을 밟으면서 제2차 국가시험에 합격해야 비로소 교원자격을 획득하게 된다.

1) 학령 전 및 초등교육제도

(1) 유치원

3세에서 6세 사이의 어린이를 위한 교육기관인 유치원 취학은 의무교육 전 단계이기 때문에 학부모가 자유롭게 선택할 수 있다. 유치원은 반일제 또는 전일제로 운영되며 부모의 소득에 따라 교육비용이 차등적으로 청구된다. 유치원의 운영주체는 지방자치단체, 교회, 기업 그리고 개인 등으로 사립 유치원 또한 국가의 감독뿐만 아니라 지자체의 경제적 지원을 받는다. 초등학교에 입학할 연령이 되었어도 신체·심리적으로 정규 학교생활에 적합하지 않은 어린이들은 초등학교에 설치된 유치원을 계속 다니며 입학을 준비할 수 있다.

(2) 초등학교

부모는 당해 연도의 6월 30일까지 만 6세가 되는 자녀를 취학시킬 의무가 있으며, 그해 12월 31일까지 6세가 되는 어린이는 부모의 청원과 학교의 동의로 초등학교에 조기 진학할 수 있다. 초등교육 기간은 4년이다.[3] 초등학교의 교육목표는 학생들이 중등학교에서 받게 될 교육에 필요한 기초를 형성케 하는 데 있다. 초등교육은 어린이 인성의 다양한 측면을 계발·촉진하고, 상상력·자발성·자립심·협동정신 같은 능력을 배양하며, 그의 개별 관심사를 일깨워 배우는 즐거움을 증대시키게 된다. 수업은 학생의 경험내용과 연계되어 진행되며 읽기·쓰기·셈하기 같은 기본적 학습능력을 전수한다. 초등학교의 수업은 오전 이른 시간에 시작되며 45분 단위이다. 주에 따라 다소 차이가 있지만 1학년은 주당 20여 시간의 수업을 받는데, 학년이 올라감에 따라 점차 증가하여 4학년이 되면 평균 26시간에 이른다. 최근에는 여러 주에서 초등학교 1, 2학년을 통합하여 교육하려는 시도가 나타나고 있다.

학급담임제에 따라 초등학교의 처음 2년간은 담임교사가 주로 수업을 담당하지만 3학년부터는 점차 교과전담 교사들에 의해 수업이 진행된다. 이후 중등학교에서는 교과전담 교사들에 의한 수업이 원칙으로 되어 있다. 초등학교에서 수업방법의 선택은 전적으로 교사에게 달려있으며 열린학습에서 볼 수 있는 유연한 학습방식이 대세를 이루고 있다. 초등교육 기간에는 점수와 석차를 산출하기 위한 시험이 별도로 존재하지 않는다. 학생의 학습 수준을 파악하기 위해 교사가 각각의 학급 내 평가시험(Klassenarbeit)을 실시할 뿐이다. 받아쓰기나 셈하기와 같은 간단한 테스트를 통해 교사는 학생의 부족한 면을 파악해 보완해 준다. 1학년과 2학년의 경우 학년 말에 사회성의 발달이나 학습의 범위 등에 관해 기술된 통지문을 받으며, 3학년부터 매 학기 말에 학업성취가 6단계로 표시되는 성적표를 받게 된다. 초등학교에서의 교육이 끝

3) Berlin과 Brandenburg주는 6년으로 중등학교 진학이 2년 늦춰진다.

날 때 교사는 학생이 어떤 유형의 중등교육 1단계 학교에 진학할 능력을 지녔는지 파악하여 학부모에게 추천하게 된다.

2) 중등교육제도 및 학교

4년 동안의 초등학교 생활을 마친 학생은 다양한 유형으로 분화된 중등교육기관으로 진학을 하게 되는데, 이때 이미 미래에 갖게 될 직업영역이 거의 결정된다. 실업계 학교인 하우프트슐레(Hauptschule) 또는 인문계와 실업계 학급이 동시에 설치되어 있는 종합학교(Gesamtschule) 5~6학년의 진로모색 단계로 진학하는 경우 특별한 진학절차가 없다. 그러나 레알슐레(Realschule) 혹은 김나지움(Gymnasium)에 진학을 원하는 경우 학부모와 교사가 함께 협의하여 해당 학생이 어떤 유형의 중등학교에 진학할 것인지 결정한다. 너무 이른 나이에 인문계와 실업계 교육으로 분화된 중등학교로 진학해야 하는 문제는 국민은 물론 교육정책 당국의 지속적인 논쟁거리로 남아 있다. 베를린(Berlin)이나 브란덴부르크(Brandenburg)주의 경우는 초등교육이 6년이기 때문에 중등학교 진학 시기가 한국과 같다.

(1) 중등교육 제1단계: 5~10학년

중등교육 제1단계(Sekundarstufe I)는 주에 따라 각기 상이하게 조직되어 있으며, 모든 학생에게 동등한 교육과정을 운영하는 초등학교와 달리 학생 각자의 능력과 소질에 따라 학습내용이 분화된 학업으로 진행된다. 이처럼 다양한 유형의 중등교육 제1단계 학교에서는 학생들이 교육 이수 후 김나지움의 상급단계로 진학하거나 또는 직업교육으로 들어설 수 있게 준비하는 기본교육이 시행된다. 중등교육 제1단계에 속하는 정규학교로는 하우프트슐레(5~9/10학년), 레알슐레(5~10학년), 김나지움의 하급 및 중급단계(5~10학년) 그리고 종합학교(5~10학년)가 있다. 5~6학년을 진로모색단계로 설정하고 있는 주에서는 이 시기 역시 중등 제1단계에 포함된다. 1990년 서독에 통합된 동독에서는 옛 서독의 하우프트슐레와 레알슐레가 병합된 형태로서 복수의 양성과정을 동시에 운영하는 학교(Mittel-, Ober-, Sekundar-, Regelschule)가 운영되고 있었다.

중등학교가 이렇게 세분되어 있기는 해도 학교유형 간의 이동이 가능하므로 중등교육에 들어서는 순간 직업적 진로가 영구적으로 확정된다고 할 수는 없다. 만약 어떤 학생이 김나지움의 상급단계인 11학년에서 학업을 중단하게 된다면 그는 이미 레알슐레를 마친 학력을 획득한 것으로 간주되며, 하우프트슐레를 마친 학생일지라도 보완교육 과정을 추가 이수함으로써 레알슐레 졸업자격을 획득하거나 김나지움의 상급단계로 진학할 수 있다.

① 하우프트슐레(Hauptschule)

하우프트슐레의 재학기간은 대부분 주에서 5년간이지만 노르트라인-베스트팔렌 주를 비롯한 몇몇 주에서는 6년이고, 5~6학년 학생 모두를 진로모색 단계에 진학시키는 주(브레멘, 니더작센, 헤센)에서는 7학년에서 9학년까지 3년간이다. 하우프트슐레는 학생에게 문화적 삶을 영위하고, 정치와 사회생활의 편입을 준비하며, 궁극적으로 자신의 능력에 알맞은 직업을 선택해 생활하도록 교육하는 곳이다. 그에 따라 하우프트슐레 학생들은 외국어(일반적으로 영어, 프랑스와 접한 지역의 경우는 불어)를 필수과목으로 배운다. 이 외에도 국어, 사회이론(역사, 지리, 정치), 수학, 자연과학(물리, 화학, 생물), 기술과 경제, 음악, 미술, 공예, 종교, 체육 등의 교과가 있다. 하우프트슐레의 교육은 실무 중심적으로 진행되며 기본적 인문교육과 더불어 새롭고 다양한 직업영역에 대한 탐색을 지원한다. 8학년과 9학년 학생들은 정해진 기간 동안 의무적으로 기업현장에서 실무교육을 받아야 한다. 하우프트슐레를 졸업한 학생 대부분은 기업체에서 제공되는 직업교육을 받는다.

② 레알슐레(Realschule)

레알슐레는 5~10학년 또는 진로모색 단계가 설치되어 있는 경우 7~10학년까지의 교육을 담당한다. 레알슐레는 직업교육이나 인문교육 중 그 어느 하나만 실시하는 곳이 아니라 직업과 교양의 습득이라는 이중적 관점의 교육을 시행하는 학교이다. 한편으로 직업세계 각 영역의 경제 · 사회적 책임성을 향상해 중간급 직업생활을 실질적으로 준비시키지만, 다른 한편으로는 상급 직업학교나 김나지움 같은 상급단계 학교로 진학하도록 이끈다. 하우프트슐레와 비교할 때 수업기간이 1년 더 길고 외국어 영역의 수업이 조금 더 제공되고 있다. 대체로 영어가 필수과목이고 불어는 선택과목으로 배우게 된다.

7학년부터는 영역별 전공과목들을 중심으로 선택하는 분반수업이 진행된다. 수학-자연과학-공학 중심의 분반수업에서는 수학과 물리학이 강화된 수업을 받으면서 공업설계 과목을 추가로 배운다. 경제영역을 중시하는 분반수업에서는 경제이론 · 법학 · 회계학 · 속기 · 전산을 배워 경제계통과 관리직으로의 진출을 준비한다. 이 외에도 음악 및 구성, 가사(家事) 또는 사회영역을 중시하는 분반 수업이 있다. 레알슐레를 졸업하면 하우프트슐레보다 더 다양한 방향으로 진로를 정할 수 있다. 첫째, 직업학교로 진학해 기업체의 직업교육을 받는다. 둘째, 직업학교에 재학하며 공공기관의 중급이나 고급 근무자가 될 수 있다. 셋째, 중등교육 제2단계에 속하는 고등직업학교, 전문김나지움(Fachgymnasium) 또는 김나지움의 상급반으로 진학한다. 넷째, 1년 반 혹은 2년이 걸리는 실습이나 직업교육을 거쳐 직업전문학교에 진학할 수 있다.

③ 김나지움(Gymnasium)의 초급 및 중급단계

일반교육을 시행하는 학교 가운데 유일하게 김나지움만 인문계 중등교육 제1단계와 제2단계 과정을 함께 포괄하고 있다. 김나지움의 중등교육 제1단계에 해당하는 기간은 5학년에서 10학년까지이다. 초등학교를 마치고 바로 김나지움에 진학한 학생들은 5학년부터 (초등교육이 6년인 주에서는 7학년부터) 초급 및 중급단계를 이수하고 12 또는 13학년까지 8~9년간 다른 학교로 옮기지 않고 공부하는 것이 보통이다. 물론 성적이 나쁘거나 인문교육이 자신의 적성에 맞지 않을 경우 중등교육 제1단계가 끝나는 10학년 이후 제2단계인 김나지움 상급단계로 올라가지 않고 직업교육으로 전환할 수 있다. 1952년에는 18세인 독일 사람 가운데 5%만이 김나지움에서의 학업을 성공적으로 끝낸 뒤 대학입학자격을 획득하였다. 그러나 1990년에 들어서는 그 비율이 25%를 훨씬 넘어섰으며, 2021년에는 대학 및 전문대학에서 공부할 수 있는 자격을 취득한 학생 수가 39만 5천 명에 이르게 되었다. 이러한 현상은 70년대 이후 점차 대중화하던 대학진학이 이제 모든 사회계층에서 가장 선호하는 교육목표로 바뀌었음을 보여 준다고 하겠다.

④ 종합학교(Gesamtschule)

종합학교는 어린 나이에 직업적 미래를 결정하게 되는 중등교육 제1단계를 개편하기 위한 격론 끝에 1960년대 초반부터 등장하게 된 학교이다. 당시 사회민주당(SPD)

과 노동조합은 중등교육의 구조조정을 위해 다양하게 분화된 중등학교 교육을 통합적으로 구성 · 수업하는 종합학교의 설립을 옹호하였다. 4년간의 초등학교 성적에 따라 분화되는 중등교육이 국민에게 평등해야 할 교육권을 침해한다는 이유 때문이었다. 그러나 보수적 정당인 기독민주당(CDU)과 기독사회당(CSU)은 전통적인 학교제도를 지지하였기 때문에 종합학교의 신설은 각 주에서 어느 정당이 정부를 구성하느냐에 따라 좌우되었다.

종합학교는 종래의 실업계 중등학교(하우프트슐레 및 레알슐레)와 인문계 중등학교인 김나지움의 교육과정을 한 학교 안에 병렬적으로 설치하자는 취지에서 나왔다. 그에 따라 대부분의 종합학교는 5학년에서 10학년까지의 과정 외에 중등교육 제1단계 후 대학진학과 연계되는 김나지움 상급단계 과정을 함께 설치하고 있다. 종합학교에는 '협력형'과 '통합형'의 두 종류가 있으며 협력형 종합학교는 행정적으로 한 학교이지만 기존의 하우프트슐레, 레알슐레 그리고 김나지움을 독립된 단위로 두어 운영하는 형태이다. 통합형 종합학교는 종래의 세 종류 학교를 일원화하는 학교의 형태로 학생들을 학년별로 모아 누구에게나 필수적 과목인 핵심 교과영역을 공통으로 교육한다. 그러나 다른 한편으로 의무 선택과목이나 성적의 차이 등을 고려하면서 개별 학생의 소질과 능력에 따른 수준별 수업을 진행한다. 수준별 분반수업의 종류는 학년이 올라갈수록 증가하며, 필수 선택과목은 학생이 선택한 진로와 연관됨으로써 각자에게 적합한 졸업자격을 취득케 한다.

(2) 중등교육 제2단계: 11~12/13학년

중등교육 제2단계(Sekundarstufe II)에는 인문계 학교인 김나지움 상급단계 및 광범위하고 다양한 분야의 직업학교들이 속한다. 실업계 학교에서 중등교육 제1단계를 마친 학생의 경우 직업학교와 기업에서 병행되는 직업교육을 병행하는 단계이다.

① 김나지움 상급단계(11~12/13학년)

김나지움 상급단계(Gymnasiale Oberstufe)는 11학년에서 12 또는 13학년까지를 말한다. 상급단계의 기간은 본래 3년이었으며 2000년대 초반 독일 여러 주에서 2년 만에 끝낼 수 있도록 제도적 전환을 시도하였으나 다시 3년으로 원상 복구되는 상황이다. 김나지움의 상급단계는 지난 30년간의 교육개혁 과정에서 커다란 변화를 겪었는데 이는 상급단계가 대학입학자격 시험인 아비투어(Abitur)와 연계되기 때문이었다. 1988년 확정된 김나지움 상급단계의 개혁방안에서 수업과목의 다양성이 확보되었으며 전통적 성적 평가를 다소 복잡한 계산방식에 따른 점수체제로 보완하였다. 상급단계 마지막 2년은 네 개의 반 년제 학기로 나뉘어 운영되는데, 학생들은 12학년부터 코스체제(Kurssystem)에서 과목을 선택하여 대학처럼 수업을 받게 되는 것이다. 그에 따라 학생들은 매 학기 초 학교에서 제공하는 다양한 코스를 바탕으로 각자 개인 수업시간표를 작성한다. 수준에 따라 다르기는 하지만 대체로 기초코스의 과목의 경우 주당 세 시간, 전공코스는 여섯 시간이다. 김나지움 상급단계 학생들은 학기 평균적으로 주당 30여 시간의 기초 및 심화과목 수업을 이수하게 되어 있다.

김나지움 상급단계 교과목들은 다섯 영역으로 구분되어 있다. 그 가운데 언어 · 문학 · 예술 분야, 사회과학 분야, 수학 · 자연과학 · 공학 분야는 필수영역으로 교과목들이 배합된 코스를 택할 수 있는데, 과목의 선택이나 배합은 주마다 조금씩 다르다. 대학입학자격 획득에 중요한 아비투어 시험은 학생이 선택한 기초코스(Grundkurs)와 두 과목의 성취코스(Leistungskurs)로 치른다. 상급단계에서 2년간 획득한 수업성적은 마지막 학기의 아비투어 점수와 합산되어 입학자격 점수로 환산된다. 필기시험인 아비투어에서 성취코스로 선택한 두 과목의 논술은 각기 300분이며, 기초코스로 선택한 과목은 240분 논술이다. 필기시험 이후 치르는 구두시험의 경우 20분간의 발표 준비 시간을 준 뒤 20~30분간 치른다. 정해진 수준 이상의 대학입학자격 점수를 획득한 학생은 전국의 어느 대학이든 지원할 수 있다.

② 다양한 유형의 직업교육학교

중등교육 제1단계를 마친 후 김나지움 상급단계로 진학하지 않았을 경우에는 반드시 만 18세가 될 때까지 직업교육을 이수해야 한다. 직업교육은 크게 세 가지 유형으로 구분할 수 있다. 첫째, 독일 특유의 '듀얼시스템(das duale System)'으로 기업체에 중점을 두어 공인된 직업교육을 받는 것이다. 일주일에 3일은 기업체에서 실무교육을 그리고 이틀은 직업학교(Berufsschule)에서 일반교육 수업을 받는다. 둘째, '학교 직업교육시스템(das Schulberufssystem)'은 법적으로 공인된 직업준비 교육과정 전체를 학교에서 책임지고 진행하는 것이다. 셋째, '직업교육 이동시스템(das berufliche Übergangssystem)'은 공인된 직업교육 이수를 위해 제공되는 것이 아니라, 직업교육에 진입하지 못한 청소년의 개인적 능력을 향상시켜 직업교육을 받거나 취업할 수 있도록 지원하는 직업준비 교육이다(Döbert, 2010). 직업교육을 담당하는 학교들은 매우 다양하게 특성화되어 있는데 그 가운데 몇몇을 소개하자면 다음과 같다.

㉠ 직업학교(Berufsschule)

듀얼시스템에 속하는 직업학교의 수업은 기업체에서의 실무중심 교육에 필요한 이론적 바탕을 형성하고 학생이 직업교육 전에 받았던 교양교육을 계속하는 데에 그 목적이 있다. 직업학교의 교육과정은 직업실무 수업, 직업이론 수업 그리고 교양수업의 세 부분으로 구성된다. 전체 수업의 60%는 직업과 관련된 내용이고 40%는 교양수업이다. 규정된 수업을 이수하여 예정된 과정을 마치면 별도의 정해진 시험 없이 직업학교 수료증서가 수여된다. 직업학교에서 배운 내용 가운데 핵심내용은 상공회의소 또는 각 직종의 협회 등에서 실시하는 직업실무 교육을 마치는 자격시험의 대상이 된다.

㉡ 직업전문학교(Berufsfachschule)

학교의 직업교육 시스템에 해당하는 직업전문학교는 기업체에서의 실무교육이 없는 전일제학교이다. 직업전문학교라는 명칭에는 실로 다양한 종류의 교육기관들이 포괄되어 있으며 입학자격, 교육목표 그리고 교육 기간은 각기 다르다. 직업전문학교에서의 교육은 최소 1년에서 최대 3년이다. 교육목표에 따라 입학의 전제조건으로 하우프트슐레 혹은 레알슐레 졸업이 필요하다. 직업전문학교는 확장된 교양교육 이외에 특정 전문영역에서의 기초적 직업교육을 제공한다. 그에 따라 판매업 직업전문학교 · 산업–공업 직업전문학교 · 접객업 직업전문학교 등 다양한 종류가 있다.

㉢ 실업전문고등학교(Fachoberschule)

실업전문고등학교는 직업교육 학제 중에서 가장 최근에 생겼다. 이 학교에서는 일반 교양교육 및 전문분야의 이론적 지식과 실무능력을 전수하며 입학하기 위해서는 레알슐레를 마치거나 혹은 그에 상응하는 자격을 지녀야 한다. 실업전문고등학교를 2년간 다닌 뒤에는 응용과학대학(Fachhochschule)에 진학할 자격을 획득하게 된다. 중등교육 제2단계인 11학년과 12학년의 과정에 해당하는 실업전문고등학교는 상업 · 공업 · 농업 전문분야 등 다양한 학교 유형이 있다.

㉣ 직업기초학년(Berufsgrundbildungsjahr)

직업교육 이동시스템에 속하며 9년 동안 정규 학교교육을 마친 청소년들이 입학한다. 하우프트슐레를 수료하지 못한 학생의 경우 직업기초학년 과정을 성공적으로 마치고 졸업자격을 받게 된다. 직업기초학년에서는 어떤 특정한 직업에 관련된 이론 또는 실무를 배우는 것이 아니라, 금속공업이나 전자기술 같은 무수한 직업분야 전체에 대해 배우면서 진로를 정하거나 취업에 도움을 받는다.

3) 고등교육제도

대부분 소규모인 신설 사립대학들을 제외하면 독일의 거의 모든 대학은 국립이며 주정부가 대학의 재정을 담당하고 연방정부 역시 고등교육기관을 지원한다. 독일에서는 그 유형에 따라 대학을 지칭하는 용어가 다양한데 우리가 흔히 생각하는 일반대학교는 Universität이다. 한국의 경우 종합대학교(University)가 모든 영역의 단과대학들을 다 포함하지만, 독일에서는 특정한 분야의 단과대학들이 일반대학교에 속하지 않은 채 독립적으로 운영된다. 주로 순수학문 분야를 연구하는 단과대학(Fakultät)들과 전공이 일반대학교에 포함되어 있는 반면, 공학대학 · 신학대학 · 음악대학 · 미술대학 등은 각기 독립된 단과대학으로 존재한다. 이러한 특정 분야 단과대학에서도 석 · 박사학위를 수여하고 있다.

2022/23학년도의 경우 소수의 사립대학을 포함해 일반대학교 108교, 교육대학 6교, 신학대학 16교, 예술대학 52교, 응용과학대학 210교, 행정전문대학 30개교 등 총 423개 대학이 존재한다. 그중 일반대학교 및 신학 · 교육대학이 130개로 전체 대학생의 약 59%가 재학하고 있으며, 한국에서 흔히 전문대학이라고 오역되어 부당하게 폄하되는 '응용과학대학(Fachhochschule)' 유형은 총합 240개로 전체 대학생의 약 39%가 재학하고 있다. 또한 예술대학에는 2% 남짓의 학생이 재학한다.

2021년의 대학 신입생 수는 471,600명이었고 다양한 유형의 대학에 재학하는 학생 수는 총합 294만 명이었다. 2000년대 들어 여러 주에서 부과하기 시작한 학기당 400~500유로 안팎의 학업 부담금을 예외로 한다면, 대학 교육비용은 국가 부담으로 외국인을 포함한 모든 학생들은 등록금을 내지 않는다. 생활에 경제적 어려움을 지닌 독일 학생들에게는 국가가 생활비를 지원하는 제도를 운영하고 있다.

(1) 학문중심 대학교육

본래 독일의 대학에는 별도의 학사과정 없이 입학 후 전공에 따라 5~7년씩 걸리는 학업을 마치고 획득하게 되는 석사(Magister), 디플로마(Diplom) 그리고 국가시험(Staatsexamen)의 졸업자격이 있었다. 그러나 유럽연합 출범 후 1999년 볼로냐 협약에 의한 고등교육제도 개혁정책에 따라 학제의 변화가 진행되었다. 우리에게 익숙한 영·미식 학사(BA) 및 석사학위(MA) 제도가 도입된 것이다. 이렇게 학제를 바꾸는 데에는 유럽연합 다른 국가들과 통용되는 대학제도를 구축하려는 것과 더불어 국제경쟁 시대에 상대적으로 긴 독일 대학생의 학업기간을 단축하려는 의도가 숨어 있다. 새로 도입된 학사학위는 고등교육 기간의 단축뿐만 아니라 외국에서의 구직활동 경쟁에 유리할 수 있다. 그러나 대학교육의 질이 저하되고 높은 수준의 전문인력의 양성에 문제가 있다는 반론도 만만치 않다. 현재 약 80% 이상의 학업과정이 학·석사 과정으로 전환되었지만, 아직도 법학·의학·약학 등의 과정은 옛 학제를 그대로 유지하는 중이다.

대학입학자격을 얻은 학생 대부분은 원칙적으로 자신이 희망하는 대학이나 전공에 지원할 수 있으나, 그렇다고 모두가 원하는 전공에 등록할 수 있는 것은 아니다. 선호되는 의학·치의학·수의학 등의 전공은 정해진 국가기관에서 아비투어 성적, 학업대기 학기의 수, 사회적 배려의 필요성 등을 고려해 입학 기회를 배분하게 된다. 그 밖에도 지원자들이 많이 몰리는 법학·경영학·심리학 등 수많은 전공에서 대학마다 별도의 입학 정원제(Numerus clausus)를 실시하고 있다. 예전의 전통적 학제의 경우 인문학 및 자연과학 분야에서 한국의 석사에 해당하는 첫 번째 학위까지 보통 12학기 안팎의 재학기간이 필요하였으나, 새 제도의 시행으로 대부분의 전공에서 학사 3~4년 그리고 석사 2년 안팎의 시간이 요구된다. 이미 언급된 것처럼 공학 관련 분야는 공학대학에서, 음악 분야는 음악대학 같은 독립된 체제의 단과대학에서 그 영역의 전문가를 양성한다.

(2) 실무중심 응용과학대학

중등교육에서부터 이원적 직업교육을 시행하는 독일에는 고등교육 영역 또한 이원화되었다. 다양한 유형과 규모의 일반대학교 외에 Fachhochschule로 통칭되는 단설대학이 있는데 주로 과학 및 기술의 응용과 실천에 초점을 맞춘 고등교육을 한다. 최근 들어 이 유형의 대학들은 형식상으로 기초과학 연구와 교육에 주안점을 두는 일반대학교와 대등한 자격 수준에 오르게 되었다. 한국에서는 전문대학으로 번역됨으로써 우리의 2년 혹은 3년제 전문대학과 혼동을 일으키게 하는 독일의 Fachhochschule는 오히려 '응용과학대학(University of Applied Sciences)'이라는 영문 명칭에서 그 고유한 속성을 제대로 이해할 수 있다. 1969년부터 설치된 독일의 응용과학대학은 그 수준이 한국의 4년제 학부대학에 상응한다고 보면 되겠다. 응용과학대학에서는 그동안 6~8학기 공부하여 응용과학대학 디플로마를 취득하였으며 졸업 후 해당 전공분야의 직장에 취업하였다. 그러나 2010년 이후 응용과학대학에서도 학사 및 석사학위 취득이 가능하도록 제도가 바뀜에 따라 일반대학교와 응용과학대학 사이의 외견상 차이가 사라지게 되었다. 응용과학대학에 입학하기 위해서는 일반적으로 김나지움에서 일반대학 입학자격(Hochschulreife)이나 응용과학대학 입학자격(Fachhochschulreife)을 취득하는 것이 전제조건이다. 그러나 레알슐레를 졸업한 후 입학자격에 상응하는 교육을 이수할 경우에도 해당하는 분야의 전공으로 입학할 수 있다.

응용과학대학의 전공영역은 대체로 실용적 학문, 즉 산업디자인이나 컴퓨터 프로그래밍처럼 대부분이 공학 분야이다. 일반대학이 연구인력의 양성에 초점을 맞추었다면, 응용과학대학은 실무능력을 갖춘 실용적 전문 인력을 양성하고자 한다. 일반대학이나 공과대학에서는 기초과학 또는 공학분야의 연구에 집중하는 반면, 응용과학대학에서는 직업적 · 실질적 지식과 능력을 습득해 졸업 후 실무 분야에서 안정된 직장을 찾도록 이끄는 것이다. 이론보다 실제 직업 현장과 연관된 교육에 중점을 두는 까닭에 정보통신이나 컴퓨터 관련 분야 등 몇몇 응용기술 분야의 교육은 응용과학대학이 오히려 일반대학보다 더 우수하다는 평가를 받기도 한다. 따라서 학생들이 고등교육기관으로 진학할 때 조금 더 학술적인 직업을 택하고 싶다면 일반대학에, 실질적 전문직업을 원한다면 응용과학대학에 등록하게 된다.

4) 교사교육

앞에 언급된 것처럼 독일의 교육주권은 각 주의 고유한 권한이기 때문에 교원양성에 관한 규정이 전국적으로 통일되어 있지 못하다. 몇몇 주의 경우 교원양성이「공립학교 교직양성에 관한 법률」에 따르고 있으며[4] 그렇지 않은 주에서는 법령 성격의 규정에 따라 관리된다. 이러한 법규에는 교원양성의 목적에서부터 교직의 종류, 양성교육의 과정, 학업과 시험, 특별규정 등에 이르는 세부내용이 들어 있다. 양성교육의 과정에서 이수해야 할 구체적 내용은 각 주 교육담당 부서에 의해 작성된 대학 및 교사양성세미나의 수업, 양성 및 시험규정에 따라 확정된다. 그런데 양성규정은 물론 교육제도 전반에 주마다 서로 다른 점들이 있어 독일 전체의 통일성을 확보하기 위해 주교육부장관협의회(KMK)에서 문제시되는 사안들이 상호 조정된다.

독일의 교원 양성과정은 초·중등을 막론하고 크게 두 단계로 나뉜다. 제1단계는 대학에서 진행되며 1차 국가시험에 합격함으로써 끝난다. 초등교원의 경우 1차 국가시험 후에 각 주에서 정한 대로 12~24개월의 수습근무와 양성교육을 이수해야 한다. 대학에서의 양성과정 후 수습근무 기간에는 교직후보생의 자격으로 교사양성세미나(Studienseminar)[5]에 소속되어 교육을 받는 동시에 실습학교에서 근무를 하게 된다.

수습근무는 배정된 학교에서 매주 평균 12시간 안팎의 교과수업 및 기타 교육활동을 담당하면서 실무능력을 배양한다. 초기에는 실습학교의 교과 지도교사로부터 도움을 받아 가며 수업을 참관하며 자신이 담당하게 될 교과수업을 준비하지만, 대체로 6개월 이후에는 수습근무 교사 스스로 수업을 운영하게 된다. 수습근무 교사들이 실습학교에서 수업을 하는 동안 양성세미나의 교육자들은 실습학교를 방문하여 지도와 상담을 해 준다. 수습근무 교사는 근무하는 학교의 교원명부에 기재되며 국가로

4) Bayern, Berlin, Brandenburg, Hessen, Nordrhein-Westfalen, Saarland주가 그러하며「교원양성법(Lehrerausbildungsgesetz)」이라고 불리는 이 법은 축약되어「LABG」로 표기된다. 독일에서 유치원 교사는 교원(Lehrer)에 속하지 않는 보육사(Erzieherin)로서 별도의 직업교육을 받음에 따라 교원양성법령에는 유치원 교사양성에 관한 내용이 포함되어 있지 않다.

5) "Studienseminar"가 한국에서는 흔히 문자 그대로 연구 세미나로 번역되고 있으나 이때 Studien이란 단어가 대학에서의 학업을, 즉 교사는 대학의 학업을 전제로 한다는 의미로 이해되어야 하기 때문에 이 글에서는 대학에서의 교육을 마친 교직 지망생을 위한 "교사양성세미나"로 번역한다.

부터 초임교사 월급의 절반 정도에 해당하는 급여를 받는다.

교사양성세미나는 일반교육학 세미나(Hauptseminar)[6]와 각 교과를 담당하는 다수의 교과교육 세미나(Fachseminar)로 구성되어 있다. 일반교육학 세미나의 장은 교사 경력을 지닌 주 교육부 소속 교육공무원으로 교사양성세미나 전체에 대한 책임자인 동시에 2단계 양성과정 전반을 총괄하는 수장이다. 교과교육 세미나에 속한 양성교육자(Ausbildungslehrer)들은 모두 현직 경력교사로서 자신이 근무하는 학교에서 일정 시간의 수업을 담당하는 동시에 양성세미나의 교직후보생들에게 교과지식 및 교수 능력을 심화시키는 역할을 수행한다.

독일 대학에서의 교직과정은 복수의 학문적 학업으로 구성되어 있다. 교직 지망생은 최소한 두 분야의 전공, 각 전공 관련 교과교수법, 교육학 수업 및 대학 재학 중에 진행되는 다양한 학교실습 과정을 이수해야 한다. 결론적으로 교직과정 이수자에게 세 분야의 학업이 필수적으로 요구되는 것이다. 주에 따라서는 대학 재학 중에 한 학기 동안 학교 현장실습을 요구하기도 한다. 규정된 정규학업기간(Regelstudienzeit)은 교직의 유형에 따라 각기 다르다. 초등 및 중등교육 제1단계 교직의 학업기간은 중등교육 제2단계의 김나지움 교사나 직업·특수학교 교사보다 짧으며 이수학점 또한 적다. 주에 따라 차이가 있지만 초등 교사나 중등교육 제1단계 학교의 교사가 되기 위해서는 학사과정에서 최소 6~7학기, 석사과정에서 2~4학기를, 또 김나지움 교사나 직업·특수학교 교사가 되기 위해서는 학사과정에서 8~9학기, 석사과정에서 4학기 동안 공부하여 1차 국가시험을 마쳐야 한다. 몇몇 주에서는 석사학위 취득을 제1차 국가시험으로 인정해 주기도 한다. 〈표 3-1〉은 독일 교사양성교육의 단계와 내용이다.

6) 주에 따라 "Allgemeines Seminar"라고 불리기도 한다.

표 3-1 독일 교사양성교육의 단계와 내용

<table>
<tr><th></th><th colspan="2">교육기관</th><th>양성기간</th><th>교육내용</th><th>졸업시험</th></tr>
<tr><td rowspan="3">제1단계</td><td rowspan="3">대학</td><td>제1교과 전공</td><td rowspan="3">학사: 6(초등)~9(김나지움)학기
+
석사: 2~4학기</td><td rowspan="3">두 전공교과(교수법 포함) 각각 40%, 교육학 20% 정도의 비율로 이수
(다양한 유형의 학교실습을 학기 중 및 방학 때 이수)</td><td rowspan="3">1차 국가시험
(예비 교사 자격 취득)</td></tr>
<tr><td>제2교과 전공</td></tr>
<tr><td>교육학</td></tr>
<tr><td rowspan="4">제2단계</td><td rowspan="3">교사양성세미나</td><td>일반교육학 세미나</td><td rowspan="4">주에 따라
12~24개월</td><td rowspan="4">현장에서의 수업 및 평가, 상담, 생활교육, 교재연구, 교수법 관련 지식과 능력 습득 수업 참관, 독립적 수업, 교사의 창의성 개발</td><td rowspan="4">2차 국가시험
(교사 자격 취득)</td></tr>
<tr><td>제1교과 세미나</td></tr>
<tr><td>제2교과 세미나</td></tr>
<tr><td colspan="2">수습근무 학교</td></tr>
</table>

3. 교육행정제도

1) 교육행정제도

독일 교육체제의 가장 근본적인 특성으로는 무엇보다 '주(州)의 교육주권'이라고 할 수 있을 것이다. 독일의 교육제도에는 영국의 교육에서처럼 지역사회나 개인의 주도권이 강하지 않고, 엘리트 교육을 담당하는 사립학교의 전통 역시 없으며, 프랑스처럼 학교체제를 중앙정부가 일원적으로 조정하는 특성을 보이지 않는다. 교육영역이 중앙정부에 의해 조정되는 일은 히틀러 치하의 나치정권에서나 가능하였으며, 패전 후 연방주의를 확립하기 위해 그러한 요소들이 철저히 제거되었다. 각각의 주는 연방주의(聯邦主義) 원칙에 따라 교육과 문화영역에서 명백한 문화(교육)주권(Kulturhoheit)을 지닌다. 1969년이 되어서야 창설된 연방공화국 중앙정부의 교육부는 각 주의 문화주권 원칙을 존중하면서 매우 제한된 범위 안에서만 권한을 행사한다. 독일 교육체제의 이러한 특성으로 인해 각 주의 교육부는 다른 주의 교육부 및 중앙정부와의 논의를 통해 교육 안건들을 조정하게 된다.

독일의 「기본법(Grundgesetz)」 제30조에서는 "국가 권한의 행사와 국가적 과제의 성취는 각 주의 관할사항"이라고 밝히고 있다. 방송에 관한 문제에서부터 국립도서관, 극장 그리고 각급 학교 및 대학에 이르는 교육·문화정책에 대해서는 근본적으로 각각의 주가 입법과 행정적 권능을 지닌다. 앞에 언급한 각 주의 '문화주권'은 이러한 법률상의 권한 분할에 근거하고 있다. 각각의 주가 서로 대등한 문화정책과 교육정책을 수립하기 위한 심의기관으로 '주교육부장관협의회(KMK)'가 있는데, 이는 독일 각 주 교육부 장관의 자발적 협력기관으로 1949년 10월에 설립되었다. 1955년과 1964년에는 주마다 서로 다른 학제를 단일화함으로써 의무교육 기간, 학년의 시작과 끝, 다양한 학교유형의 명칭, 학교의 조직, 교육과정의 주요 요소, 학력평가 등에 대한 개념을 통일하였다.[7] '연방-주-위원회(BLK)' 역시 주교육부장관협의회와 마찬가지로 교육계획과 연구지원을 위해 여러 주 사이의 교육정책을 조정하는 기능을 하는데, 주교육부장관협의회와 차이가 있다면 연방의 차원에서 논의하고 협력한다는 점이다.

모든 학교시스템은 국가의, 즉 각 주의 감독을 받도록 독일의 「기본법」 제7조 1항에 명시되어 있다. 다만, 학령 전 교육은 연방차원의 책임으로 사회입법에서 '어린이 및 청소년 지원 법률'로 제정된다. 각 주는 연방에서 정해놓은 이 기준을 구체화하여 독자적인 학령 전 교육영역의 법을 제정한다. 「기본법」과 「주 헌법」에는 학교제도에 대한 기본적 규정들이 포함되어 있으며 학교체제 전반에 대해 각각의 주가 책임을 진다. 학교 밖의 산업체·상업·수공업·서비스업 분야에서 이뤄지는 직업교육에 대한 법적 근거는 연방이 제정한 '직업교육법 및 수공업법규'에 들어 있다. 고등교육의 법적 근거는 거의 예외 없이 각 주의 「대학법」이다.[8] 성인교육 영역의 법 제정은 주의회의 소관이고 직업적 계속교육에 대한 규정은 연방의 소관이다. 주와 더불어 지방자치단체 또한 학교체제에 관여한다. 지자체는 학교의 계획·설립·조직·시설확충 및 유지에 대한 책임이 있다.

7) 그럼에도 학교에서의 최소 재학 연한, 학제, 교육과정, 아비투어제도 등 여러 세부 사항들이 서로 상이하게 남아 있다.

8) 주로 대학에 관한 기본 의도와 계획을 포함했던 「기본법」 75조의 대학총괄법규(Hochschulrahmengesetz)는 2006년 폐지되었다.

학교 운영은 주로 법규 및 행정규정에 의해 이뤄지는데, 학교정책을 추진하고 학제를 통제하는 핵심기관은 학교감독청이다. 각 주마다 학교 감독 업무를 담당하는 다양한 기관들이 몇 단계로 구성되어 있다. 학교 감독기관의 가장 위에 주 교육부가 위치한다. 학교 감독 업무는 학교의 수업과 교육수행을 감독하는 교과 감독, 지역학교 소관부서에 대한 법률적 감독, 그리고 교사들의 직무 감독을 포괄한다. 최근 들어 업무의 분권화 추세에 따라 학교감독청의 활동이 주로 자문 및 지원업무로 한정되고 있다. 학교 감독을 하는 기관들 역시 설치되어 있는 수준과 명칭에서 각 주마다 조금씩 차이를 보인다. 〈표 3-2〉는 독일 몇몇 주의 학교감독청을 보여 준다.

표 3-2 독일 몇몇 주의 학교감독청

연방주 / 감독 수준	바덴-뷔르템베르크주	니더작센주	노르트라인-베스트팔렌주	바이에른주
주교육부 수준 학교 감독	학교교육 담당 부서	학교교육 담당 부서	학교교육 담당 부서	학교교육 담당 부서
중간 수준 학교 감독	광역행정구역 감독청 4곳	주(州) 학교관리청 1곳 (4개 분원)	광역행정구역 감독청 5곳	광역행정구역 감독청 7곳
하위 수준 학교 감독	하급 감독청 30곳		시/면 감독청 53곳	시/면 감독청 96곳

2) 학교 근무자 구성과 업무

독일 학교의 근무자 구성은 한국과 크게 다르지 않으나 행정업무를 전담하는 부서가 별도로 존재하지 않는다는 점이 특색이라 할 수 있다. 먼저 교장 이하 교사들로 구성되는 교사단에는 다양하게 조합된 복수의 교과를 수업하는 교사들과 상담업무를 담당하는 교사 한 사람으로 구성된다. 대부분의 중등학교에는 심리상담 분야 전문교육을 이수한 교사가 배치되어 있는데 학생·학부모의 심리적 상담과 동료교사의 학생상담 지원은 물론 학생들의 폭력이나 범죄 관련 문제의 예방을 담당한다. 문제의 사안이나 규모에 따라 주 정부 소속의 학교 심리 전문가와 연계·협력하여 활동하기도 하며, 상담교사가 없는 인근의 초·중등학교와 연계하여 활동하도록 되어 있다.

일반 교과교사는 출퇴근 시간이 정해져 있지 않기 때문에, 담당하는 교과 수업시간에 맞춰 학교를 오간다. 그에 따라 출근을 하면 회의실 형식의 공동 교사실에서 사물함 하나를 사용하며 수업 전후로 그곳에 머무른다. 담당하는 수업이 주 25시간일 경우 나머지 시간에는 집에서 주관식 평가 과제물을 검토하여 돌려주기 위한 작업을 수행하며, 매 학기 수차례 예정된 교사회의나 학부모 간담회 등에는 참석해야 한다. 학급담임을 맡을 경우 필요에 따라 학생의 생활 및 진로지도를 위한 시간을 갖는다. 전일제 수업을 하는 학교에서는 교사의 수업이 끝난 후 과제물 작성을 도와주며 보살핌을 담당하는 사회교육 전문인력이 배치된다.

학교조직에 교육행정실이 설치되어 있는 한국과 달리 독일의 학교에는 별도의 행정 전문인력이 존재하지 않는다. 학교의 각종 행정업무는 학교장이 직접 처리하고 있으며 교장실에 소속된 비서가 사무적 지원을 담당하게 된다. 학교 비서는 특별한 양성과정이 없는 행정 보조인력으로 학교의 규모에 따라 1/2에서 2명 정도까지 배치되어 행정업무를 지원한다. 이에 따라 학교장의 임무가 한국에 비해 광범위하며, 담당해야 할 과도한 행정업무는 교사들이 교장직을 기피하게 하는 요인으로 작용한다. 학교장은 입학 · 전학업무에서 시설 보수 · 관리 및 교육과정 운영과 교사의 수업을 파악하는 일까지 전 영역의 최종 책임자일 뿐만 아니라 정해진 최소한의 수업까지 담당해야 하는 매우 분주한 일과를 보낸다. 이 밖에도 학교건물을 유지 · 보수하기 위한 전문인력인 학교시설 관리인(Schulhausmeister)이 있는데, 학교의 규모와 운영방식에 따라 1~2명이 근무하며 각종 시설의 일상적 정비 · 정돈 및 수리 · 관리업무를 담당한다. 전일제 운영에 따라 학교급식을 하는 경우에는 조리사가 배치된다.

3) 교육재정

학교시스템를 운영하기 위한 교육재정은 주와 지자체가 부담한다. 주와 지자체는 대체로 기반시설 및 인건비를 지원한다. 연방이 지원하는 것은 아주 예외적 경우이다. 사립학교 역시 대체로 국가의 지원을 받는다. 학교교육재정의 90% 정도를 주와 지자체가 부담한다고 보면 된다. 학령 전 교육기관의 재정은 대체로 지방자치단체 · 교회 · 복지단체처럼 국가와 관련 없는 공공단체에 의해 지원된다. 학령 전 교육 운영단체들은 주 정부로부터 인건비와 물품비용을 보조받는다. 자녀를 보육기관이나 유치원에 보낼 경우 부모는 자신의 수입에 따라 차등된 교육비용을 부담해야 한다.

따라서 독일의 학령 전 교육에서는 무상으로 교육지원을 받는 아동이 있는가 하면, 일정한 수준의 교육비가 마치 세금처럼 부모의 월급에서 차감되는 아동이 있어 유·무상교육을 병행하는 시스템으로 운영된다.

이후 공립학교에서 진행되는 모든 교육은 무상이며 대학교육 또한 마찬가지이다. 주 정부가 교사의 인건비, 교육과정 개발 및 시행, 연수교육 같은 학교 내부의 소요비용을 부담하는 반면, 지자체는 학교를 건축하거나 유지하는 비용 및 일반 관리·행정인력의 인건비를 담당한다. 주는 지자체에 학교건축 및 운영비용을 추가로 보조해준다. 학교 시스템를 유지하는 전체 비용 중 주의 부담이 약 80%에 이르고 지자체는 20% 정도이다. 대학재정의 경우 주의 교육·학술과학부가 전액을 지원함으로써 등록금이 없는 무상교육이다. 다만, 앞에 언급한 것처럼 학생이 학기당 400~500유로의 학기 등록비용을 지출해야 하는데, 이는 수업료와 무관한 행정처리 비용의 성격으로 한 학기 동안의 대중교통 이용카드를 제공받게 된다.

4. 교육개혁 동향

1) 교육개혁의 최근 동향

독일은 1960년대부터 전통적 이어내려 온 중등교육체제를 개혁하여 사회계층에 따른 교육기회의 불평등 요소를 최소화함으로써 국민 기본권으로서의 교육을 강화하고자 했다. 그러나 독일 전통의 학제를 유지해야 한다는 입장도 있어 교육개혁은 사회의 지속적 논의주제로 남아 있다. 사회민주당이 집권한 주에서는 종합학교제도를 도입하여 보다 평등한 기회를 부여하고자 시도해 왔던 반면, 보수적 정당이 집권한 주에서는 기존의 제도를 보완하는 형식을 선호하였다. 필요할 경우 학생들이 세 방향으로 분화된 중등학교 유형을 오가며 이동할 수 있는 가능성을 확대함으로써 조기 선발에서 오는 문제점을 최소화하려는 노력이 지속되는 중이다. 이러한 점은 최근 독일 학교교육의 발전 경향에서 명확하게 나타난다. 초등교육 4년 이후 바로 실업교육으로 이어지는 하우프트슐레 진학률이 모든 주에서 지난 20년 동안 계속 하락하고 있다. 그러나 이민 배경을 지닌 청소년이나 사회·경제적 수준이 낮은 가정 어린이들의 50% 정도가 하우프트슐레에 진학하는 것으로 파악되어 문제학교로 전락한다는 인식하에 개혁해야 한다는 요구가 매우 거세어 과감히 축소되고 있다. 아직도 하우프트슐레의 비중이 상대적으로 높은 남부의 바덴-뷔르템베르크주(4%, 2021/22)와 바이에른주(16%, 2021/22)를 제외하면 이 유형의 학교는 조만간 소멸하게 될 것으로 보인다(Döbert, 2010).

반면, 초등교육 이후 인문계 중등학교로 진학하는 학생들의 수는 모든 주에서 지속적으로 증가하는 중이다. 이미 대다수의 주에서 김나지움 진학을 선택하는 학생 수가 제일 많은 것으로 나타나고 있다. 그결과 독일에서 지난 30년간 고등교육의 대중화 현상이 뚜렷해졌다. 자녀에게 인문계 교육을 받도록 해 대학에 진학시키려는 부모들의 열망이 점점 더 커지고 있으며, 김나지움과 종합학교의 상급단계에서 아비투어를 하는 학생들의 수가 매년 증가한다. 이러한 현상은 한편으로 지식정보사회에 필요한 전문 인력의 양성이라는 국가적 요청이 반영되는 것이지만, 다른 한편으로는 노동자층과 저소득층의 자녀들에게 능력에 따라 동등한 교육을 받게 하려는 사회개혁 정책의 틀 안에서 진행된 혁신적 개혁조처의 결과이기도 하다. 즉, 대부분의 주가 인문계 중등학교인 김나지움을 유지하면서도 너무 이르게 분화되는 실업계 학교 및 종합학교를 통합해 일원화된 새로운 유형의 학교를 설립함으로써 실업교육과 더불어 대학 진학을 위한 아비투어를 준비할 수 있는 학제개혁을 지난 수십년 동안 추진했기 때문이다.[9)]

또한 독일은 2000년 이후 OECD 회원국들 사이의 학력평가(PISA)에서 학생들이 상대적으로 낮은 성적을 보여 엄청난 충격을 받았는데, 이때부터 시작된 학교교육 개혁에 대한 사회 · 기업 · 국가적 차원의 열띤 논의의 결과로 다양한 정책과 시도들이 나타났다. 각 주 정부는 학교 및 수업을 향상시키기 위한 교육의 질 관리 방식들을 개발하여 정착시키고 있다. 예를 들면, 외부의 평가기관들이 학교를 평가하고 점검하도록 하는 것이나 주 정부 및 교육구 차원의 교육 보고서 작성 등이 그러한 노력에 속한다. 연방 차원에서도 정기적인 교육 보고서를 통해 학교교육을 장기적으로 관찰하고, 투명성을 확보하며, 실질적인 감독이 가능하도록 조처를 취한다. 2003년에 처

9) 이렇게 새로 만들어졌거나 만들어질 통합형 중등학교들은 주에 따라 Gemeinschaftschule, Sekundarschule, Stadtteilschule 등 다양한 명칭으로 불리고 있다.

음 발간된『독일 교육보고서』는 2006년부터 매 2년마다 정기적으로 작성되고 있다. 이러한 노력의 대표적 사례로는 지적 교과학습은 학교의 책무이고 사회 · 문화적 성장은 가정과 지역사회의 과제라는 인식에서 나온 오전수업 중심의 학교 운영이라는 독일 특유의 반일제 학교가 점차 전일제 학교(Ganztagsschule)로 전환되고 있는 점을 들 수 있다. 사회 · 문화적 변화의 속도가 빨라짐에 따라 가정의 기능이 축소되어 가정 · 학교 · 사회 · 문화 교육기관의 역할과 기능이 학교를 중심으로 통합되고 있는 것이다. 시대의 변화에 따른 학교의 임무와 과제영역이 확장됨으로써 학교유형은 물론 수업체제 전반에 이르는 다양한 분야의 개혁이 진행되는 중이다.

2) 발전과제

현재 독일에서 특별히 논의되고 있는 학교교육의 문제는 두 가지 측면에서 살펴볼 수 있다. 먼저, 매년 2% 정도의 학생이 낙제하여 같은 학년을 반복하고 있는데, 이는 국제적으로 매우 높은 수치로서 학교에서의 '유급' 문제가 교육정책 및 학술적 논의의 쟁점으로 대두되었다. 이러한 유급은 독일 학생들이 다른 국가의 학생들보다 더 오랫동안 학교에 머무른다는 데에 그 심각성이 있는바, 이 문제의 해결을 위해 국가적 차원에서 고심 중이다. 독일의 교육정책뿐만 아니라 사회 전반에서 우려하는 또 다른 문제는 최소한의 학력을 지니지 못한 채 학교를 이탈하는 학생들이 많다는 점이다. 2021년의 경우 68,500여 명이 중등교육 제1단계인 하우프트슐레조차 마치지 못한 것으로 나타났다. 이러한 중도탈락 학생들은 앞으로 교육이나 취업기회의 어려움을 겪게 될 위험에 처해 있어 이를 해결하는 것이 시급한 과제로 인식되고 있다. 현재 학술적 연구와 사회교육적 지원이 병행되는 중이며 학제의 개편을 포함한 다양한 대책이 강구되는 중이다.

고등교육의 영역의 발전과제로는 볼로냐 협약에 의한 학제개편에 따른 제도운영의 문제를 최소화하고 학사 졸업자격(BA)의 사회 · 직업적 인정이 더 안정적으로 정착되어야 할 것이다. 전통적으로 서구 다른 국가에 비해 대학에서 긴 학업기간과 석사 수준의 최초 학위에 익숙해 있던 독일 국민과 사회가 새롭게 양산되기 시작한 학사학위를 학술적 학위로 간주할 뿐만 아니라, 그 자격을 산업과 직업사회에 통합시켜야 하는 과제를 더 효율적으로 해결해야 한다. 대학 학업의 전문성을 인정받기 위해 아직도 석사과정에 진학하려는 학생들이 많은 반면, 석사과정 자리는 정책적으로 제한되어 있어 학사 후 대기하며 시간을 낭비하는 경우가 생겨나는 것도 문제이다. 아울러 학제의 영·미식 전환에 따라 불가피하게 발생되는 새로운 교육과정과 수업조직 개발 그리고 대학의 국제비교 같은 다양한 사안 등을 고려하여 고등교육의 정체성과 발전방향에 대한 학술적·정책적인 논의가 더 강화되어야 할 것으로 보인다. 무엇보다 대학의 시설을 개선하고 연구역량을 증진하기 위한 연방 차원의 적극적 지원이 필요하다는 요구가 커졌다. 코로나 팬데믹으로 인해 고등교육 시스템의 교육 및 학술영역에서 디지털화가 지체된 점 역시 해결해야 할 문제점이다. 대학과 주 정부 그리고 연방정부는 미래의 독일 사회와 경제에 필요한 고등교육 인력의 확보를 위해 적정한 대학 입학자 및 졸업자 수를 유지하고자 노력하고 있다.

전체 인구의 25%를 넘어서는 문화적 외국인이 거주하는 독일에는 이민배경을 지닌 학생들의 비율이 점차 늘고 있어 이들을 학교 및 사회에 성공적으로 통합시키는 일이 교육의 중요한 정책과제로 남아 있다. 2022/23학년도 외국 국적을 지닌 초·중등학생 또한 160만 명으로 전체 학생 수의 약 15%를 차지하고 있어 외국인과 이민배경을 지닌 가정의 자녀들이 하우프트슐레나 수업촉진학교에 다니는 비율은 문화적 독일인 자녀들에 비해 상대적으로 높게 나타난다. 이민배경을 지닌 거주자 및 학생들이 많이 몰려 있는 대도시나 인구 밀집 지역의 행정당국은 이 문제를 해결하기 위해 사회통합 차원에서 다양한 문화·교육정책을 내놓고 있으며 언어습득 및 수업적응을 위한 개별지원을 하고 있다. 또한 독일정부는 2015년 시리아 전쟁난민을 비롯해 2022년 러시아의 우크라이나 침공으로 인한 대규모 피난민 유입에 따른 외국인들의 사회정착 및 경제적 인력화를 위한 다양한 지원을 하는 중이다. 그럼에도 교육제도 개선의 측면에서 볼 때, 현재 여러 주가 개혁하여 운영하고 있는 하우프트슐레, 레알슐레 및 종합학교 같은 통합형 중등학교제도 등을 지속적으로 발전시켜 학교교육에서 상대적으로 뒤쳐진 문화적 소수자 학생들에게 제도적 교육평등을 더 확대해야 할 것으로 보인다.

참고문헌

김창환(2008). **인재강국 독일의 교육**. 도서출판 신정.

백종억(2000). **주요국의 교육행정제도와 교육개혁 동향**. 교육과학사.

정기섭(2021). **독일의 학교교육**. 살림터.

정영근(1997). 인문교육과 직업교육의 통합을 지향하는 독일의 교육. 구자억 외 공저, **동서양 주요 국가들의 교육**(pp. 271-340). 문음사.

정영근(2005). 독일 교원양성체제와 학국에의 시사점. **비교교육연구, 15**(4), 153-176.

정영근(2022). 언어의 본질을 통해 사유하는 주체를 기르는 독일 국어교육과 평가. **함께 여는 국어교육, 146호**, 180-193.

정영근, 구자억, 주은희, 정미리, 김복영, 윤종현, 길지현(1999). **동서양 주요 국가들의 대학교육**. 문음사.

정혜영, 김창환, 정영근, 이숙정, 정기섭(2008). **독일의 초등학교 교육**. 문음사.

Anweiler, O. u.a. (1966). *Bildungssystem in Europa*. Beltz.

Autorengruppe Bildungsberichterstattung(2010). *Bildung in Deutschland 2010: Ein indikatorengestützter Bericht mit einer Analyse zu Perspektiven des Bildungswesens im demografischen Wandel von Bertelsmann*. Bertelsmann Verlag.

Baumert, J. u.a. (1990). *Das Bildungswesen in der Bundesrepublik Deutschland. Ein Überblick für Eltern, Lehrer und Schüler*. rororo Taschenbuch.

Blömke, S., & Reinhold, P. u.a. (2004). *Handbuch Lehrerbildung*. Westermann Schulbuchverlag.

Cortina, Kai S. u.a. (2008). *Das Bildungswesen in der Bundesrepublik Deutschland*. rororo Taschenbuch.

Deutsches PISA-Konsortium (2001). *PISA 2000. Basiskompetenzen von Schülerinnen und Schülern im international Vergleich*. Leske+Budrich.

Döbert, H. (2010). Deutschland. H. Döbert u.a. (Ed.), *Die Bildungssystem Europas*. Schneider Verlag.

Führ, Ch. (1989). *Schulen und Hochschulen in der Bundesrepublik Deutschland*. Böhlau.

KMK (1997). *Rahmenvereinbarungen über die Ausbildung und Prüfung für Lehrämter in der Bundesrepublik Deutschland*. Bonn.

Kretzer, H., & Sjuts, J. (2003). *Studienseminare in der Wissensgesellschaft*. BIS-Verlag.

OECD (2022). *Bildung auf einen Blick 2022. OECD Indikatoren*. Bertelsmann.

Seipp, B., & Ruschin, S. (2004). *Neuordnung der Lehrerbildung an den Hochschulen Nordrhein-Westfalens*. Projekt Verlag.

Tschong, Y. (2017). Südkorea. S. Trumpa, D. Wittek, & A. Sliwka (Eds.), *Die Bildungssysteme der erfolgreichsten PISA-Länder* (pp. 139-161). Waxmann.

제4장

핀란드의 교육제도와 교육개혁 동향

1. 사회문화적 배경[1)]

인구 550만의 작은 나라인 핀란드는 북유럽에 위치한 숲과 호수의 나라이다. 전통적으로 임업과 농업을 주업으로 하는 가난한 나라로, 700년이 넘는 오랜 기간 동안 식민지를 겪었다. 1950년대 말까지 서구의 어느 나라보다 산업화가 덜 된 농업 국가였지만, 1960년~1970년대 사이에 빠른 산업화 및 사회 구조 개혁을 통해 산업 복지 국가를 이룬 나라이다. 1980년대 이후에는 ICT 산업을 중심으로 한 공업화에 박차를 가하여 공업이 주력 산업이 되었고, 2000년대 들어서 1인당 국민소득이 4만 달러가 넘는 선진국으로 도약하였다. 또한 2000년대 들어서는 PISA 평가 결과를 토대로 대표적인 교육 선진국으로 불리고 있다(Sahlberg, 2011).

핀란드는 1200년대부터 약 600여 년 동안 스웨덴의 지배를 받아 오다가, 나폴레옹 전쟁 이후 1809년부터는 다시 러시아의 지배를 받기 시작해 이후 100여 년 동안 러시아의 식민지로 지냈다. 러시아 식민지 시대에도 사회체제나 법률체계는 지속적으로

1) 이 절의 내용은 김병찬(2017: 22-29)의 논의를 수정, 발전시킨 것이다.

스웨덴 방식을 따랐다. 핀란드는 러시아혁명 이후 독립하여 1917년 12월 6일 독립국가가 되었다(European Commission, 2009: 7).

러시아로부터 독립한 이후, 핀란드는 유럽 근대 역사에서 가장 피를 많이 흘린 전쟁 중의 하나로 기록되는 내전을 겪었다. 정치적 혼란기 속에 좌파(Reds)와 우파(Whites)로 나뉘어 석 달 동안의 내전을 겪었는데, 이 전쟁으로 인해 당시 300만 명의 인구 중에서 4만여 명이 사망하였으며, 이 전쟁은 아직까지 핀란드 국민들의 정서 속에 '집단적 트라우마'(collective trauma)로 남아 있다(Ylikangas, 1993: 521). 내전을 겪은 지 불과 20년 만에 러시아의 침공으로 겨울전쟁(Winter war, 1939~1940)이 일어났다. 이 전쟁으로 인해 나라 전체가 초토화되었지만 다행히 전쟁은 핀란드의 승리로 끝났다. 이 전쟁을 통해 핀란드 국민들은 단합의 필요성을 깊이 체험하게 되었다. 핀란드의 독특한 사회적 합의 정신은 바로 강대국 사이에서 어디에도 휩쓸리지 않고 단합해야 한다는 경계(境界)국가 의식, 그리고 단합을 통해 이끈 전쟁 승리의 경험 등이 바탕이 되어 형성되었다고 할 수 있다(Alapuro, 1988; Klinge, 1997).

핀란드는 오랜 농업 국가였고, 그 전통이 여전히 남아 있다. 핀란드의 산업화 및 도시화는 다른 유럽 국가들에 비해 상당히 느리게 진행되어 1945년 무렵까지만 해도 국민들의 70% 정도가 농촌지역에 거주하였고, 국민의 60%는 농업이나 임업에 종사하였다(Alapuro et al., 1987). 1960~1970년대에 들어서 급격한 산업화와 도시화가 이루어졌지만, 이들의 정서 속에는 여전히 농경사회의 의식이 남아 있었다. 이후, 짧은 기간 안에 근대화와 탈근대화까지 경험하면서, 핀란드는 과거와 현대 의식이 공존하는 독특한 문화를 만들어 냈다. 핀란드의 산업 복지국가 체제는 산업화와 농경문화, 개인주의와 공동체주의 등이 혼재되어 있는 독특한 역사적 산물이다(Simola, 2005: 458).

핀란드는 지정학적 위치상 동양과 서양의 경계국가로 자리매김하고 있다. 스웨덴과 독일을 비롯한 서구 문화의 영향과 러시아를 비롯한 동양 문화의 영향을 함께 받은 나라가 핀란드이다(Ylikangas, 1993). 따라서 핀란드의 거의 모든 분야에 서양적인 요소와 동양적인 요소가 함께 공존하고 있다. 핀란드의 사회민주주의는 다른 북유럽 국가들과 달리 동양적 권위주의와 전체주의적 특징을 가지고 있으며, 언어발생학적으로 보면 핀란드어는 한국어나 일본어 등과 같이 우랄알타이어 계통이기도 하다(Lakaniemi, Rotkirch, & Stenius, 1995; Siikala, 2002). 핀란드는 1995년에 EU에 가입하였으며 비교적 활발하게 EU 활동에 참여하고 있다.

핀란드에는 2022년 기준으로 338,000km^2 정도의 면적에 약 556만 명의 인구가 살고 있다. 인구 밀도는 1km^{2}당 19명이며 인구가 주로 남부 지역에 밀집되어 있다. 특히 수도인 헬싱키 인근에 전 국민의 1/5인 100만 명 정도가 모여 살고 있다. 핀란드 전체 인구의 84.3% 정도가 인구 10만 명 이상의 8개 도시지역에 밀집되어 있다(Finnish Government, 2023).

핀란드에서는 복지를 포함한 안정적 생활환경을 갖추고 있어 향후 지속적인 인구 증가가 예상되고 있다. 한편, 노동인구 연령대의 비율은 현재의 66%에서 2040년에 57%로 줄어들 것으로 예상하고 있으며, 그때에는 65세 이상의 노령 인구가 전체 국민의 1/4에 이를 것으로 보고 있다. 2022년을 기준으로 외국 국적을 가진 인구는 전체 인구의 6.2% 정도인데, 그 비율 역시 점점 늘어나고 있다(Finnish Government, 2023).

핀란드는 두 개의 모국어를 가지고 있는 나라로서, 공식 언어는 핀란드어와 스웨덴어이다. 91.2% 정도의 국민이 핀란드어를 모국어로 사용하고 있고, 5.4% 정도가 스웨덴어를 모국어로 사용하고 있다. 비록 스웨덴어를 사용하는 인구가 소수이기는 하지만 스웨덴어는 핀란드어와 공식적으로 동등한 지위를 갖고 있다. 또한 핀란드 북부 Lapland 지역의 소수민족인 Saami 족에게는 그들의 언어를 사용할 권한을 보장해 주고 있다(European Commission, 2009: 10).

핀란드는 종교의 자유를 보장하고 있는데, 종교 중에서도 루터교(Lutheran church)와 러시아정교(Orthodox church)는 핀란드 내에서 특별한 지위를 갖는다. 즉, 그들은 세금 부가권을 가지고 있다. 2022년 기준으로 전 국민의 79.7%가 루터교에 등록되어 있고, 약 1% 정도가 러시아정교에 등록되어 있는 것으로 나타났다(Finnish Government, 2023).

독립 이후 핀란드 경제는 지속적으로 성장해 왔다. 1930년대와 제2차 세계대전 때 잠시 경기 후퇴가 있기는 하였지만, 그 후 지속적인 성장세를 보였다. 1990년대 초 핀란드는 전후 최악의 경제 위기 상황을 맞았으나, 1993년부터 다시 회복하여 경제적 어려움을 극복하였다. 하지만 핀란드 역시 코로나19 사태로 인해 급격한 경제 위축을 겪어 코로나 시기 경제성장률이 −6%대로 떨어지기도 하였는데, 코로나 사태 이후 2~3%대의 경제성장률을 기록하며 회복 중에 있는 상황이다(World Bank, 2023). 2010년대를 전후하여 핀란드 대표적인 대기업 노키아의 몰락으로 핀란드 경제가 약화될 것으로 예상하였으나, 다양한 창업 및 중소기업의 활성화로 핀란드 경제가 건재하고 있는 것으로 평가되고 있다(박상인, 2016). 핀란드의 경제는 유럽 및 세계 경제와 밀접하게 연관되어 있기 때문에 향후에도 상당히 유동적일 것으로 예상된다. 2023년 기준으로 핀란드의 국민 1인당 GDP는 약 5만 4천 달러로 한국의 3만 3천 달러 보다 높은 편이다(IMF, 2023).

한편, 핀란드 사회와 문화 속에 깊이 자리 잡고 있는 가치 중의 하나가 바로 교육을 중시하는 가치이다(Simola, 1998; 2005). 핀란드에서 교육의 가치가 중요시된 것은 19세기 무렵부터인데, 당시에는 성경을 읽을 줄 아는 개인을 길러내기 위한 목적에서 교육이 중시되었다. 이로 인해 핀란드에서는 19세기에 이미 문맹을 벗어난 인구가 98%에 이르렀다(Grubb et al., 2005: 15). 물론 이러한 성과는 대부분 당시 교회의 노력으로 이루어졌다. 한편, 핀란드 정부 수립 과정에 헬싱키대학 교수들이 참여하여 국가의 기초를 만드는 데 중요한 역할을 담당한 것도 핀란드에서 교육의 가치가 중시되는 데 하나의 기반이 되었다(Grubb et al., 2005). 이러한 역사를 토대로 핀란드에서는 국가 재정 지출의 우선순위를 교육에 두는 전통이 만들어졌다.

이와 같이 핀란드에서는 전통적으로 교육을 중시해 왔으며, 그 전통은 아직까지 견고하게 유지되고 있다(Rinne, Kivirauma, & Simola, 2002; Sahlberg, 2011). 이처럼 교육을 중시하는 전통은 자연스럽게 교사에 대한 존중으로 이어져 핀란드는 매우 강한 교사 존중 문화를 가지고 있다. 이러한 교사 존중 문화는 유럽 내에서도 핀란드만의 매우 독특한 현상이기도 하다(Anon, 2001).

2. 교육제도 및 교사교육

1) 교육제도

핀란드는 교육에 있어서 매우 압축적이고 빠른 변화의 과정을 겪은 나라이다. 핀란드는 유럽의 다른 나라들보다 조금 늦은 1921년에 의무교육제도를 도입하였고, 1970년대에 이르러 초등학교와 중학교를 통합한 독특한 종합학교 제도를 마련하여 실행하였다. 이러한 변화들은 때로는 전체주의적인 방식으로 매우 급속하고 체계적으로 이루어졌다(Grubb et al., 2005; Sahlberg, 2011).

제2차 세계대전 이후 핀란드는 정치적, 경제적 불안정이 지속되었지만, 한편으로는 국민들에게 평등 교육의 이념과 가치를 심어 주는 시기이기도 하였다. 이 시기 핀란드의 경제 변화는 매우 빠르게 진행되었고, 아울러 급속한 사회 변화도 동반되었다. 무엇보다도 교육체제의 변화가 눈에 띄게 나타났는데, 핀란드에서 교육체제의 변화는 결정적 시기에 매우 철저하게 이루어졌다고 할 수 있다(Simola, 2005).

1950년대까지만 해도 핀란드는 평등한 교육체제를 가지고 있지 않았다. 도시지역에 살고 있는 가정의 자녀들만이 문법학교나 중학교에 다닐 수 있었고, 대부분의 아이들은 6년 과정의 초등교육만 받고 더 이상 교육을 받지 못하는 상황이었다. 소수 상류 계층의 자녀들만이 다닐 수 있는 사립문법학교도 있었는데, 당시 11세 아동의 27% 정도만이 5년제 중학교 과정에 입학할 수 있었다. 이 과정을 마친 학생들이 3년제 고등학교 과정으로 이루어진 공 · 사립문법학교에 들어갈 수 있었다(Aho, Pikanen, & Sahlberg, 2006). 이들은 또한 대체로 대학에 진학하고 핀란드 상류 계층으로 자리를 잡아 나갔다. 한편, 초등학교 7년을 마치고 2~3년 과정의 공민학교(civic schools)에 입학하는 또 다른 경로가 있었는데, 이 과정을 마친 학생들은 판란드의 중 · 하층민으로 고착되었다(Simola, 2005). 당시 핀란드에는 338개의 문법학교가 있었는데, 이 중 약 2/3에 해당하는 217개가 사립학교였다. 당시 공민학교를 마친 아이들은 대부분 대도시 지역에 있는 직업학교나 기술학교로 진학하였다(Shalberg, 2011: 14-16).

1950년대에는 중요한 사회적 혁신이 일어났는데, 정부가 사립학교에 재정지원을 해 주고 학교 운영을 관리 · 통제할 수 있는 법안이 만들어진 것이다. 교육에 대한 대중들의 증가하는 욕구에 대처하기 위하여 새로운 사립학교들이 만들어졌고, 사립학교들의 재정적 어려움을 국가가 해결해 준 것이다. 국가의 재정 지원이 늘면서 사립학교들은 점차 공립화되어 갔다(Grubb et al., 2005; Sahlberg, 2011).

1960~1970년대에는 핀란드 역사상 가장 획기적인 교육개혁이 이루어졌는데, 이때의 교육개혁은 '서구 민주주의 사회의 일원이 되기 위하여, 그리고 전후의 세계 시장경제에 적응하기 위하여 모두 함께 가야 한다'는 국가 및 국민들의 총체적인 비전이 반영된 결과이다(Simola, 2005). 산업의 발달과 노동자 계층의 증대에 따라 노동자 계층의 목소리도 커지기 시작하였는데, 이들은 자신들의 자녀들을 위해 공교육이 좀 더 확대되기를 원했다. 1920년대에 처음 제기되었던, '누구든지 다닐 수 있고 차별 없이 함께 배울 수 있는 종합학교 모형'이 1950년대에 노동자 계층의 적극적인 요구에

의해 다시 살아나 정책 의제가 되었고, 1970년대 이르러서는 드디어 종합학교라는 구체적인 형태로 구현된 것이다(Aho, Pikanen, & Sahlberg, 2006).

이 시기까지 핀란드 교육이 다른 나라의 교육에 비해 우월하거나 특별하지는 않았다. 모든 젊은이들이 정규학교에 다닐 수 있도록 넓고 촘촘하게 학교 네트워크가 구축이 되어 있고, 누구든 원하는 사람은 중등교육과 고등교육을 받을 수 있었으며, 고등교육에 대한 수요가 증가하고 있는 상황이었다. 그리고 당시 핀란드 학생들의 성취도는 국제비교평가에서 읽기 과목을 제외하고는 중위권 정도 수준이었다(Shalberg, 2011: 2). 이러한 분위기 속에서 1990년대 초반에 이르러 핀란드 교육은 또 다른 전기를 맞이하게 되었다. 1990년대 초반 국가재정이 파탄 지경에 이를 정도까지 엄청난 경제 위기를 겪게 되자, 국가 재정의 불균형을 해소하고 구소련 붕괴로 인해 무너져 버린 수출망을 재구축하기 위하여 과감하고 즉각적인 조치들이 필요했다. 당시 핀란드 정책 담당자들은 자율과 선택을 기반으로 한 과감한 개혁 조치를 단행하였으며, 그 중 가장 큰 변화는 교육거버넌스 체제의 변화였다(Rinne, Kivirauma, & Simola, 2002; Sahlberg, 2011). 이 시기에 중앙집권적 교육행정체제를 지자체 중심의 교육자치제로 변화시켜 교육의 실질적인 운영 권한을 지자체에 넘겨주었다. 이를 통해 핀란드에서는 광범위한 교육자치제가 구축되었고, 중앙정부에서는 재정을 지원해 주는 것 이외에는 특별한 간섭이나 통제를 하지 않았다. 이러한 역사적 변화 과정을 거쳐 오늘날 핀란드 교육자치제가 구축되었다. 즉, 전통적으로 오랫동안 귀족교육과 일반 서민교육을 분리하여 운영해 오던 핀란드에서 1970년대부터 1990년대 사이, 약 30여 년 동안에 국가의 사회, 경제적 변화를 바탕으로 평등교육 및 교육자치제의 기반을 닦으며 오늘에 이른 것이다(Aho, Pikanen, & Sahlberg, 2006).

핀란드의 공교육체제는 취학 전 교육 단계, 초·중학교 교육 단계, 고등학교 교육 단계, 대학 교육단계 등 크게 네 단계로 이루어져 있다. 취학 전 교육단계는 5세 이하의 아동들을 대상으로 한 유아교육 과정과 6세 아동을 대상으로 한 예비학교(pre-primary school)교육 과정의 두 과정으로 이루어져 있다. 초·중학교 교육 단계는 종합학교(comprehensive school)에서 맡고 있는데, 우리나라의 초등학교와 중학교를 통합한 학교 형태로 9년제 교육과정이며, 만 7세에 입학하여 15세까지 교육받는다. 고등학교 교육 단계는 대학 입학을 준비하는 인문계고등학교와 직업교육을 실시하는 직업고등학교 둘로 나누어져 있고, 대학 교육 단계에서는 학문 연구에 초점을 둔 일반대학

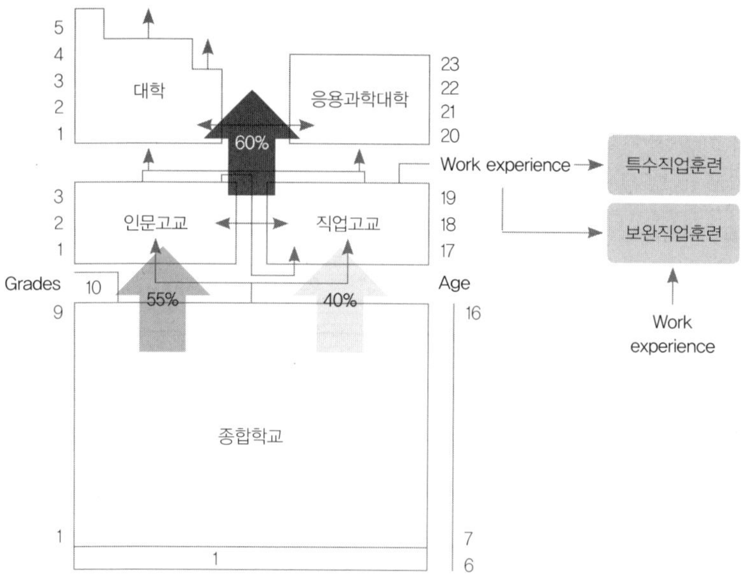

[그림 4-1] 핀란드 학제

* 출처: Finnish Minisrty of Education and Culture(2023a: 3).

(university)과 직업교육에 초점을 둔 응용과학대학(university of applied science)으로 나뉜다. 핀란드는 이러한 공교육체제 이외에도 학령기를 지난 국민들, 즉 성인대상의 교육이 발달된 나라인데, 성인교육은 어느 계층의 국민이나 모두 받을 수 있는 평생교육 과정이다(Finnish Ministry of Education and Culture, 2023a).

핀란드의 공교육체제에서는 일정 교육단계를 이수한 학생들에게 다음 단계의 교육을 받을 수 있는 자격이 주어지는데, 각 단계의 교육의 질은 「의회법(Act of Parliament)」의 규정에 의해 관리되고 있으며 학생의 권리도 보장되고 있다(European commission, 2009). 핀란드의 공교육체제를 그림으로 나타내면 [그림 4-1]과 같다.

[그림 4-1]을 바탕으로 좀 더 자세하게 핀란드 교육체제를 설명하면 다음과 같다. 우선, 핀란드에서 취학 전 교육은 대체로 2~6세 아동을 대상으로 하는데, 2~5세 아동은 유치원에서, 6세 아동은 예비학교에서 가르친다. 학부모 및 아동의 유치원이나 예비학교 교육 참여는 자율이지만, 각 지자체에서는 의무적으로 유치원과 예비학교 프로그램을 만들어 제공해야 한다(Finnish Ministry of Education and Culture, 2023a).

의무교육기간은 9년으로 7세부터 시작된다. 대부분의 아이들은 종합학교를 통해 이 과정을 이수한다. 핀란드 의무교육과정의 목표는 인간다움을 향한 아이들의 성장을 촉진하고, 사회 구성원으로서의 책임의식을 기르며, 삶에 필요한 지식과 기술을 갖추도록 하는 데 있다. 핀란드에서는 교육을 미래의 삶에서 스스로를 개발하고 발전시키는 데 필요한 지식과 기술을 획득하는 것으로 생각할 뿐만 아니라 사회적 평등을 촉진하는 과정으로 보기 때문에 '충분한 평등교육'이 이루어지도록 하는 데 힘을 쏟고 있다(European Commission, 2009: 22-28). 핀란드에서 의무교육과정에 해당하는 연령의 아동을 둔 부모들은 반드시 이 규정을 따라야 한다. 다만, 심리학적, 의학적 검사를 통해 학교에서의 생활 및 학습 역량을 갖추었다고 인정받은 아이는 1년 먼저 의무교육기관에 입학할 수도 있다. 마찬가지로 유사한 검사를 통해, 사정이 있는 경우, 1년 늦게 의무교육기관에 들어가기도 한다. 핀란드에서는 의무교육이라고 해서, 꼭 학교에 다녀야만 하는 것은 아니다. 집에서 하는 홈스쿨링을 통해서도 의무교육과정을 이수할 수 있으며, 이 경우 지자체에서는 학생의 학업 진행 상황에 대해 점검할 의무가 있다. 이와 같이 의무교육 대체 과정으로서의 홈스쿨링이 법적으로 허용되어 있기는 하지만, 실제적으로 홈스쿨링을 통해 의무교육을 이수하는 경우는 소수이다(European Commission, 2009: 22-23; Finnish Ministry of Education and Culture, 2023a).

의무교육을 마친 학생들은 학업을 계속할 수도 있고, 직업세계에 들어갈 수도 있지만, 사회적 분위기상 직업세계로 곧바로 들어가는 것을 권장하지는 않는다. 따라서 의무교육을 마친 학생들은 대부분 인문고등학교와 직업고등학교 중에서 본인이 선택한 학교에 진학을 한다. 인문고등학교 교육기간은 보통 3년인데, 타당한 이유가 있을 때에는 4년까지 연장할 수 있다. 인문고등학교를 마치면서 학생들은 대부분 대학교육을 위한 기본 자질을 평가하는 대학입학자격시험(Matriculation examination)을 치른다. 인문고등학교에서는 교육문화부에서 정한 기준을 토대로 자율적으로 학생을 선발한다. 핀란드 인문고등학교의 목적은 학생들이 교양과 인격, 기본의식을 갖춘 사회 구성원으로 성장할 수 있도록 돕는 것이며, 학생들의 다양한 개성과 흥미를 계발하고, 대학교육에 필요한 지식과 기술을 길러 주는 것이다(European Commission, 2009: 28). 또한 이 과정에서는 학생들에게 평생학습 및 미래의 자기개발을 위해 필요한 역량을 길러 주는 데 목적을 두고 있다.

의무교육을 마친 학생들이 진학하는 또 하나의 과정인 직업고등학교의 교육 연한은 3년이다. 직업고등학교의 교육은 학교교육과 현장교육으로 나누어지는데, 20학점

(6개월) 이상을 자신의 전공과 관련된 직업 현장에서 이수해야 한다. 한편, 직업기술을 어디에서 배웠느냐에 상관없이 능력기반자격시험(competence-based qualifications)을 통해 직업교육 이수를 인정받기도 한다. 다른 성인교육 훈련과 마찬가지로, 능력기반자격시험은 별도의 법에 의해 운영된다. 직업고등학교의 목표는 학생들에게 직업 역량을 갖추는 데 필요한 지식과 기술을 길러 주고, 미래의 삶과 발전을 위한 잠재 능력을 함양시켜 주는데 있다(European Commission, 2009: 29; Finnish Ministry of Education and Culture, 2023a). 인문고등학교나 직업고등학교를 마친 학생들은 모두 대학에 지원할 수 있다.

핀란드의 대학 교육은 크게 일반대학(University)과 응용과학대학(applied science of university)의 두 유형으로 이루어져 있다. 인문고등학교 출신 학생들은 대학입학자격시험을 통해 대학에서 공부할 수 있는 역량이 검증되고, 직업고등학교 학생들의 경우는 최소 3년간의 직업고등학교에서의 훈련 과정이 대학 진학의 요건이 된다. 응용과학대학에서 공부할 수 있는 역량은 고등학교 과정에서 길러지는데, 인문고등학교에서 받은 일반교육, 직업고등학교에서의 직업교육 등이 그 바탕이 된다. 직업고등학교 학생들도 일반대학에 입학할 수 있으나, 현재 일반대학에 입학하는 학생들의 대부분은 대학입학자격시험을 거친 인문고등학교 출신 학생들이다(Finnish Ministry of Education and Culture, 2023a).

성인교육은 시민들에게 각종 교육의 기회를 제공하고 생애 차원에서 필요한 자질을 갖출 수 있도록 하기 위한 교육 과정이다. 성인들은 자신이 원하는 경우, 젊은 학생들과 함께 일반교육기관에서 교육을 받을 수 있고, 성인교육을 위해 세워진 교육기관에서 교육받을 수도 있다. 일반대학이나 응용과학대학에서도 성인교육 프로그램을 제공하고 있으며, 강좌 선택 및 일체의 배움 과정은 성인 교육자 본인의 책임하에 이루어진다(European Commission, 2009: 29-30; Finnish Ministry of Education and Culture, 2023a).

한편, 핀란드는 그 어느 나라보다 평등교육을 잘 구현하고 있는 나라이다. 국제비교평가에서 핀란드의 학업성취도는 좋은 성과를 보이고 있는데, 그 대표적 원인으로 '평등교육 실현'이 꼽히고 있다(Grubb et al., 2005: 8). 핀란드의 모든 교육정책의 핵심목표는 핀란드 국민들이 나이, 성별, 지역, 언어, 경제적 형편 등에 상관없이 평등한 교육을 받을 권리를 제공하는 것이다(Nyyssola, 2005). 핀란드에서는 모든 국민이

의무교육 과정 이외에도 자신의 능력이나 필요에 따라 다양한 형태의 교육을 받을 수 있도록 기회를 보장해 주고 있으며, 경제적 어려움 때문에 교육받을 기회를 놓치지 않도록 철저히 보장해 주고 있다(European commission, 2009: 18; Finnish Ministry of Education and Culture, 2023a).

2) 교사교육

핀란드 국민들의 높은 수준의 삶의 질은 바로 우수한 핀란드 교육에 기인한 것이다(Clandinin & Husu, 2017; Loughran & Hamilton, 2016). 그렇다면 핀란드의 우수한 교육의 배경은 무엇일까? 핀란드가 수준 높은 교육을 하게 된 데에는 여러 가지 요인들이 복합적으로 작용했다고 볼 수 있다(Jakku-Sihvonen & Niemi, 2006; OECD, 2022; Simola, 2005; Sahlberg, 2011). 첫째, 핀란드는 오래 전부터 교육을 중시하는 전통과 문화를 가지고 있었다. 물론 다른 나라들도 대체로 교육을 중시하는 것은 일반적인 경향이지만, 핀란드는 유럽 내에서도 손꼽힐 정도로 교육을 중시하는 전통을 가진 나라이다(Simola, 2005). 즉, 교육을 중시하는 전통과 문화가 교육의 질을 향상시키는 중요한 기반이 되고 있는 것이다(Rinne, Kivirauma, & Simola, 2002). 둘째, 핀란드는 견고한 교육복지제도를 갖춘 나라이다. 어느 나라에서든 교육지원 체제는 교육의 질을 결정하는 중요한 요소가 된다(Houtsonen et al., 2010). 핀란드에서는 교육의 책임이 개인보다도 국가에 있는 것으로 보고(Aho, Pitkanen, & Shahlberg, 2006), 국가가 주도적으로 교육을 이끌어 가고 있다. 핀란드에서는 초등학교에서부터 대학 교육까지 모든 과정을 국가가 무상으로 지원해 주고 있으며, 학생들이 교육을 받는 데 필요한 보조 자료 및 대학생들에게는 생활비까지 지원해 주고 있다. 즉, 핀란드는 개인 및 가정의 재정 형편에 상관없이 본인의 의지와 노력만 있으면 누구든지 배울 수 있는 체제를 갖추고 있는 교육복지국가이다. 잘 갖추어진 교육지원 체제가 교육의 질을 향상시키는 중요한 기반이 될 수 있다. 셋째, 핀란드는 우수한 교사를 확보하고 있다는 점이다. 교육의 질은 교사의 질을 능가할 수 없다는 말이 있듯이 질 높은 교육을 위해 우수한 교사의 확보는 필수 요소라고 할 수 있다(Lassonde, Michael, & Rivera-Wilson, 2008). 핀란드 교사의 질은 자타가 인정하고 있는 세계 최고 수준이다(OECD, 2022; Sahlberg, 2011). 이러한 요소들 이외에 평등의식, 약자에 대한 배려, 협동과 협력 문화, 신뢰 정신, 합리적인 교육정책 운영 등도 핀란드 교육 성공의 배경 요인이 되고 있다(European Commission, 2009; Simola, 2005; Tatto & Menter, 2019).

결국 핀란드는 여러 요인들이 복합적으로 작용하여 교육 성공을 이뤄낸 나라라고 할 수 있다. 교육의 성공을 위해 여러 요인들이 잘 갖추어지는 것은 중요하지만, 그 중에서도 교사 요인은 핵심적인 요인이다(Darling-Hammond, 2009). 다른 제반 여건이 잘 갖추어졌음에도 불구하고 우수한 교사를 확보하지 못한다면 그 나라 교육은 결코 성공할 수 없을 것이다. 실제로 핀란드인들 스스로 자신들의 교육 성공의 핵심을 교사로 보고 있다(Krzywacki, Maaranen, & Lavonen, 2011).

그렇다면 핀란드는 어떻게 우수한 교사를 확보할 수 있었는가? 우수한 교사를 확보하는 요인은 매우 다양하다(Murphy, 1995). 다양한 요인들 중에서 역량을 갖춘 인재들이 교사양성기관에 들어오게 하고, 이들에게 우수한 교사교육을 시키며, 질 높은 교원 현직교육 체제를 갖추는 것이 핵심적인 요소라고 할 수 있다(Cochran-Smith & Zeichner, 2005). 즉, 우수한 자원과 우수한 교사교육이 수준 높은 교사를 확보하는 핵심적인 요인이다. 핀란드는 우선 해당 연령대에서 학업성취 상위 10% 안에 드는 학생들이 교사양성기관에 들어오고 있는데(Finnish Ministry of Education and Culture, 2023a; Sahlberg, 2011), 이는 기본적으로 우수한 학생들이 교직의 길로 들어서고 있음을 보여 주고 있다. 그런데 아무리 우수한 자원이 교사양성기관에 들어와도 제대로 된 교사교육을 받지 못하면 우수한 교사가 되는 데에 한계가 있다. 우수한 자원 못지않게 우수한 교사교육은 수준 높은 교사를 길러 내는 데 중요한 요소이기 때문이다(Feiman-Nemser, 1990). 핀란드 교사교육을 좀 더 구체적으로 설명하면 다음과 같다.

(1) 핀란드 교사교육 철학 및 목적

핀란드에서 교사교육은 1863년 Jyväskylä 대학의 세미나에서 시작되었다(Department of Teacher Education at University of Jyväskylä, 2023: 2). 당시에 이 세미나의 목적은 초등학교 교사들을 교육시키기 위한 것이었다. 1860년대부터 지속적으로 교사양성교육에 대한 논쟁이 있어 왔는데, 그 논쟁은 '교사 교육과정의 목표'와 '가르치는 내용'에 대한 것이었다. 이 논쟁들은 오늘날까지도 이어지고 있다(Tatto & Menter, 2019). 그 논쟁의 주된 주제는 교사양성교육이 실제적인 것에 중심을 두어야 하는지, 이론적인 것에 중심을 두어야 하는지와 관련이 있다(Jakku-Sihvonen & Niemi, 2006). 많은 논쟁을 거치면서 핀란드에서는 교사교육에 있어 이론과 실제의 조화 및 통합이라는 전통을 수립할 수 있었다(Simola, 2005; Tatto & Menter, 2019).

1970년대에 들어와서는 교사교육이 학문적(academic)이고 과학적인 것으로 지위를 인정받기 위해 노력했는데(Sahlberg, 2007), 그 결과 교사교육학과가 1974년부터 종합대학 내의 정식 학위(학과)과정으로 설치되게 되었다(Jakku-Sihvonen & Niemi, 2006). 초등교사가 되기 위한 과정은 교육학 전공으로 이수하도록 하였고, 중등교사가 되고자 하는 학생들은 자신의 일반전공에서 학위를 취득하고 더불어 부전공으로 교사양성과정인 교과교육학(subject study in education) 과정을 이수하도록 하였다. 그리고 초 · 중등 교사양성과정 모두 철저한 연구 기반의 토대 위에서 이루어지고 있다(Krzywacki, Maaranen, & Lavonen, 2011). 그리고 교사를 양성하는 교사교육학과는 모두 석사학위과정으로 이루어지고 있다.

2023년 현재 핀란드에는 종합대학교가 16개가 있는데, 이 중에서 11개 대학에 교사교육학과가 설치되어 교사를 양성하고 있으며, 이와는 별도로 성인교육을 위한 교사를 양성하는 대학(Kokkola대학) 1곳과, 스웨덴어를 사용하는 학생들을 가르치는 교사를 양성하는 대학(Vaasa대학)이 1곳 있다(Finnish Ministry of Education and Culture, 2023a).

이들 핀란드 교사교육학과는 보다 분명한 교사교육 철학과 목표를 가지고 교사를 양성하고 있다(Tatto & Menter, 2019). 한 예로 핀란드 수도에 있는 헬싱키대학교 교사교육학과[2] 사례를 살펴보고자 한다. 헬싱키대학교 역시 핀란드 대학의 전반적인 교사교육 방향의 토대 위에서 핀란드 사회에 필요한 교사와 교수학습 분야 전문가를 길러 내는 것을 목적으로 하고 있다(Department of Education at University of Helsinki, 2023). 이 학과에서는 교사양성과정에서 교육에 관한 다학문적 접근을 하고 있으며,

2) 헬싱키대학교에서는 전통적으로 교육학과(Department of education)와 교사교육학과(Department of teacher education)가 나뉘어져 있었는데, 교육 분야의 종합과학을 추구한다는 취지에서 2020년부터 두 학과를 통합하여 교육학과(Department of education)로 운영하고 있다(Department of Education at University of Helsinki, 2023). 그런데 헬싱키대학교 내에서 교육학과로 통합되어 있음에도 불구하고 교사교육 프로그램은 독립적, 체계적으로 운영되고 있으며, 핀란드 내 다른 대학들은 여전히 교사교육학과(Department of teacher education)를 독립적으로 운영하고 있는 점을 고려하여, 교사교육에 한정하여 논의하는 이 절의 특징에 따라 헬싱키대학교 '교사교육학과'라는 용어를 사용하고자 한다. 따라서 이 절에서의 헬싱키대학교 교사교육학과는 헬싱키대학교 교육학과 내의 교사교육 프로그램을 지칭한다.

지적 혁신을 통한 글로벌 리더 학과로서의 위상을 추구하고 있다. 헬싱키대학교 교사교육학과의 목표는 다음과 같다.

> 본 교사교육학과는 거시적으로는 핀란드 국가의 안녕(well-being) 및 평등한 사회를 이루는 데 필요한 교사를 길러 내는 데 목적이 있다. 그리고 교사교육학과에서는 다문화사회, 세계화, 경제 여건의 변화 등 사회 환경 변화에 능동적으로 대응할 수 있는 교사를 길러 내고자 하며, 사회나 국가의 구체적인 교육적 필요를 반영하여 운영하고 있다.
>
> 이를 위해 본 학과에서는 학과에서 수행한 다양한 연구와 밀접한 연계 가운데 교사교육 프로그램을 운영하고 있다. 연구 결과들은 국가 교육의 발전 및 평생학습의 실현, 아동의 전인적 성장을 위해 매우 중요한 기반이다. 본 교사교육학과에서 추구하는 가치는 1) 융합학문, 2) 다문화주의, 3) 연구 기반, 4) 비판적 성찰, 5) 혁신, 6) 사회 참여, 7) 세계화, 8) 지속 가능한 발전의 촉진 등이다(Department of Education at University of Helsinki, 2023: 3).

(2) 핀란드 교사교육 교육과정

핀란드는 교사양성교육에 있어 학교급에 따른 교원자격, 교사양성교육 연한 등 기본적인 영역은 국가 차원에서 규정하고 있으나, 교원교육의 내용, 교원교육기관의 구성, 교원교육 교육과정 개발 및 운영 등은 각 대학의 자율과 책임 하에 이루어지고 있다(Finnish Ministry of Education and Culture, 2023a). 따라서 각 대학에서는 나름대로의 철학과 이념, 여건을 바탕으로 교사교육 프로그램을 운영하고 있다(Department of Education at University of Helsinki, 2023).

이 절에서는 핀란드에서 가장 대표적인 교사양성기관인 초등교사양성 교육과정은 헬싱키대학교의 사례를, 중등교사양성 교육과정은 위바스킬라대학교의 사례를 중심으로 살펴본다. 아울러 교육실습 과정은 본래 교사양성 교육과정에 포함되어 있기 때문에 교육과정 내에서 논의가 이루어져야 하나, 핀란드 교사양성 교육과정에서 교육실습의 강조 및 중요도가 매우 높기 때문에 별도의 소절을 구성하여 논의한다.

① 초등교사양성 교육과정: 헬싱키대학교 사례

핀란드의 초등교사는 핀란드의 각 종합학교에서 1~6학년을 맡아 가르치는 교사이다. 아울러 이들은 학급관리나 학교관리 등 학교 운영과 관련된 일들도 일부 담당하기 때문에, 행정 및 운영과 관련된 전문성도 갖추고 있어야 한다. 초등교사 혹은 초등교사 교육과정에 있는 예비 교사들이 7~9학년을 가르치기 위한 자격을 얻기 위해서는 중등교사교육 과정을 부전공으로, 혹은 추가로 이수하면 된다(Autio, 2015).

헬싱키대학교 교사교육학과 초등교사양성과정은 5년 석사학위 과정으로 이루어져 있는데, 예비 교사들에게 자신의 과업을 스스로 개발하고 다른 교사들과 소통할 수 있는 교수학습 역량을 길러주는 데 목적이 있다. 아울러 예비 교사들에게 교육적 사고 역량을 길러 주며 연구자로서의 교사로 성장해 갈 수 있도록 지원해 준다. 학교 현장에서 다양한 학생들을 다룰 줄 아는 역량과 실천적 지식 역량을 길러 주는 것도 중요한 목표 중의 하나이다(Department of Education at University of Helsinki, 2023: 2).

헬싱키대학교 교사교육학의 초등교사양성과정에 있는 학생들의 주전공은 '교육학' 혹은 '교육심리학'이며, 특별히 다문화교육 분야로 특화시켜 배울 수도 있다(Department of Education at University of Helsinki, 2023: 4-10). 교육학이 주전공인 학생들은 교육의 문화적, 심리적, 교수학적, 연구적 기반(foundation)에 대해 배운다. 연구기반을 강조하는 이유는 예비 교사들로 하여금 자신의 교육활동에 대해 직접 연구하고, 교육적 의사결정을 수행하며, 교육지식을 비판적으로 활용하고 생산하도록 하기 위해서이다. 즉, 교사로서 학교교육활동을 분석하고 개념화할 수 있는 역량을 길러 주는 것이 목표이다(Jakku-Sihvonen & Niemi, 2006).

주전공을 교육심리학으로 삼는 학생들은 교사교육과정에서 집단 구성원으로서의 역량, 상호작용 기법, 학습, 성장 및 발달, 학교 삶의 실제와 연계된 교육과정 구성 및 학습, 연구 역량 등을 배우고 갖춘다. 교육심리학 전공 과정에서는 팀을 이루어 수행하는 학습을 매우 강조한다. 이를 통해 예비 교사들이 독립적이며, 목표지향적인 교사로 성장해 가도록 돕고자 한다(Department of Education at University of Helsinki, 2023).

다문화교육 프로그램을 이수한 예비 교사들은 특별한 역량을 갖춘 것으로 인정받고 다문화 학생들이 있는 학교에서 근무하게 된다. 이 과정에서는 예비 교사들에게 다문화 학생들을 가르칠 수 있는 문화적 민감성을 길러 주고자 노력한다. 문화적 상호작용 역량, 다양한 문화에 대한 이해와 관점 등을 함양시키는 데 초점을 두고 있으며, 다문화 교사교육과정을 마친 학생들의 주전공은 '교육학' 전공으로 인정받는다(Department of Education at University of Helsinki, 2023: 8). 헬싱키대학교 교사교육학과 초등교사양성과정에는 해마다 약 120명 정도의 학생들이 입학하는데, 이 중에 90명 정도는 교육학 전공과정을, 10명 정도는 교육심리학 과정을, 20명 정도는 다문화교육과정을 이수한다(Department of Education at University of Helsinki, 2023: 3).

이러한 목표와 내용을 기반으로 하여 이루어지고 있는 헬싱키대학교 교사교육학과 초등교사양성과정의 교육과정을 제시하면 〈표 4-1〉과 같다(Department of Education at University of Helsinki, 2023: 5-6).

표 4-1 헬싱키대학교 교사교육학과 초등교사양성 교육과정

구분	과목	학점 수	비고
의사소통 및 기본역량(25학점)	언어 및 의사소통	14	
	정보와 의사소통 기술	3	
	미디어교육 입문	3	
	교육과정 수립 기초	5	
주전공(140학점)	교육의 문화적 기초	15	
	교육의 심리학적 기초	15	
	교직학	20	
	교육연구	70	
	교육실습	20	
부전공(60학점)	모국어 및 문해 교육	8	
	수학교육	7	
	예술 및 기술 교육	13	
	인문과목 교수법	6	
	환경 및 자연과학과목 교수법	12	
	선택과목	14	
일반선택과목(75학점)	일반선택과목	75	
총계		300	

*1학점은 강의와 개인 및 집단학습을 포함하여 약 27시간의 학습과정에 해당한다.

앞의 표에서 나타나는 것처럼 헬싱키대학교 교사교육학과 초등교사양성과정의 교육과정은 크게 의사소통 및 기본역량 영역, 주전공 영역, 부전공 영역, 일반선택과목 영역 등 네 영역으로 구성되어 있다. 그리고 이 과정은 총 300학점으로 평균적으로 1년에 60학점 정도씩 5년에 걸쳐 이수하게 된다.

각 영역 중에서 주전공 영역이 140학점으로 가장 비중이 높은데, 이 중에 '교육연구' 학점(70학점)을 어느 분야로 이수하느냐에 따라 학생들의 주전공이 '교육학 전공', '교육심리학 전공' 등으로 나뉜다. 그리고 부전공 과목은 각 교과와 관련된 과목으로 이 부전공 과목 이수는 초등 예비 교사들에게 중등교사 자격을 취득하기 위한 기반이 되기도 한다. 즉, 부전공 과정을 이수하고 교과 분야에서 추가로 학점을 더 이수하면 중등교사 자격을 얻을 수 있다. 일반선택과목은 교사교육학과가 아닌 타 학과에서 제공하는 과목들을 이수하는 것인데, 예비 교사들에게 교육 분야 이외의 다양한 분야의 학문을 접할 수 있는 기회가 되고 있다(Department of Education at University of Helsinki, 2023: 11).

② 중등교사양성 교육과정: 위바스킬라대학교 사례

핀란드에서 중등교사양성 교육과정은 대학마다 약간의 차이는 있지만 거의 유사하다고 할 수 있는데, 대체로 교과내용학, 교직학, 교육실습 등 셋으로 구성된다. 교과내용학은 교사교육학과가 아닌 일반 전공학과에서 담당하며, 교직학은 교사교육학과에서, 교육실습은 부설 교사훈련학교(teacher training school)에서 담당한다. 초등교사의 경우에는 교사교육학과에서 교육학을 주전공으로 이수하고 일반학과에서 부전공을 이수하는 반면, 중등교사의 경우에는 일반학과에서 전공이 주전공이고, 교사교육학과에서는 교사교육 프로그램을 이수한다(Finnish Ministry of Education and Culture, 2023a).

위바스킬라대학교의 중등교사 교육과정은 5년 석사학위 과정으로, 이 중에서 교과내용학 과정은 일반학과에서 이수하고 교직학을 교사교육학과에서 이수 하는데, 교직학 과정은 1년간의 풀타임 과정이다. 교과내용학 과정은 일반학과에서 철저히 일반학문의 관점과 방향에서 이루어지고 있으며 교사교육학과의 교직학 과정과는 별도로 진행된다(Department of Teacher Education at University of Jyväskylä, 2023).

위바스킬라대학교 교사교육학과 중등교사양성과정에서 예비 교사들은 교직학

표 4-2 위바스킬라대학교 교사교육학과 중등교사양성과정 교직학 교육과정

구분		과목	학점	비고
교직학 기초	교육자의 길 입문	• 교육 입문	5학점	
교직학 기초	교육자의 길 입문	• 교육에 있어 심리적 기초	5학점	
교직학 기초	교육자의 길 입문	• 교육에 있어 사회적 기초	5학점	
교직학 기초	교사의 길 입문	• 성장 및 학습 지도	5학점	
교직학 기초	교사의 길 입문	• 교육실습 안내	5학점	
교과교육학	교과교육학 일반	• 그룹 내에서의 개인의 발달	6학점	
교과교육학	교과교육학 일반	• 학습조직 및 학습지도	7학점	
교과교육학	교과교육학 일반	• 교육철학 및 교직윤리	4학점	
교과교육학	교과교육학 일반	• 연구방법론 및 의사소통	3학점	
교과교육학	교과교육학 일반	• 기초교육실습(교사훈련학교)	5학점	
교과교육학	교과교육학 일반	• 심화교육실습(일반학교)	7학점	
교과교육학	선택과목(택1)	• 응용교육실습(교사훈련학교)	3학점	
교과교육학	선택과목(택1)	• 특수분야 교육실습	3학점	
합계			60학점	

을 1년간 풀타임으로 이수해야 한다. 이 과정은 총 60학점인데, 교직학 기초 25학점(교육실습 안내 5학점을 포함), 교과교육학 35학점(교육실습 15학점 포함)으로 구성되어 있다. 좀 더 구체적인 교육과정 내용은 〈표 4-2〉와 같다(Department of Teacher Education at University of Jyväskylä, 2023: 7).

교직학 기초 과정을 통해서 예비 교사들은 학교 환경 및 다양한 교육적 관점에 대하여 배우게 된다. 이 과정은 교육학부의 일반적인 과정 및 과목으로 이루어진다. 교과교육학 과정은 교과 학습과 관련하여 다양한 관점에서 배우는 과정이다. 교과교육학 과정의 목표는 예비 교사들로 하여금 교과학습의 다양한 형태 및 학습 과정에 대해 종합적으로 이해하도록 하는 데 있다(Department of Teacher Education at University of Jyväskylä, 2023: 3).

위바스킬라대학의 중등교사교육 프로그램에서는 교사의 교수법과 관련하여 각기 다른 교육기관에서도 가르칠 수 있는 다학문적 자질(multidisciplinary qualification)을 함양하고자 하며, 교육, 가르침, 배움 등에 관한 지식뿐 아니라 교과목의 내용지식까지도 교육 안에서 통합시킬 수 있는 방향을 지향한다. 또한, 예비 교사들에게 사색적

이고 문답적이며, 실용적인 활동을 통해서 자신의 교육철학을 계발하고 정립하도록 해 주는 것 또한 중요한 목적으로 삼는다(Department of Teacher Education at University of Jyväskylä, 2023: 10).

이 과정에서는 예비 교사들에게 교사의 교직 발전은 평생 동안 이루어지는 것임을 이해하게 하고, 평생교육 차원에서 그 역량을 기를 수 있도록 안내하고 있다. 아울러 사회 변화의 흐름 및 사회 변화와 학교 변화의 관계에 대해서도 다룬다. 이를 통해 예비 교사들이 교사로서 자신을 지속적으로 발전시키는 방법을 습득하도록 하고 있다(Jakku-Sihvonen & Niemi, 2006).

위바스킬라대학교 교사교육학과에서 중등교사양성과정을 이수하는 경로는 크게 세 가지가 있는데, ⓐ 입학 당시부터 일반 전공과목과 교직학 과목 이수를 병행, ⓑ 2학년 이후에 교직학 이수자로 선발되어 이수, ⓒ 일반 전공에서 석사학위를 마치고 나서 교직학 과정에 지원하여 이수하는 방법 등이다. 이 중에서 주로 두 번째와 세 번째 과정을 통해 많은 학생들이 중등교사양성과정을 이수하고 있다(Department of Teacher Education at University of Jyväskylä, 2023).

한편, 핀란드에서는 초등교사양성과정뿐만 아니라 중등교사양성과정에서도 다문화교육의 비중을 점차 넓혀 가고 있는데(Finnish Ministry of Education and Culture, 2023a; Sahlberg, 2007), 위바스킬라대학교도 마찬가지이다. 다문화교육 과정은 대체로 부전공 과정으로 개설되는데, 부전공 과정은 25학점, 5개 과목으로 구성되며, 문화, 정체성, 세계화, 다양성, 다른 학습자, 다문화 그룹, 제2외국어로서의 핀란드어 등으로 이루어져 있다. 그리고 이 과정에서 선택 과정으로 다문화 음악, 미술, 공예 등의 과목이 개설되어 있다(Department of Teacher Education at University of Jyväskylä, 2023).

두 대학의 교사교육 교육과정 분석을 통해 나타난 특징은, 첫째, 각 교과 전공별로 분리된 교육과정을 운영하지 않고 교과 통합형 교육과정을 운영하고 있다는 점, 둘째, 초등교사양성 교육과정에서 주전공 과정과 부전공 과정을 함께 편성하고 있다는 점, 셋째, 중등교사양성과정에서 좀 더 세분화되고 체계화된 교직학 과목을 편성하여 운영하고 있다는 점, 넷째, 초등교사양성과정 및 중등교사양성과정 모두에서 다문화교육 프로그램의 비중을 높여가고 있다는 점 등이라고 할 수 있다.

(3) 교육실습

① 교육실습 프로그램

핀란드의 교사양성과정에서는 교육실습을 매우 중요하게 여긴다. 핀란드 각 대학의 교사교육학과에서는 교육실습을 위한 다양한 환경을 구축하고 있으며, 학교 밖의 공동체와도 긴밀하게 연계하고 있다(Department of Teacher Education at University of Jyväskylä, 2023). 핀란드 교사양성과정에서 교육실습은 연구 수행과 긴밀하게 연계된다. 교육실습과정 중에 연구 수행을 위해서 다양한 곳을 방문하기도 한다. 연구에 의한 학습은 교육 이슈에 접근하는 자연스러운 방식이다. 예비 교사들은 실습을 통해 대학에서 배운 이론 지식을 실천해 볼 뿐만 아니라, 연구 수행의 경험과 기술을 익히기도 한다. 다른 사람의 배움을 안내할 수 있는 역량을 기르는 것이 교육실습의 핵심 목표이다(Krzywacki, Maaranen, & Lavonen, 2011).

예비 교사들은 교육실습과정을 통해, 동료 예비 교사, 지도교사, 학생 등과 상호작용 및 협력을 배워 나간다. 교육실습은 풀타임 과정이다. 교육실습을 통해 예비 교사들은 학습자들의 필요와 요구에 반응하는 방법, 자신의 교육철학 점검, 다양한 교육방법 및 교육공학 기법 등을 활용하며 배운다. 교육실습과정은 토론, 현장방문, 협동작업, 시뮬레이션, 대화 등 다양한 방법을 활용하여 이루어진다. 그리고 교육실습과정에서 지도교사는 예비 교사들에게 포트폴리오를 만들도록 안내하며, 교육실습과정에 활용하도록 한다. 핀란드 대학의 교사양성과정에서 교육실습 프로그램은 대학별로는 큰 차이가 없이 거의 유사하다고 할 수 있는데, 위바스킬라대학교 교사교육학과의 교육실습 프로그램을 살펴보면 다음과 같이 네 과정으로 이루어져 있다(Department of Teacher Education at University of Jyväskylä, 2023: 7-11).

ⓐ 교육실습안내 : 5학점, 대학에서 이수
ⓑ 기초교육실습 : 5학점, 교사훈련학교에서 이수(7~8주)
ⓒ 심화교육실습 : 7학점, 일반학교에서 이수(7~8주)
ⓓ 응용교육실습 : 3학점, 교사훈련학교에서 이수(7~8주)

교육실습안내는 교육실습의 기초 및 이론을 대학에서 교수들로부터 배우는 과정이고, 기초교육실습은 교사훈련학교에서 수업참관 및 지도교사로부터 수업에 대한 전문적인 안내와 조언을 받는 과정이며, 심화교육실습은 일반학교에서 이루어지는데 수업 및 학급 운영에 대해 익히는 과정이고, 응용교육실습은 주로 교사훈련학교에서 이루어지는데 연구 기반 관점에서 자신의 수업 시연 및 분석을 통해 수업에 대해 보다 심층적으로 이해를 도모하는 과정이다.

헬싱키대학 교사교육학과에서도 위바스킬라대학교와 비슷한 체제로 교육실습 프로그램을 운영하고 있으며, 개인적인 학습계획과 포트폴리오를 작성하도록 하고 있다(Department of Education at University of Helsinki, 2023). 예를 들어, 초등교사양성과정에 있는 학생들은 1학년 때 학습의 계획을 짜고 3, 5학년 때는 그 계획을 업데이트해서 자신만의 포트폴리오를 만들어서 학습법과 교수법에 대한 전문성을 신장시키기 위해 노력한다. 즉, 스스로 자신이 개발할 것들과 도전할 것들을 찾아 목표를 세우고 개발시켜 나가며, 그 결과와 과정을 포트폴리오를 통해 축적한다. 그리고 이 포트폴리오 과정은 교직에 대한 연구의 한 부분이 되기도 한다(Jakku-Sihvonen & Niemi, 2006; Department of Education at University of Helsinki, 2023: 11). 핀란드 교육실습과정에서 가장 중요한 세 가지 요소는 이론, 실습, 경험이다. 교사교육의 목적이 바로 이 세 가지 요소와 이 요소들 간의 관계를 탐구, 정립하는 것이다(Autio, 2015). 이 세 가지 요소가 교사양성과정에 있는 모든 과목의 핵심 기반이 된다. 그리고 교육실습과정은 이 세 요소의 통합을 실제로 구현하는 과정이다.

② 교사훈련학교

핀란드에서는 교사양성교육을 담당하고 있는 모든 대학에서 교육실습을 전문적으로 담당할 교사훈련학교를 설치하여 운영하고 있다. 헬싱키대학교 역시 2개의 교사훈련학교를 두고 있는데, 그중에 Helsingin normaalilyseo Teacher Training School 은 종합학교 7~9학년과 인문고등학교 과정을 설치하여 운영하고 있다. 7~9학년 종합학교에는 300명, 인문 고등학교에는 240명의 학생들이 재학하고 있다(University of Helsinki, n.d.). 인문고등학교 과정에는 핀란드 전역으로부터 81개 지역에서 학생들이 오고 있으며, 종합학교는 주로 헬싱키 남부지역 학생들이 들어오고 있다. 이들 종합학교와 인문고등학교는 한 건물에 함께 위치해 있다. 종합학교의 학급당 학생 수는 20~30명 정도이고, 인문고등학교의 과목당 학생 수는 15~20명 정도이다

(Department of Education at University of Helsinki, 2023).

위바스킬라대학교 역시 University of Jyväskylä Teacher Training School이라는 교사훈련학교를 설치하여 운영하고 있다. 이 학교는 1~9학년 과정의 종합학교로서, 90여 명의 교사와 10여 명의 행정 인력이 배치되어 있으며, 학생들은 약 940여 명이 재학하고 있다(Jyväskylän normaalikoulu, n.d.). 이 학교에서는 기본적인 초등교육과 중등교육과정을 운영하고 있으며, 연구를 기반으로 한 실용적인 교육을 실시하고 있다. 이 학교는 위바스킬라대학교의 교사교육학과뿐만 아니라 다양한 학부 및 외부기관과 긴밀하게 연계되어 있다.

이와 같이 핀란드에서는 교사양성기능을 담당하고 있는 모든 각 대학에 부설로 교사훈련학교가 설치되어 있는데, 이 교사훈련학교의 교사들은 교육실습 지도 전문성을 갖춘 교사들이다. 이들은 선발과정부터 교육실습 지도 역량을 점검하며 자체연수 및 대학과의 연계를 통해 끊임없이 전문성을 높여가고 있다(Finnish Ministry of Education and Culture, 2023a).

교사훈련학교는 또한 다양한 국가의 교육계획 및 대학의 연구 등과 관련하여 협력이 이루어지는 협력학교이기도 하다. 그리고 교사양성과정에 있는 학생들의 연구의 장이기도 하며, 연구 협력 파트너이기도 하다. 예비 교사들은 이 교사훈련학교에서의 경험을 바탕으로 학생들의 학습 환경, 다양한 학습 관점, 학생의 개인 지식 등을 이해하고 개발한다(Finnish Ministry of Education and Culture, 2023a; Shalberg, 2011).

3. 교육행정제도

핀란드의 교육행정은 전통적으로 강력한 중앙의 관리와 통제하에 이루어져 왔는데, 1980년대 「학교법」이 개정된 이후, 지자체 및 지역교육기관들의 의사결정 권한이 증대되었다(Sahlberg, 2011). 정부기관들에 의한 지방의 교육행정에 대한 통제도 급격하게 줄어들어, 지방의 교육 및 문화행정은 이제 상급 기관의 통제를 거의 받지 않게 되었다. 지방의 교육 및 문화행정 담당자에 대한 자격 요건도 각 지역에서 자체적으로 정할 수 있도록 하였으며, 교장 직위를 포함하여 의무적으로 두어야 하는 행정 직위들도 폐지할 수 있도록 하였다(Hargreaves, Halasz, & Point, 2007). 아울러 핀란드의 지방행정 시스템에서는 일반행정과 교육행정이 통합되어 있어 교육을 위한 정부 교부금이 사회, 건강 등 다른 분야의 교부금과 통합 지원되고 있다. 핀란드에서 지자체 간의 통합도 가속화될 것으로 예상되는데, 2008년 342개이던 지자체가 2019년 311개로 줄었으며, 향후에도 소규모 지자체들 간의 지속적인 통합이 이루어질 예정이다(Association of Finnish Local & Regional Authorities, 2019). 핀란드 교육행정제도를 각 행정단위별로 소개하면 다음과 같다.

1) 큰 그림을 그리는 중앙교육행정기관

핀란드 교육정책은 「교육법」에 기반을 두고 각종 계획 및 연구보고서, 정부예산 등을 토대로 수립된다. 교육 분야 교육정책 수립 과정에서 토대가 되는 주요 보고서는 '교육 및 연구 개발 계획'(Development plan for education and research)이다. 이 보고서는 정부의 승인을 받은 보고서이며, 6년간의 국가 교육 개발 및 계획을 담고 있다. 현재의 보고서는 2019년에 승인받은 것이며, 2019~2024년도 개발 계획이다. 이 보고서에는 교육 및 연구 계획, 자원배분 계획, 각 단계 및 각 분야별 교육계획 등이 담겨 있다(Finnish Ministry of Education and Culture, 2023a).

교육정책 수행의 중앙단위 담당기관은 교육문화부(Ministry of Education and Culture)와 국가교육청(Finnnish National Agency of Education)이다. 교육문화부는 교육 분야의 최고 권위기관이며 핀란드의 모든 공교육에 대해 책임을 지는 기관이다. 교육문화부는 교육과 연구를 관할하는데 교육 관련 법률 준비, 의사결정, 예산 배분 등의 역할을 맡는다(Finnish Ministry of Education and Culture, 2023a). 핀란드에서 초·중등교육은 지자체 소관인데, 고등교육인 일반대학과 응용과학대학은 교육문화부가 관할하고 있다. 아울러 교육문화부는 문화, 종교, 청소년, 스포츠 분야 등도 함께 관장한다. 교육문화부가 관할하고 있지 않은 외부의 주요 교육 분야는, 아동보육(사회복지건강부), 군사훈련(국방부), 경찰 및 소방·재난구조요원 훈련(내무부) 등이다. 교육문화부의 과업 수행을 지원해 주는 전문가 단체들도 있는데, 대표적 기관으로는 성인교육위원회, 고등교육평가위원회, 핀란드교육평가위원회, 국가교육훈련위원회, 국가스포츠위원회, 청소년복지자문위원회 등이 있다(European Commission, 2009: 23; Finnish Ministry of Education and Culture, 2023a).

핀란드에서는 특징적으로 교육정책 연구 및 개발과 관련하여 중요한 역할을 하는 기관은 국가교육청인데, 국가교육청은 교육문화부와 긴밀한 연계 가운데 과업을 수행하고 있다. 국가교육청은 고등교육을 제외한 초·중등교육 및 성인교육 분야의 국가수준 교육정책 연구 및 개발기관이다. 국가교육청에서는 교육문화부와의 수행협약에 따라 초·중등교육 및 성인교육 분야의 교육목적, 교육내용, 교육방법 등을 연구·개발한다. 또한 국가교육청에서는 국가핵심교육과정(National core curricula), 각종 자격기준(requirements of qualifications)을 제정하며, 학습결과에 대한 평가를 수행한다. 또한 교육정책 수립과 관련하여 교육문화부를 돕는 역할도 수행한다. 국가교육청은 운영위원회에 의해서 운영이 되는데, 운영위원회는 교육기관, 자치단체, 교사단체, 사회기관 등을 대표하는 전문가들로 구성되어 있다. 국가교육청의 교육문화부와의 협약기간은 3년이며 매해 운영 협의를 하고 있다(Finnish Ministry of Education and Culture, 2023a).

2) 조정 역할의 거점 교육행정기관

핀란드에는 2023년 기준으로 6개의 지역거점행정기관(Regional state administrative agencies)이 있는데, 2010년 1월부터 통합 운영되고 있다. 이 기관에서는 이전의 국가지방사무소(state provincial offices), 직업 건강 및 안전 관리소(occupational health and safety districts), 환경관리소(environmental permit agencies), 지역환경센터(regional environmental centres) 등에서 담당했던 업무들을 통합하여 관장하고 있다(Association of Finnish Local and Regional Authorities, 2019).

또한 전국에는 15개의 '경제개발·교통·환경 센터(Centres for economic development, transport and environment)'가 있는데, 이 기관들 역시 이전의 여러 기관에서 담당했던 업무를 통합해서 담당하고 있으며, 지자체의 관련 부서들과 긴밀하게 협력하여 운영되고 있다. 이 기관들은 각 지역의 노동, 교육, 문화, 교통, 환경 등과 관련하여 다양한 활동을 조정·촉진하는 역할을 하고 있다. 이러한 거점기관의 설치 목적은 각 지자체 간의 균형 잡힌 개발 및 발전을 도모하는 데 있다(Centres for economic development, transport and environment, 2023).

3) 실질적 교육운영의 주체인 지방행정교육기관

핀란드에서 지방행정은 지자체가 맡고 있는데, 앞에서 언급한 바와 같이 일반행정과 교육행정이 통합되어 있다. 지자체는 자치정부이며 세금 부과권을 가지고 있고, 지자체의 운영과 행정은 「지방정부법」에 기반을 두고 있다. 핀란드에는 앞에서 언급한 대로 2019년을 기준으로 전체 311개의 지자체 중에서 1/3 정도가 도시지역에 위치해 있다. 각 지자체에서 최고의사결정 권한은 지자체의회(municipal council)가 가지고 있는데, 지자체의회 위원은 보통선거를 통해 선출된다. 지자체 행정부는 「지방정부법」에 있는 행정 및 재정에 관한 규정을 토대로 지자체 의회에서 구성한다(Association of Finnish Local & Regional Authorities, 2019).

지자체의 교육서비스에 관한 행정도 「지방정부법」의 규정에 따라 이루어진다. 핀란드어와 스웨덴어를 함께 사용하는 지자체에서는 각 언어를 사용하는 행정기구를 분리하여 운영하기도 하고, 통합하여 운영하기도 한다. 지자체는 해당 지역의 의무교육기관을 조직하여 운영할 책임이 있으며, 부분적으로 재정에 대한 책임도 져야 한다. 각 지자체는 지역의 아동을 위하여 의무교육을 제공해야 하는데, 특수아동을 포함하여 누구든지 능력에 따라 교육받을 수 있도록 할 책임이 있다. 핀란드에서 의무교육을 담당하는 모든 학교는 지자체에 의해 운영된다(Association of Finnish Local & Regional Authorities, 2019).

각 지자체는 지역의 아동을 위하여 교육서비스뿐만 아니라 사회복지서비스도 제공할 의무가 있다. 지자체는 통학거리가 먼 학생에게 통학서비스를 제공해 주는 등 특정 복지를 필요로 하는 학생들에게 복지서비스를 제공해 주어야 한다. 학생을 위한 복지서비스에는 학교급식, 학생건강, 치아검진 등이 종합적으로 포함되며 이를 위해 사회복지사, 심리치료사, 학교의사 등 담당 전문가들을 배치하고 있다(Association of Finnish Local and Regional Authorities, 2019; European Commission, 2009: 26).

지자체에 의무교육기관이 아닌 인문고등학교나 직업고등학교를 운영할 법적 책임이 있는 것은 아니다(European Commission, 2009: 26). 다만, 지역의 고등학교 운영을 위하여 재정을 지원할 의무를 갖게 된다. 각 지역의 인문고등학교는 대체로 지자체 소속 기관이며, 직업고등학교는 지자체, 지자체 연합, 국가 혹은 사설기관 등에 의해 운영된다. 최근 들어 국가가 운영하던 직업고등학교들의 소속이 대부분 지자체 혹은 사설 운영 기관으로 전환되고 있는 추세이다(Association of Finnish Local & Regional Authorities, 2019).

4. 교육개혁 동향

핀란드는 세계에서 가장 우수한 교육체제를 구축하고 있음에도 불구하고 지속적으로 교육개혁을 추진하고 있는 나라이다(OECD, 2022; Tatto & Menter, 2019). 최근 핀란드 교육문화부에서는 핀란드 교육의 새로운 도약을 위한 기초를 마련하기 위해 그동안 핀란드에서 추진된 교육 정책의 성과에 대한 기초연구를 수행하였다(Finnish Ministry of Education and Culture, 2023b). 이 연구에 따르면 핀란드에서 1950년대부터 1990년대 초반까지 교육 부문이 크게 성장하는 성장기였다. 이 시기에 종합학교 개혁, 중등교육 개혁, 고등교육기관 확대 등 핀란드인의 교육 기회는 크게 확대되었다. 그 결과 국제 학업성취도 비교 평가에서 핀란드는 최상위권에 올랐고, 대학 교육을 받는 고등교육 인력도 대폭 증가하였다. 아울러 지역 도서관 및 예술교육기관들이 전국적으로 탄탄하게 구축되었다(Finnish Ministry of Education and Culture, 2023b).

그런데 국가 경제 사정의 악화로 1990년대부터 교육 분야에 대한 국가 지원이 줄어들기 시작하였다. 고등교육 이수율의 상승세는 멈추게 되었고, 2000년대 들어서는 도서관 수 및 예술교육기관들이 줄어들기도 하였다. 그러다가 2010년대 중반 이후로 교육에 대한 투자가 증가하여 취학 전 의무교육 및 의무교육기간이 확대되는 등 전반적으로 교육이 활성화되고 있다. 아울러 코로나 이후의 교육 위기를 극복하기 위한 대안을 마련하고자 하며, 교육 분야 연구, 개발 비용을 확대하고자 하고 있다(Finnish Ministry of Education and Culture, 2023b). 최근 들어 핀란드 교육개혁은 크게 세 가지 방향으로 진행되고 있는데, 현상 기반 학습으로의 전환, 인구통계학적 변화에 대한 대응, 위드코로나 시대에 따른 교육 대응 등이다.

1) 현상 기반 학습으로서의 전환

최근 핀란드 교육개혁의 가장 큰 특징은 현상 기반 학습(Phenomenon-Based Learning)

을 통해 교육혁신을 주도하고 있다는 점이다(Finnish National Agency for Education, 2019). 현상 기반 학습은 하나의 현상을 주제로 각 개별 과목을 연계하여 학습을 진행하는 것이다. 예들 들어, 기후 변화라는 하나의 현상을 주제로 정하여, 과학 시간에는 기후 변화의 원인 등에 대해 배우고, 사회 시간에는 기후 변화가 삶에 미치는 영향을 다루며, 지리 시간에는 기후 변화에 따른 세계 각 지역의 지리적 특성에 대해 배우는 것이다. 이와 같이 기존의 각 개별 교과 위주의 교육에서 일상적인 삶의 현상을 기반으로 각 교과를 연계하여 통합적으로 배우는 현상 기반 학습이 핀란드 교육개혁의 큰 흐름이 되고 있다(류선정, 2017). 그리고 이러한 현상 기반 학습은 교사가 아닌 학생들이 주도적으로 학습을 진행하다는 점에서 학생 주도 학습으로의 전환이기도 하다.

핀란드에서 이러한 현상 기반 학습은 2016년부터 본격적으로 도입되기 시작하였는데, 처음부터 전면적으로 현상 기반 학습을 실시하기보다는 기존의 교과 중심 교육과 병행하면서 점차 현상 기반 학습을 확대해 나가는 정책을 추진하고 있다(Finnish National Agency for Education, 2019). 구체적으로 처음부터 모든 과목에서 현상 기반 학습을 추진하는 것이 아니라 각 학교나 교사의 판단에 따라 1년에 몇 주 정도를 정하여 현상 기반 학습을 실시하는 것이다. 한 예로 역사나 경제 과목 시간에 각각 몇 주를 할애하여 'EU의 경제 현상'이라는 주제를 정하고 EU의 역사와 EU의 경제 문제를 함께 다루는 것이다(Lonka, 2018). 일부 과목, 일부 시간에 현상 기반 학습을 도입하는 것을 시작으로 점차 확대해 나가고 있다.

핀란드의 이러한 현상 기반 학습은 첨단기술이 발달하고 세계화되어 가는 사회에서 학생들의 생활력과 적응력을 높이기 위한 목적에서 추진되고 있다(Finnish National Agency for Education, 2019). 점점 더 복잡해지고 다양해지는 세계 환경에서 하나의 과목, 한 분야의 지식만으로는 성공하기 어렵다고 보고, 사회 변화 및 현상을 잘 이해하고 적응할 수 있는 복합 역량을 길러 주기 위한 교육으로의 전환이라고 할 수 있다.

그리고 핀란드의 현상 기반 학습은 학습과정뿐만 아니라 교육과정을 계획하는 과정에 학생들을 적극 참여시키는 것이 특징이다(Lonka, 2018). 현상 기반 학습과정에서 학생들은 현상 및 학습 프로젝트를 준비하고 계획하는 단계에서부터 참여한다. 즉, 어떤 현상 주제를 정하여 탐구할지에 대해 교사가 단독으로 정하는 것이 아니라 학생들을 참여시키고 학생들의 의견을 반영하여 정한다는 것이다(류선정, 2017). 기존의 과목 위주 교육, 교사 중심 교육을 근본적으로 혁신하고자 하는 의지를 갖고 있기도 하다. 따라서 교실수업과정에서도 교사가 주도하여 수업을 이끌어 나가는 형태가 아니라 교사와 학생이 함께 클러스터(cluster)를 형성하여 함께 학습을 이끌어 나가는 형태가 전형적인 학습의 모습이 되고 있다. 이러한 현상 기반 학습은 교수학습 방법 측면에서는 협력 체계, 상호작용, 창의성 등을 기반으로 하고 있다(Lonka, 2018).

2) 인구통계학적 변화에 따른 대응

학령인구의 인구통계학적 변화는 각 나라마다 교육정책의 중요한 변수가 되고 있다(OECD, 2022). 한국의 경우 2022년도 우리나라 합계 출산율은 0.78명으로 OECD 회원국 가운데 최저이며 합계출산율이 1명을 밑도는 유일한 국가로 나타났다(통계청, 2023). 한국에서는 2014년부터 학령인구 감소가 시작되어 지속되고 있는데, 더욱 가파라지고 있다는 점이 우려된다. 2022년에 학령인구가 748만 명이었는데, 2030년 594만 명, 2040년에는 447만 명으로 급감할 것으로 예상하고 있다(통계청, 2023). 저출산 시대의 도래는 국가의 경제, 국방, 복지, 교육 등 전 분야에 치명적인 영향을 줄 수 있고, 나아가 미래 학자들은 국가 소멸까지 이야기하고 있다(김현호, 이제연, 김도형, 2021). 핀란드의 경우는 한국과 달리 급격한 학령인구 감소가 예상되지는 않는다(Finnish Ministry of Education and Culture, 2023b). 그러나 핀란드도 감소 속도가 낮기는 하지만 점차 인구가 감소할 것으로 예상하고 있다(Finnish National Agency for Education, 2019). 핀란드 교육문화부에서는 이러한 인구통계학적 변화에 대응하기 위하여 다각적인 노력을 기울이고 있다. 우선 핀란드에서는 학령인구 감소가 크지는 않기 때문에 이 부분은 크게 염려하지 않지만, 지역 간 인구격차가 심화되는 상황을 주요 문제로 받아들이고 있다(Finnish Ministry of Education and Culture, 2023b). 핀란드 역시 도시와 농어촌 지역 간, 수도권과 지방 간의 인구격차가 심화되고 있으며, 지방 및 농어촌지역 학교의 폐교 및 통폐합이 지속되고 있다(Finnish Ministry of Education and Culture, 2023a). 이에 핀란드 교육문화부에서는 인구격차에 따른 교육의 질 불평등 해소를 주요 정책 과제로 삼고 노력을 기울이고 있다. 아울러 인구통계학적 변화 및 인구격차에 따른 변화에 대비하여 교육의 질 개선 및 접근성 보장을 위한 개혁 프로젝트들을 진행하고 있다(Finnish Ministry of Education and Culture, 2023a). 즉, 학령인구 감소 및 교육격차 등의 문제를 해소하기 위하여 교육의 질 개선에 박차를 가하고 있는 것이다. 소규모 학교, 학급 등을 위한 교육 콘텐츠 개발, 온라인 교육 프로그램 활성화, 평생교육 시스템의 강화 등을 통해 지역에 상관없이 질 높은 교육을 받게 하고 미래 사회에 대비할 수 있도록 하기 위한 교육 시스템을 갖추기 위하여 노력하고 있다(Finnish Ministry of Education and Culture, 2023b).

핀란드에서 학령인구의 급격한 감소는 예상되지 않지만, 어느 정도의 감소는 불가피한 것으로 보고, 인구 감소에 따른 교육정책 방향을 수립하고 있다(Finnish Ministry of Education and Culture, 2023b). 특히 인구 감소는 직접적으로 노동인구의 공급 감소로 이어지고 숙련된 노동력 확보와도 관련이 있는 만큼 국가 경제의 미래에도 영향을 줄 것으로 보고 대책을 마련하고 있다. 이를 위해 핀란드 교육문화부에서는 경제 활동이 가능한 생산 가능 인구뿐만 아니라 고령 인구에게도 생산성을 갖출 수 있는 지식이나 기술을 개발, 훈련시켜 주는 것을 목표로 삼고 있다(Finnish Ministry of Education and Culture, 2021a). 그리고 모든 인구의 노동시장 참여율을 높이기 위한 교육 시스템 마련을 위해서도 박차를 가하고 있다(Finnish Ministry of Education and Culture, 2023b). 아울러 인구통계학적인 변화에 대비하여 도시지역뿐만 아니라 농어촌지역의 학생에게도 동등한 교육기회 및 교육의 질 보장을 위한 정책 방안을 마련하고자 하고 있으며, 학생의 교육복지 및 웰빙(well-being) 또한 교육의 질 개선 및 유지를 위한 핵심 요소라고 보고 최고의 학습 여건을 갖추기 위해 교육문화부뿐만 아니라 정부 부처 간 협력도 강화시키려고 하고 있다(Finnish Ministry of Education and Culture, 2021a). 이와 같이 핀란드 교육문화부에서는 핀란드에서 학령인구 감소가 심각한 것은 아니지만 미래 교육환경 변화에 적극 대비하고자 하며 지역이나 연령에 상관없이 모든 학생들이 양질의 교육을 받을 수 있도록 준비해 나가고 있으며, 의무교육개혁 및 평생교육 강화도 적극적으로 추진하고 있다(Finnish Ministry of Education and Culture, 2023a).

3) 위드코로나(with-Covid) 시대 교육개혁

전 세계적인 코로나 팬데믹 현상은 단순히 의료, 보건 분야뿐만 아니라 정치, 경제, 사회 전 분야에 영향을 미쳤으며, 교육 분야 역시 예외가 아니다(OECD, 2022). 코로나 팬데믹은 교육의 질뿐만 아니라 교육 방법, 교육환경 등 교육 전반에 걸쳐 영향을 미쳤는데, 핀란드도 어려움을 겪었다(Eurofound, 2020). 코로나19 사태로 인해 핀란드에서 원격수업이 대폭 확대되었는데, 원격수업으로 인해 학생 간 교육 불평등이 심화된 것으로 나타났으며, 교육을 담당했던 교사들 역시 원격수업으로 인한 낮은 학습 성과, 학습 격차의 확대 등이 심각하다고 진단하였다(이은주, 2021. 12. 22.). 그리고 코로나19 사태는 학습과 관련된 문제뿐만 아니라, 학생의 정신건강 문제도 야기하여, 학생들의 우울증, 불안감, 탈진 등도 증가시킨 것으로 나타나고 있다(임미나, 2020. 11. 18.). 코로나19 사태가 종식되고 있지만, 그 후유증과 여파는 교육 분야에 심각하게 남아 있는바, 핀란드 교육문화부에서는 위드코로나 시대에 대비한 적극적인 교육정책을 추진하고 있다(Finnish Ministry of Education and Culture, 2023a).

우선 핀란드 교육문화부에서는 유아교육 분야에 관심을 기울이고 있다. 코로나19 시대에 유아교육 분야가 상당히 취약했다고 보고, 유아교육 분야의 회복을 위해 적극 노력하고 있다. 구체적으로 유아교육의 회복을 위해 특별예산 및 보조금을 별도로 편성하여 2024년까지 지원할 예정이다(한은주, 2022. 10. 26.). 코로나 시대가 만들어낸 학습과 웰빙의 결핍이 특히 유아교육 분야에서 회복이 오래 걸리기 때문에 적극적인 정책적 지원을 하려고 하는 것이다. 취학 전 아동의 교육의 질을 향상시켜 미래 교육을 위한 기반을 구축하려는 것이다. 아울러 핀란드 교육문화부에서는 이러한 특별예산과 보조금을 보다 효율적으로 사용하기 위해 고심하고 있는데, 특히 취약 계층의 아동, 이민자 가정의 아동, 코로나19로 인해 소외 위험이 높아진 아동 등을 좀 더 적극적으로 지원하려고 하고 있다(Eurofound, 2020). 그리고 이러한 유아교육 분야에 대한 지원은 중앙정부뿐만 아니라 각 지방자치단체와 적극 협력하여 추진하고 있다(김남희, 2021).

핀란드 교육문화부에서는 위드코로나 시대 교육을 위해 또한 교육복지를 강화하고 있다(Finnish Ministry of Education and Culture, 2023a). 핀란드에서도 코로나19 사태는 학생들의 장기 결석 및 학업 중단 증가를 가져왔다. 장기간 지속된 원격학습이 소외계층 및 사각지대 학생들에게 치명적인 영향을 미쳐 교육 이탈을 가져온 것이다. 핀란드 교육문화부에서는 이들을 위해 학교 복지 인력을 확충하기 위해 학교 사회복지사, 상담교사, 심리상담사 등을 늘려 문제를 겪고 있는 학생들에게 1:1 지원을 제공하고 있으며, 학교와 가정 간의 협력을 통해 지속적으로 학생들을 도와주려고 하고 있다(Finnish Ministry of Education and Culture, 2023a). 아울러 최근에는 의무교육 연장안을 통과시켜 기존 만 17세까지였던 의무교육 시기를 만 18세로 올려 고등학교 단계까지 완전 무상교육을 실시하게 되었다. 이를 통해 기존에는 고등학교 교육 단계에서 본인 부담이었던 교재 및 학업 준비물까지 지원받을 수 있게 되어 교육복지를 향상시켰다(김남희, 2021; 임미나, 2020. 11. 18.).

코로나19 시대 특별히 취약한 교육계층 중의 하나가 특수교육 대상자들이었다. 핀란드 교육문화부에서는 위드코로나 시대에 특수교육 대상자들을 위해 보다 적극적인 정책을 추진하고 있다(Finnish Ministry of Education and Culture, 2023a). 우선 특수교육 대상자들의 다양한 필요에 맞게 맞춤형 특수교육을 실시하고자 하며, 맞춤형 교육의 실효를 거두기 위해 단위학교 및 교사들의 자율성을 강화하였다. 즉, 단위학교 및 교사들이 특수교육 대상자에 대한 지원 내용 및 지원 방식을 직접 결정하도록 하고 교육당국에서는 이를 적극 지원해 주는 방식으로 접근하고 있다(이은주, 2021. 12. 22.; 임미나, 2020. 11. 18.). 특수교육 대상자라고 하더라도 소외되는 학생 없이 교육지원을 해 주고자하는 적극적인 의지를 갖고 정책을 추진하고 있다.

핀란드에서는 위드코로나 시대 고등교육개혁을 위해서도 적극 박차를 가하고 있다. 다른 나라와 마찬가지로 핀란드 역시 코로나19 사태로 인해 경제가 위축되고 고용이 둔화되었는데, 경제를 활성화시키고 고용을 촉진하며 복지를 회복하는 것이 중요한 국가적 과제이다(Eurofound, 2020). 핀란드에서는 이러한 경제 회복의 중요한 기반을 고등교육으로 삼고 있다(Finnish Ministry of Education and Culture, 2023a). 즉, 고등교육을 통해 지속 가능한 발전을 지원하며, 숙련된 노동력을 공급하고, 경제 회복의 토대를 마련하고자 하는 것이다. 이에 따라 고등교육기관의 교육 수준 향상 및 역량 강화, 연구개발 혁신을 강화하고자 한다(Finnish Ministry of Education and Culture, 2021b). 이러한 고등교육의 개혁을 위해 재정 지원을 확대할 뿐만 아니라 고등교육기관의 학생들을 위한 교육복지를 더욱 강화시키려고 하고 있다. 고등교육에 대한 무상지원을 지속하며, 대학생 및 대학원생을 위한 학업지원금도 증가시키려 하고 있다(Finnish Ministry of Education and Culture, 2023b). 단지 고등교육기관에 대한 지원뿐만 아니라 학생들도 교육에 전념할 수 있도록 학생 복지에 대한 지원도 강화하여 국제사회를 선도할 수 있는 경쟁력을 갖춘 인력을 양성해 내고자 하는 것이다(Finnish Ministry of Education and Culture, 2021b).

이와 같이 핀란드에서는 위드코로나 시대를 전후하여 종합적인 교육개혁을 추진하고 있는데, 학생들에 대해 학습 지원뿐만 아니라 정서적, 심리적 지원까지 포함하는 총체적 지원을 추구하고 있는 점이 하나의 특징이라고 할 수 있다. 또한 각 교육기관에 대한 지원과 아울러 교육기관에서 배우는 학생의 복지에 대한 지원도 체계적으로 이루어지고 있다는 점은 핀란드가 보다 실질적인 교육 지원을 기반으로 한 교육개혁을 추진하고 있음을 보여 주고 있다.

참고문헌

김남희(2021). 코로나19와 사회보장법의 대응–핀란드와 한국의 사례 비교–. 사회법연구, 44, 385-415.

김병찬(2017). 왜 핀란드 교육인가. 박영스토리.

김현호, 이제연, 김도형(2021). 국가위기 대응을 위한 지방소멸 방지전략의 개발. 한국지방행정연구원 연구보고서, 2021-8.

류선정(2017). 미래를 대비하는 핀란드 교육의 새로운 시도 현상기반학습 그 의의와 사례. 서울교육, 제59권, 통권 229호.

박상인(2016). 삼성전자가 몰락해도 한국이 사는 길. 미래를 소유한 사람들.

이은주(2021. 12. 22.). 핀란드의 교육 분야에서의 '위드 코로나 시대(코로나 일상)' 대처 현황. 한국교육개발원 교육정책네트워크 정보센터. https://edpolicy.kedi.re.kr/frt/boardView.do?strCurMenuId=10091&pageIndex=1&pageCondition=10&nTbBoardArticleSeq=833067

임미나(2020. 11. 18.). [핀란드] 핀란드의 교육복지 정책 동향. 한국교육개발원 교육정책네트워크 정보센터. https://edpolicy.kedi.re.kr/frt/boardView.do?strCurMenuId=68&nTbBoardArticleSeq=828540

통계청(2023). 인구동향조사.

한은주(2022. 10. 26.). 핀란드 유아교육 · 기초교육에 코로나 전염병 완화 지원금 825억 원 지원. 교육플러스+. https://www.edpl.co.kr/news/articleView.html?idxno=7384

Aho, E., Pikanen, K., & Sahlberg, P. (2006). Policy development and reform principles of basic and secondary education in Finland since 1968. *World bank, Educationl working paper series 2*. The World Bank.

Alapuro, R. (1988). *State and revolution in Finland*. University of California Press.

Alapuro, R., Liikanen, I., Smeds, K. & Stenius, H. (1987). *The nation in movement*. Kirjayhtymä.

Anon (2001). *Nordic school barometer-attitude toward school year 2000*. Nordisk Ministerrad.

Association of Finnish Local & Regional Authorities (2019). *Functions of municipalities and joint municipal authorities*.

Autio, T. (2015). The present educational imaginary in Finland-Only finnish? *Journal of Curriculum and Pedagogy, 3*(2), 67-71.

Centres for economic development, transport and environment (2023). *Centres for economic development, transport and the environment at your service*.

Clandinin. D, J. & Husu, J. (2017). *The SAGE handbook of research on teacher education*. SAGE.

Cochran-Smith, M. & Zeichner, K. M. (2005). *Studying teacher education: the report of the AERA Panel on Research and Teacher Education*. Lawrence Erlbaum Associates.

Darling-Hammond, L. (2009). *The Flat World and Education: How America's Commitment to Equity Will Determine Our Future*. Teachers College Press. 15-25.

Department of Education at University of Helsinki (2023). *Teacher education: research-based teaching at the heart of teacher education*.

Department of Teacher Education at University of Jyväskylä (2023). *Brochures on Department of Teacher Education*. Department of Teacher Education at University of Jyväskylä.

Eurofound (2020). *Covid-19 : Policy Responses across Europe*.

European commission (2009). *Organization of the education system in Finland 2009-2010*. European commission report.

Feiman-Nemser, S. (1990). Teacher preparation: structural and conceptual alternatives. In W. R. Houston (Ed.), *Handbook of Research on Teacher Education* (pp. 212-233). Macmillan Pub Co.

Finnish Government (2023). *Statistics Finland*.

Finnish Ministry of Education and Culture (2021a). *Government Report on Education Policy*. Finnish Government publications.

Finnish Ministry of Education and Culture (2021b). *Sustainable growth programme for higher education institutions considers solutions to future challenges*.

Finnish Ministry of Education and Culture (2022). *Finnish education in a nutshell.*

Finnish Ministry of Education and Culture (2023a). *Education and Culture in Finland.*

Finnish Ministry of Education and Culture (2023b). *Education review 2023.*

Finnish National Agency for Education (2019). *National Core Curriculum for General Upper Secondary Education 2019.*

Grubb, N., Marit Jahr, H., Neumuller, J., & Field, S. (2005). *Equity in education: Thematic review.* OECD country note: Finland.

Hargreaves, A., Halasz, G., & Pont, B. (2007). *School leadership for systemic improvement in Finland: A case study report for the OECD activity improving school leadership.* OECD study report.

Houtsonen, J., Czaplicka, M., Lindbald, S., Sohlberg, P., & Sugrue, C. (2010). Welfare stste restructuring in education and its national refractions. *Current Sociology, 58*(4), 597-622.

IMF (2023). *GDP per capita, current prices.*

Jakku-Sihvonen, R. & Niemi, H. (2006). *Research-based teacher education in Finland: Reflections by Finnish teacher educators.* Finnish Educational Research Association.

Jyväskylän normaalikoulu (n.d.). http://www.norssi.jyu.fi/English/

Klinge, M. (1997). *A brief history of Finland.* Otava.

Krzywacki, H., Maaranen, K., & Lavonen, J. (2011). *Confronting the educational challenges of the future: Finnish teacher education promoting teachers' pedagogical thinking.* Unpublished article. Department of teacher education, University of Helsinki.

Lakaniemi, I., Rotkirch, A. & Stenius, H. (1995). *Liberalism: seminars on historical and political keywords in Northern Europe.* University of Helsinki.

Lassonde, C. A., Michael, R. J., & Rivera-Wilson, J. (2008). *Current issues in teacher education: history, perspectives, and implications.* Charles C. Thomas Pub.

Lonka, K. (2018). *Phenomenal Learning from Finland.* Edita Publishing Ltd.

Loughran, J. & Hamilton M. L. (2016). *International handbook of teacher education. vol. 1.* Springer.

Murphy, J.(1995). *Educating Teachers for Leadership and Change.* Cowin Press.

Nyyssola, K. (2005). *Schooling for tomorrow: Analysing and understanding the demand for schooling.* Country report Finland. National Board of Education.

OECD (2020). *Social economy and the COVID-19 crisis: current and future roles.*

OECD (2022). *Education at a glance data base.*

Rinne, R., Kivirauma, J., & Simola, H. (2002). Shoots of revisionist education policy or just slow readjustment? The Finnish case of educational reconstruction. *Journal of Educational Policy, 17*(6), 643-658.

Sahlberg, P. (2007). Education policies for raising student learning: the Finnish approach. *Journal of Education Policy, 22*(2), 147-171.

Sahlberg, P. (2011). *Finnish lessons: What can the world learn from educational change in Finland?* Series on school reform. Teachers College Press.

Siikala, A. (2002). *Myth and mentality: studies in folklore and popular thought*. Finnish Literature Society.

Simola, H. (1998). Consrtucting a school-free pedagogy: Decontextualization of Finnish state educational discourse. *Journal of Curriculum Studies, 30*(3), 339-356.

Simola, H. (2005). The Finnish miracle of PISA: Historical and sociological remarks on teaching and teacher education. *Comparative Education, 41*(4), 455-470.

Tatto, M. T., & Menter, I. (2019). *Knowledge, policy and practice in teacher education: A cross-national study*. T&T Clark.

University of Helsinki (n.d.). http://www.norssi.helsinki.fi/English/

World Bank (2023). *World Bank national accounts data*. World Bank.

Ylikangas, H. (1993). *The road to Tampere. A documented description of military operations leading to the surrender of Tampere in the Finnish Civil War*. WSOY.

제5장

러시아의 교육제도와 교육개혁 동향

1. 사회문화적 배경

러시아는 약 140개 민족, 인구 1억 4천 7백만 명의 다민족 국가이다. 슬라브족이 압도적 다수인 80%를 차지하며 총인구가 중국, 인도, 미국, 인도네시아, 브라질, 파키스탄에 이어 세계 7위이다. 인구밀도는 8.3명/1km^{2}으로 세계 209위이나 지역별 편차가 커서 서부지역이 높고, 북 · 남 · 동쪽으로 갈수록 인구밀도가 낮은 편이다. 러시아어가 공용어로 사용되고 있으나 연방 주체마다 소수민족어 및 별도로 지정한 공용어를 사용하는 지역도 있다. 슬라브족을 포함한 대부분의 국민들은 러시아정교를 믿고 있지만 로마 가톨릭, 개신교, 이슬람교, 유대교, 불교 및 기타 종교의 신자들도 적지 않다. 아누이족 같은 일부 민족은 샤머니즘을 숭배하기도 한다.

러시아 정부는 소수 민족의 고유 언어, 교육 및 문화 전파 활동 등에 대해 비교적 관대한 편이지만 민족주의나 혈통주의가 과도하게 드러나는 것에 대해서는 경계하고 허용치 않고 있다. 「헌법」상으로 소수 민족의 권리가 보장됨에 따라 러시아 사회에서 고려인들의 문화가 비교적 잘 보존되고 있다.

러시아는 1917년 제정 러시아가 붕괴됨으로써 레닌의 볼세비키당을 중심으로 소비에트사회주의연방공화국이 수립되었다. 레닌, 스탈린 등 공산주의 체제를 70여 년간 유지하였다. 그러나 1985년에 페레스트로이카 노선을 주창한 고르바쵸프의 집권에 이어서, 1991년에 급진개혁주의자인 옐친이 정치적 주도권을 장악함으로써 그해 12월에 소연방을 해체시켰고 러시아의 초대 대통령에 취임하였다.

이후 러시아는 공산주의 이념을 버리고 시장경제와 사유화 제도를 도입하며 새로운 국가의 방향을 모색하는 체제 전환의 과정에 들어섰다. 그러나 고르바초프의 개혁 · 개방 정책, 옐친의 전격적인 가격자유화로 시작된 시장경제의 도입은 시행착오의 연속이었으며, 결국 1998년 대외채무에 대한 모라토리엄을 선언하는 사태에까지 이르렀다.

한편, 2000년 푸틴 대통령 집권은 러시아 국가 위상 회복의 전기를 마련하였다. 에너지 · 원자재 가격 상승 등 대외여건 개선과 견고한 내수를 기반으로 푸틴 집권 기간에 경제가 성장세로 전환되기 시작했다. 푸틴 정부는 소련 해체 이후 국가 위신 하락에 대한 안티테제로 '강한 국가' '위대한 러시아'의 부활을 모토로 러시아식 정치경제 개혁을 추진하였다. 2008년 5월에 메드베데프가 제5대 대통령에 취임하여 대통령 메드베데프와 '최고의 실권자' 푸틴의 쌍두체제가 출범하기도 했었다. 그러나 푸틴은 2012년, 2018년, 2024년에 연이어 다시 대통령에 당선됨으로써 푸틴 대통령 집권 5기를 맞이하였고, 2030년까지 집권할 수 있게 되었다.

러시아는 2008년 세계 금융위기 때 석유 등 원자재 수요 감소로 인해 여타국보다 경제적으로 더 큰 타격을 받았다. 과도한 원자재 의존 및 산업 경쟁력 부족이라는 러시아 경제의 구조적 취약성의 결과로, 2008년 후반기로 진입하면서 세계 금융위기의 직격탄을 맞아 GDP 대비 −7.9%의 심각한 경제침체를 경험하기도 했다. 에너지 의존형 경제구조에 대한 개혁 필요성이 대두되면서 이른바 '경제 현대화' 논의가 활발히 진행되었고 이후 경제 상황이 점차 호전되었다.

그러나 2014년 3월에 러시아가 크림반도를 병합하면서 미국을 위시한 서방으로부터 대러 제재, 국제유가 급락, 루블화 환율 급등, 경기 침체 등으로 위기감이 확산되면서 경제구조를 다변화하기 시작했다. 러시아 정부는 산업 자본재의 수입의존도를 낮추고 현지화, 첨단기술 및 과학기술 집약형 상품 상업화 및 다변화, 장기적인 국가 자립도 확보를 위해 수입대체산업 육성, 경제구조 다변화, 극동시베리아 및 북극 개발 등을 중점 경제정책으로 추진하고 있다.

한편, 2022년 2월에 러시아와 우크라이나의 전쟁이 시작되었다. 이후 전 세계의 많은 나라가 UN의 대러 비난성명에 서명하고 48개국이 대러 경제제재에 동참했다. 이 와중에 러시아는 네 차례의 디폴트 선언이 있었지만 경제성장률은 2020년 −3.0%, 2022년 −2.5%로 비교적 양호한 수준을 유지하고 있다. 외환보유고는 2022년 8월 기준 5,806억 달러로 세계 5위를 유지하고 있다. 경제성장의 그늘로 러시아 사회는 시장경제 및 사유화 도입 이후 빈부격차와 사회 양극화 현상이 심화되고 있다(박종수, 2023. 2. 1.; 외교부, 2021).

1991년 이후 러시아의 체제 변혁 과정은 교육에 전향적인 변화를 가져왔다. 러시아 정부는 1917년 소비에트 혁명 이후 약 반세기 이상 지속된 공산주의 교육 이념과 체제와 결별하고, 구미의 자유민주주의 교육과 시장원리를 도입하고, 민주성과 다양성을 강조하는 등 새로운 교육개혁을 단행하였다. 이러한 교육개혁 정책에 따라 제정러시아의 전통교육이 복권되었고 다양한 민족학교가 생겨났으며 시장경제 원리에 기초한 각종 사립학교, 사교육 시장도 확산되었다.

구소련 당시 중앙집권적으로 교육에 대해 행사되었던 연방정부의 독점적 권한이 이제 지방정부와 학교, 그리고 개인에게로 권한과 역할이 이양되고 있다. 교육행정기관, 학교행정, 교육과정, 교육내용이 과거의 과도한 중앙집권화, 획일화, 표준화의 특성에서 벗어나 다양화 · 민주화의 방향으로 나아가고 있다. 학생들은 자신의 능력과 적성에 따라, 학부모들은 원하는 교육철학에 입각해 교육내용을 선별하고 교육기관을 선택할 권리를 갖게 되었다. 체제전환 이후 러시아 교육개혁의 주요 방향은 사립교육기관의 발전, 시민의 교육자금 조달 참여, 대학교 및 기술학교 졸업생의 고용에 대한 국가 보장제도의 폐지, 직업학교 시스템의 축소, 학생의 지식 · 기술 및 역량 개발, 교육 프로그램의 연속성 및 교육 공간의 단일성을 위한 교육의 표준화, 다단계 고등교육 시스템으로의 전환, 학교의 최종시험과 대학입학시험을 결합한 형태로 '공통국가시험'의 도입 등으로 진행되고 있다.

2. 교육제도 및 교사교육

1) 기본 학제

러시아의 교육제도는 구소련의 학제를 기초로 현대 사회의 교육적 요구를 반영하여 변화를 모색하고 있다. 기존 러시아의 학제는 초등학교 3~4년, 중학교 5년, 고등학교 2년을 합해서 총 10~11년제였다. 그러나 2001년 9월 신학기부터 시작하여 학제 개편이 진행되었고 3년 또는 4년의 기존 초등학교를 4년제로 통일하고 중학교 단계를 5년, 고등학교 단계를 2년으로 연장하여 총 11년제로 운영되고 있다.

현 교육제도는 1992년의 새 「교육법」에 의해 기초가 마련되었다. 기본학제는 교육 프로그램에 따라 일반교육과정(общее образование)과 직업교육과정(профессиональное образование)으로 대별된다. 보통교육에 해당되는 일반교육과정은 교육과정의 수준에 따라 3단계로 구분된다. 제1단계인 '초등일반교육(начальное общее образование)'은 4년으로 초등교육에 해당하며, 제2단계인 '기본일반교육(основное общее образование)'은 5년으로 중등교육의 전반부, 제3단계인 '중등일반교육(среднее общее образование)'은 2년으로 중등교육 후반부에 해당한다(「Об образовании」, 제9조).

일반교육과정의 2단계, 또는 3단계를 마치고 들어가는 직업교육과정은 4단계로 구분된다. 직업교육과정은 ⓐ 초등 직업교육(начальное профессиональное образование), ⓑ 중등(среднее) 직업교육, ⓒ 고등(высшее) 직업교육, ⓓ 고등교육 이후(послевузовское) 직업교육으로 구분된다(「Об образовании」, 제9조). 고등 직업교육이란 종합대학, 단과대학에서 이루어지는 고등교육을 일컬으며 중등 일반교육 또는 중등 직업교육 과정을 마친 학생들이 들어갈 수 있다.

이 외에도 교육제도는 교육받는 형태에 따라 주간, 주간-야간, 야간 교육기관의 형태로 구분된다. 1990년대 들어 새롭게 등장한 가정교육, 자기교육, 검정고시 형태의 교육기관도 허용되고 있다(「Об образовании」, 제10조). 또한 일반교육과정과 직업교육과정 이외에 교육기관으로서 아동 보충교육기관, 성인 보충교육기관, 성장에 문제가 있는 학습자를 위한 특수교육기관, 고아나 후견인이 없는 아동을 위한 기관

(「Об образовании」, 제12조) 등 다양하게 설치되어 있다.

러시아의 학교교육은 만 7세부터 시작해서 11년간 의무교육이며 교육비는 무료이다. 일반적으로 러시아의 아동들은 6~7세에 정규교육기관에 입학하여 초등학교 4년과 중학교 5년까지는 동일한 교육을 받는다. 10학년부터는 일차적인 진로 선택을 하는데, 일반 고등학교과정(2년 과정)을 계속하거나 또는 특정 분야의 기술교육을 병행하는 기술학교(체흐니쿰, 3~4년 과정)로 진학하기도 한다. 학생들의 진로 선택과 관련된 진학 여부를 결정하는 첫 시험은 9학년 말 중학교를 졸업할 때에 실시된다. 학생 개개인의 향후 진로가 9학년 이후 일반학교로 진학하느냐 직업학교로 진학하는냐에 적지 않게 좌우되는 경향이 있다.

대학에 진학하고자 하는 학생들은 일반적으로 제10, 11학년의 고등학교 일반교육을 마치고 대학입학시험을 치른 후 대학에 진학한다. 일반교육과 직업교육을 병행하고자 하는 학생은 직업교육 프로그램을 제공하는 칼리지, 직업기술학교와 같은 초등

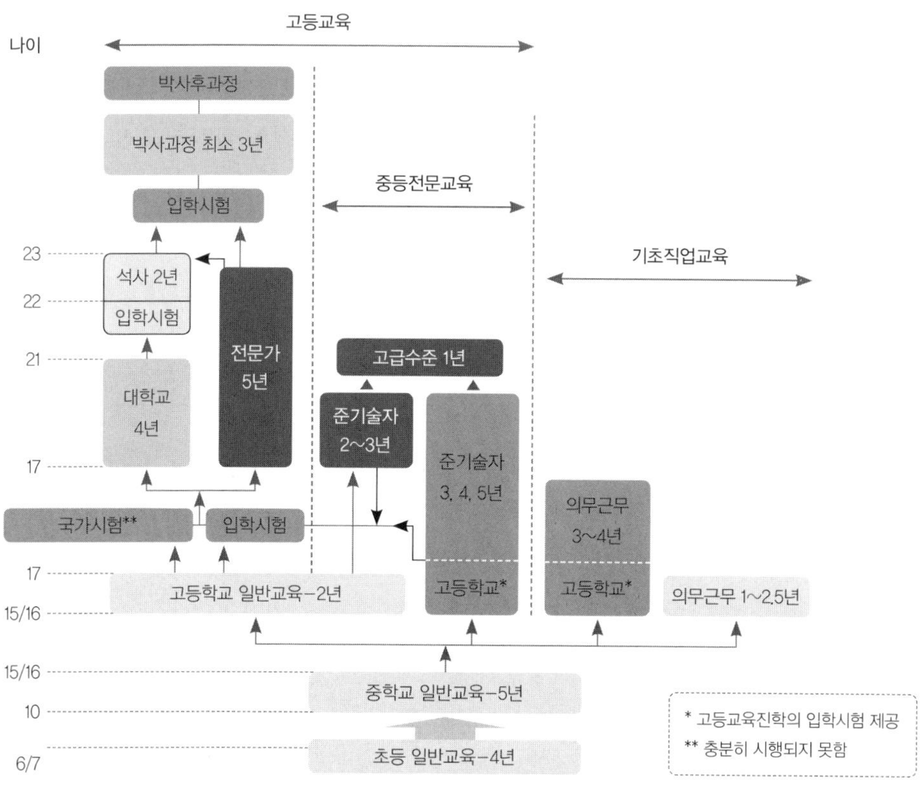

[그림 5-1] 러시아 교육체제 개요

출처: 이춘식(2017: 266).

또는 중등 직업교육기관에 진학한다. 물론 초·중등 직업교육기관을 마친 후 학업을 계속하고자 하는 학생은 고등교육기관에 진학할 수 있다. 현행 러시아의 학제는 [그림 5-1]과 같다.

2) 취학 전 교육

취학 전 교육기관은 만 2달부터 3세까지의 아동을 수용하는 보육원(ясли сад)과 3세부터 6세까지의 아동을 수용하는 유치원(детский сад)으로 구분된다. 취학 전 교육기관은 일찍부터 체계화되고 발전되었다. 혁명 초기에는 여성 노동력의 사회참여를 통한 여성의 해방과 지위 향상이라는 측면에서 보육원과 유치원이 적극적으로 설치되었다. 또한 취학 전 교육은 아동들을 공산주의 사회의 구성원으로 육성하는 데 교육적 효과가 크기 때문에 아동의 조기 정치사회화 및 도덕교육의 측면에서 국가에 의한 양적 확대가 이루어졌다.

취학 전 교육기관은 1990년대 들어 그 목적과 운영방식, 제도망에 있어 상당한 변화를 보여 주고 있다. 최근 유치원 교육에서 권위적·집단적 양육방식의 흔적이 여전히 남아 있기는 하지만 아동의 개성을 존중하는 교육방식이 확산되고 있다. 현 취학 전 교육기관의 기본 과제는 다음과 같다. ⓐ 아동의 지적·정서적·신체적 발달의 보장, ⓑ 아동의 생활의 유지와 건강의 강화, ⓒ 아동 발달에서 부족한 부분에 대한 교정의 실시, ⓓ 아동의 인간의 보편적 가치 참여, ⓔ 아동의 전면적 발달을 보장하기 위한 가족과의 상호작용으로 제시하고 있다.

교육기관의 자치권 증가는 유치원 운영형태의 다양화를 동반하고 있다. 구소련의 보육원과 유치원은 직장에 다니는 부모의 편의를 위해 일반 유치원, 전일제 유치원, 기숙사 유치원 등으로 형태가 구분되었다. 그러나 현재는 교육의 목적과 기능에 따라 유치원의 형태가 다양화되고 있다. ⓐ 일반 유치원, ⓑ 아동 발달에 있어 하나 또는 몇 개의 방향을 우선적으로 완성하는 유치원(지적, 미적·예술적, 신체적 발달 등), ⓒ 신체·심리적 발달에 결함이 있는 아동들의 능력 교정에 중점을 두는 유치원, ⓓ 건강의 유지와 예방 및 치료를 우선시하는 건강요양 유치원 ⓔ 복합적 형태의 유치원, ⓕ 아동발달센터-모든 아동의 신체·심리적 발달, 교정 및 건강을 목적으로 한 유치원 등 다양한 형태로 운영되고 있다.

취학 전 교육의 두드러진 현상은 체제전환 이후 교육기관과 취학아동의 수가 지속적으로 감소하였으나 점차 안정화 되고 있는 점이다. 2001년에 취학 전 교육기관의 총수는 5만 3,900개이다. 이 중에서 ⓑ의 형태가 2,300개, ⓒ의 형태가 1,600개, ⓓ의 형태가 1,300개, ⓔ의 형태가 8,500개, ⓕ의 형태가 500개로 구성되어 있었다. 이와 같이 취학 전 교육기관 중에서 선택형 유치원이 전체의 약 35%를 차지하고 있다. 취학 전 교육기관이 1992년에 83,000개에서 1996년에 63,000개, 2001년에 53,900개로 감소하고 있다. 취학 전 교육기관에 다니는 아동 수는 1990년에 900만 9,500명, 1995년에 558만 3,600명, 2000년에 426만 3,000명으로 10년 사이에 절반으로 감소했다. 보육원과 유치원에 다니는 아동의 비율이 1990년에 66.4%였으나 1995년에 55.5%, 2000년에는 54.9%로 현저히 감소하고 있다. 2006년 취학 전 교육기관의 수는 47,000개이며, 아동 수는 471만 3,000명으로 나타나고 있다(신효숙, 2012: 364).

2018년 기준 취학 전 교육기관의 현황을 살펴보면, 유치원 수는 4만 7,819개, 학생 수는 758만 2,429명, 교원 수는 66만 9,788명이다. 취학 전 아동 수가 1990년대 이후 지속적으로 줄어들었으나 아동 수가 조금씩 늘고 있음을 확인할 수 있다. 7세 이하 아동은 지역 내 유치원에 입학할 수 있다. 유아교육과 보육을 중시하는 구소련 제도의 영향으로 각 지역, 공장 등에 광범위하게 유아시설이 존재한다. 최근 사립 유치원이 증가 추세이며, 이곳들은 수업료가 비싸지만 시설과 교육내용이 우수한 것으로 알려져 있다(외교부, 2021: 125).

취학 전 교육기관이 체제전환 이후 교육기관의 형태와 방향에 따라 상당한 변화가 있었음을 확인할 수 있다. 아동의 특성 및 운영형태에 따라 취학 전 교육기관의 형태와 방향이 달라지는 교육기관의 차별화가 이루어지고 있다. 학부모들은 자신들의 교육관과 아동의 특성을 고려하여 특정 유치원을 선택할 수 있게 되었다. 또한 교육 수요자들의 요구를 고려하여 유치원 내에 일정 시간이나 기간 동안 운영하는 임시반을 조직하는가 하면, 보육원이나 유치원에 다니지 않는 아동들에게도 교정 · 교육적 지원을 해 주는 형태의 교육기관도 운영되고 있다.

개혁 · 개방 이후 다양한 취학 전 교육기관이 설립되고 운영되는 가운데 여러 가지 문제점도 제기되고 있다. 무엇보다도 국민들의 출산률 하락과 교육에 대한 경제적 지불 능력 저하가 맞물려 취학률이 급격히 떨어지는 경향을 보이는 것이다. 특히 취학 전 교육기관에 대한 국가의 재정 부족으로 대부분의 유치원이 운영상의 어려움으로 교재비, 급식비 등 교육비를 걷는 유치원이 늘어나고 있고, 고액의 질 높은 사립 유치원이 늘어나면서 국가의 지원을 받는 취학 전 교육기관이 줄어들고 있다. 취학 전 교육이 향후 아동의 지적 · 정서적 · 사회적 발달에 중요한 역할을 한다는 사실을 인식할 때 국가 복지 차원의 취학 전 교육기관에 대한 적극적 대책이 마련되어야 할 것이다.

3) 초 · 중등교육

러시아의 초 · 중등학교는 교육과정의 수준에 따라 초등일반교육, 기본일반교육, 중등일반교육으로 구분되며, 이는 우리나라의 초등학교, 중학교, 고등학교에 해당된다. 러시아의 학제는 초등교육 4년, 기본 일반교육(중학교) 5년, 중등 일반교육(고등학교) 2년을 포함하는 11년제로 운영되고 있다. 일반교육기관은 초등학교와 중등학교를 분리하여 설립 · 운영되기도 하지만 일반적으로는 초등학교와 중등학교가 결합된 형태인 9년제 학교, 11년제 학교가 운영되고 있다.

2019년 초 · 중등학교 현황은 학교 수 4만 1,349개소, 학생 수 1,656만 5,591명, 교원 수 108만 3,294명으로 나타났다(외교부, 2021: 125). 2007년 초 · 중등학교 현황에서 학교 수는 5만 5,711개소, 학생 수는 1,369만 5,000명이었다. 이 중에서 사립학교는 697개소, 학생 수 7만 2,000명(0.53%)이었다. 이를 통해 대부분 학생들은 국공립 일반학교에 다니고 있음을 알 수 있다(신효숙, 2012: 365).

학교교육망과 관련하여 구소련 시기에는 국 · 공립 형태의 학교만 존재했으나 체제전환 이후 사립학교가 설립되기 시작했다. 새 「교육법」에 의해 다양한 형태의 교육제도 설립이 허용되면서 사립학교가 증가하고 새로운 형태의 학교로 리쩨(лицей), 김나지움(гимназии)을 비롯해 일정 과목을 비중 있게 가르치는 학교가 생겨났다.

새로운 형태의 교육기관과 사립학교는 러시아의 경제적 위기와 맞물려 급속하게 증가하기 시작했다. 급격한 시장경제체제의 도입으로 인한 경제적 위기는 국가예산에서 교육예산의 현저히 감소를 동반했다. 경제개혁 과정에서 발생한 물가 상승과 인플레이션, 임금과 연금의 상대적 하락으로 대다수 국민들은 정상적인 생활을 유지하지 못하고 있고 이는 출산률의 감소와 학교교육 기피 현상을 동반하고 있다. 국가의 재정 지원의 감소와 취학 학생의 감소로 문을 닫는 학교도 생겨났다. 이런 상황에서 국가의 지원 없이 설립과 운영이 가능한 사립학교가 정책적으로 권장되었다.

이렇게 설립되기 시작한 새로운 형태의 교육기관 및 사립학교는 러시아인들 사이에 인기있는 학교로 자리 잡아갔다. 우선 사립학교의 현황을 살펴보면, 사립 초·중등학교가 1993년에 368개, 1994년 447개, 1995년 525개, 1996년 540개, 1997년 570개, 1998년에 568개교로 약간의 증가세를 나타내고 있다(Филиппов & Бойко, 1999: 281). 2006년 현재 러시아에는 도시를 중심으로 다양한 형태와 종류의 사립학교가 697개 운영되고 있고 7만 2천 명의 학생이 공부하고 있다. 이러한 사립학교의 비율은 전체 학교 수에 대해서는 1.3%, 전체 학생 수에 대해서는 0.53%를 구성하고 있다.

교육기관과 관련된 주목할 만한 사실은 사립학교 외에 새로운 형태의 교육기관이 급속한 증가를 보이고 있는 점이다. 1994/95학년도에 김나지움 822개교에 학생 65만 9천명, 리쩨 505개교에 학생 34만 5천 명, 그리고 사립학교 447개교에서 학생 3만 9,500명이 공부하고 있었다. 1997/98학년도 초에는 김나지움 1,034개교에 학생 83만 5,900명, 리쩨 657개교에 학생 44만 6천 명, 총 128만여 명이 공부하고 있고, 사립학교 570개교에서 학생 5만 500명이 공부하고 있었다(Российская Федерация, 1998: 89-90). 이러한 교육기관은 1988년까지 러시아 전역에 단 하나도 존재하지 않았다. 그러던 것이 2000/01학년도 초에 김나지움, 리쩨, 특정과목 중심의 학교가 7,347개가 운영되었다. 이 수치는 전기 및 후기 일반중등학교 전체 수에서는 14.9%(1990년에 6.6%), 전체 학생 수에서는 12.7%를 차지하는 것이다. 지역별로는 도시 아동의 17.1%, 농촌 아동의 2.6%가 김나지움과 리쩨에서 공부하고 있다.

'선택적 학교망'으로 불리며 새로운 교육기관들이 급속히 확산되는 데는 이유가 있다. 이들 학교는 교육수요자인 학부모와 학습자의 욕구를 충족시켜 주고 있기 때문이다. 이러한 교육기관은 획일적인 교육 프로그램과 내용으로 운영되는 러시아의 일반학교와 확연히 구분된다. 자체의 교육계획안에 따라 운영되며, 다양한 교육내용과 선택과목을 도입하고, 학생 개인의 흥미와 적성을 고려한 개별화된 방법들을 도입하고 있다. 그러므로 대부분의 러시아인들은 경제적 여건만 허락한다면 자기 아이들을 사립학교나 새로운 형태의 학교로 보내고자 한다. 일반학교에 비해 학비는 더 들지만 나은 교육시설과 새로운 교육과정으로 운영되는 리쩨나 김나지움을 선택하는 학부모들이 점점 늘어나고 있다.

4) 직업교육

러시아의 직업교육과 성인교육은 혁명 직후부터 사회주의 교육이념에 기초해서 발전되었다. 사회주의 교육원리는 이론과 실천의 일치, 교육과 노동, 및 학교와 사회의 결합을 기초로 한다. 이에 따라 교육체제는 일반교육체계와 직업교육체계, 그리고 성인교육체계의 유기적 연계를 특징으로 한다. 그리하여 노동자들이 생산현장에 종사하면서 부족한 학력을 보충하고 학위를 취득하기 위해 야간학교나 통신학교를 다니고, 생산현장에 필요한 지식과 기술을 습득하고 향상시키기 위해 재교육기관을 다니는 것은 구소련 사회에서 일상화된 경험이었다.

구소련시기 직업교육과 성인교육은 정규 직업교육기관, 각종 학교에 설치되어 있던 야간 및 통신과정, 성인들을 위한 보충교육기관을 통해 이루어졌다. 1950년대부터 일하면서 공부할 수 있는 교육체제로 야간학교와 통신교육과 같은 시간제 과정이 광범위하게 확산되었다. 특히 직업교육과 성인 재교육기관은 구소련의 산업화 정책과 이에 따른 급증하는 전문가와 숙련노동자에 대한 요구와 맞물려 급속하게 발전하였다. 구소련 시기 중등교육과정에서 일반학교와 직업교육기관에 진학하는 학생의 비율은 60 : 35에 이를 정도로 직업학교가 적지 않은 비중을 차지했다(극동문제연구소, 1989: 544).

오늘날 러시아 국민의 22%가 중등직업학교를 마쳤을 정도로 중등직업교육은 러시아 교육제도에서 중요한 위치를 차지하고 있다. 사회 · 경제 분야의 전체 직종에서 34%를 차지하는 2,160만 명의 전문가들이 바로 중등직업학교를 마친 사람들이다. 중등 직업교육은 대부분 '체흐니쿰'이라 불리는 중등전문학교에서 이루어졌다. 중등전문학교는 국민경제의 각 분야에 걸친 지식과 기술을 익힐 수 있도록 공업, 농업, 건설, 통신, 교통, 보건, 체육, 스포츠, 교육, 경제, 법률, 예술 및 영화 등의 전공이 설치되어 있다. 중등전문학교는 중등 기능공 및 중등 전문가 양성을 목적으로 학생들에게 직업훈련과 동시에 일반 중등교육을 제공하였다. 수학 연한은 평균 3~4년이다(극동문제연구소, 1989: 542).

체제전환 이후 러시아 직업교육은 새로운 형태의 교육기관들이 특히 주목을 받으며 발전하고 있다. 새로 생긴 학교는 '칼리지(колледжи, College)'로서 이 학교가 중등직업학교의 약 40%를 구성하고 있다. 칼리지에서는 과학기술 및 사회 제분야의 직업을 위해서, 또한 높은 수준의 지적 활동을 요구하는 타 분야의 전문가들을 양성하고 있다. 2000년 기준 국·시립 중등전문학교는 총 2,713개로서 280개의 전문 분야에 걸쳐 230만 명의 학생이 공부하고 있다. 중등직업학교에는 9년제 중등학교 졸업자뿐만 아니라 11년제 중등학교 졸업생이 모두 입학할 수 있다. 지난 10년간 매년 9년제 중등학교 졸업자의 약 11%, 후기 중등학교 졸업자의 약 23%가 중등전문학교의 학생이 되었다. 또한 중등전문학교의 경우에도 사립학교가 생겨나고 있고, 국립학교의 경우에도 교육비를 내는 학생으로 입학하는 유료교육 학생 수가 증가하고 있다. 1995년에 12만 1,000명(18.2%)에서 2000년에 32만 7,000명(38.7%)으로 계속 증가하고 있다(신효숙, 2012: 369).

2019년 현재 중등직업학교 및 전문대학을 포괄하는 직업교육 현황을 보면, 학교 수는 3,659개소, 학생 수는 311만 9,370명이다. 학생 수를 다시 세분해 보면 중등직업학교 학생 수는 54만 3,373명, 전문대학 학생 수는 257만 5,997명이다. 교원 수는 총 2만 1,600명으로 교수 14만 707명, 직원 38만 559명을 포함하고 있다. 중등직업교육기관은 고등교육기관의 한 종류인 전문대학으로서 해당 분야의 전문 기술을 배우는 교육기관이다. 직업교육기관으로는 체흐니쿰, 칼리지 또는 우칠리셰(Uchilishche) 등이 있다. 이 학교들은 9학년 중학교 졸업 이후에 입학이 가능하다. 수학 연한은 중학교 9학년 이수 학생은 3년, 고등학교 11학년 졸업생의 경우에는 1년이다. 졸업 후 해당 분야 직업 자격증과 전문대학 학위가 수여되고 졸업 후 4년제 대학에 입학할 수 있으며, 동일 분야일 경우 수학 연한의 단축이 가능하다(외교부, 2021: 126).

한편, 체제전환 이후 러시아의 직업교육과 성인교육은 상당한 퇴조기를 맞고 있다. 보통 일반교육의 정상적 운영도 어려운 상황에서 직업교육에 대한 투자가 상대적으로 감소했고, 특히 성인교육은 그 중요성에서 학교교육에 비해 이차적이기 때문에 재원 부족, 정책적 배려 미비, 성인학습자의 관심 저하로 상당한 위기를 맞이하고 있다. 급속한 과학 기술정보의 발달과 산업구조의 변화에 따라 현대 사회의 직장인들에게는 전문적인 지식과 기능을 습득하고 향상시키는 계속적인 교육의 과정이 요구되고 있다.

고등교육 이후의 직업교육제도나 보충교육기관은 바로 이러한 계속교육의 과제를 수행할 것을 목적으로 발전되었다. 러시아 교육과학부의 관할 하에 있는 보충직업교육을 실시하는 성인교육기관에서는 전문가의 자격 향상 및 직업 재교육을 위해 보충적 직업프로그램을 운영하고 있다. 이 외에도 성인교육기관에서는 사회적 과제를 해결하는 것과 관련된 기능을 수행하고 있다. 대량 해직되고 있는 군종사자들, 무직자와 실직자들을 위해 재교육 및 자격 향상 교육을 조직하고 새로운 직업교육을 준비시키는 것은 이들의 삶과 생활을 지원해 주는 중요한 의미를 가질 것이다.

5) 고등교육

고등교육기관에는 종합대학(University), 단과대학(Institute), 아카데미(Academy) 등 다양한 형태로 구성되어 있다. 각 대학에는 주간부, 야간부 및 통신부의 세 형태가 있으며, 수업 연한은 4~5년이다. 종합대학은 모스크바 등 대도시에 설립되어 있다. 모스크바국립대학 및 상트페테르부르크국립대학은 연방특별대학교 지위를 누려 예산 편성, 인사, 시설 운영 등에서 독자적 자율 권한을 보유하고 있다. 단과대학 또는 전문대학(원)은 공학, 의학, 경영, 항공, 외국어, 철도 등 전문 분야로 특성화되어 운영되고 있다. 종합대학 및 단과대학 간의 질적 차이가 있는 것은 아니며, 학문 분야에 따라 개별 전문대학이 오랜 전통과 역사를 갖고 있는 경우가 대다수이다.

고등교육기관의 학생 수 및 학교 수는 1990년대 초반에 감소 추세였으나 1995년부터 계속 증가하고 있다. 총 학생 수가 1991년에 282만 4,500명, 1992년에 276만 2,800명, 1993년에 263만 8,000명으로 계속 감소하였다(Подбережкин, 1994: 107-110). 그러나 국립 고등교육기관과 학생 수가 1995년에 566개교, 264만 2,000명, 1998년에 580개교, 334만 7,200명, 2000년에 607개교, 427만 800명으로 증가하고 있다(신효숙, 2012: 370).

2019년 기준 4년제 대학 현황을 살펴보면, 총 대학 수는 740개교이고 이 중 국립대학은 495개교, 사립대학은 245개교이다. 학생 수는 총 462만 1,036명으로 이 중 국립/자치대학의 학생 수는 373만 6,343명, 사립대학의 학생 수는 88만 4,693명이다(외교부, 2021: 126). 구소련 시기에는 사립대학이 존재하지 않았으나 체제전환 이후 사립대학이 점차 증가하는 추세이다. 전체 대학에서 사립대학에 다니는 학생의 비율은 갈수록 증가하고 있다.

고등교육기관에 있어 주목할 만한 점은 1990년대 중반부터 유상교육의 형태가 확대되고 있는 점이다. 국립대학은 학생 모집 시에 학비를 내는 유상교육 학생과 국가에서 학비를 내는 무상교육 학생으로 구분하여 모집한다. 2000년 기준 유상교육 학생 수는 34.4%이고 무상교육 학생 수는 65.6%이다. 유상교육 입학자의 규모는 각 대학별로 30~50%로 다양한데, 전반적으로 유상교육 학생 모집을 증가시키는 추세이다.

최근 러시아의 사립학교 증가와 유상교육의 확대는 고등교육의 발전에 있어 적지 않은 의미를 부여하고 있다. 우선 학습자가 교육의 수준과 형태를 선택할 수 있는 가능성을 넓혀 놓았다. 고등교육기관의 입장에서는 교육기관의 발전을 위해 예산의 일정한 범위에서 추가적인 자금을 끌어들일 수 있게 되었다. 교육기관들은 학생들로부터 받는 교육비 외에도 예산 외 다른 경로를 통해 재정의 규모를 일정 정도 늘릴 수 있게 되었다. 이와 같이 고등교육 개방 및 개혁 정책에 따라 외국 유학생 유치, 단과대학 및 학부별 독립 채산제의 도입 등 대학별 재정 자구책을 확대하고 있으며 사립대학, 연방대학이 증가하는 추세이다.

러시아의 학위제도는 1990년대 이후 서구의 학위제도를 일부 수용함과 동시에 유럽과의 고등교육 통합에 대비하여 구소련의 학위제도가 유지되는 가운데 서구의 학제를 적용하는 대학이 증가되는 추세이다. 구소련의 학위제도는 대학의 학사과정 5년을 졸업하면 디플롬(диплом)이라는 전문가 자격증이나 졸업장을 수여했으며, 다음 단계로는 서구의 ph.D.에 해당하는 칸디다트(кандидат 박사학위), 정교수직을 하기 위해 필요한 학위인 독토르(доктор), 그리고 아카데믹(академик)을 수여하였다.

한편, 러시아는 유럽과 학문 이동성을 높이기 위한 볼로냐 협약에 2003년에 가입하였다. 이를 위해 대학의 학제 호환성을 준비하였는데 대표적으로 대학의 경우 4년제 프로그램으로의 전환 및 석사 과정의 신설이다. 러시아의 대학 교육과정은 크게 학사 과정, 스페셜리스트 과정, 석사 과정, 박사 과정으로 구분된다. 2004년부터 대학 체제 개혁의 일환으로 외국인 또는 외국 유학 준비생에게 대학과정 4년, 석사과정 2년제를 적용하는 대학이 증가하는 추세이다. 대학과정 4년을 졸업하면 바칼라브라(бакалавра 학사학위)를 수여하고, 스페셜리스트 과정 5년을 졸업하면 바로 마기스트르(магистр 석사학위)를 수여하고 있다.

대학 박사과정에 입학하기 위해서는 스페셜리스트 과정(5년제) 또는 석사과정 졸업이 필요하다. 박사과정은 칸디다트(кандидат 박사학위)와 독토르(доктор) 두 과정으로 구분된다. 칸디다트 학위는 Post-Graduate 과정으로 최소한 주간 3년, 야간(통신제 포함) 3~4년 정도가 소요된다. 독토르 학위는 칸디다트 학위 이후 10년 이상 오랜 연구

활동 및 경력을 거친 후, 다수의 단행본과 논문 발표를 한 뒤, 학위위원회 결정으로 부여된다. 마지막의 최고 단계가 아카데믹(академик)의 학위로서 각 분야의 최고 권위자에게만 수여하는 학위로서 보통 50~60대의 원로급에게 수여한다. 아카데믹은 러시아 최고학술원인 아카데미야의 회원이 된다.

6) 교사교육

교육개혁은 사범교육의 질의 개선을 요구하고 있다. 구소련의 사범교육제도는 오랫동안 엄격한 공교육제도의 틀에서 일하는 교사집단을 재생산하여 왔다. 대부분의 교사들은 사회주의 시대의 교육체제에 익숙해져 있다. 학교에는 권위주의적 관계가 지배적이고 학생이 선생님에게 무조건 복종하도록 교육되었다. 이제 시장경제체제 하의 새로운 교육은 자주적이고 창의적인 인간의 특성을 요구한다. 교육개혁의 원칙과 방향에 맞는 새로운 교사집단을 육성하기 위해서는 사범교육제도의 개선이 필수적이다.

러시아의 정규교사는 일반적으로 교원대학과 사범대학을 통해 양성되었다. 교원대학은 중등전문교육을 제공하는 3~4년제의 교육기관으로서 취학 전 및 초등학교의 교원을 양성한다. 사범대학은 중등학교의 교과 담당 교원들을 양성하는 5년제의 고등교육기관이다.

러시아는 체제전환 이후 교사에 대한 낮은 임금과 복지 정책 하락으로 교사의 부족 문제를 안고 있다. 1990년 중반부터 교사의 수가 조금씩 늘고 있음에도 불구하고 교사가 상당히 부족하다. 교사 수의 감소는 무엇보다 교사 권위의 하락과 관련된다. 경제적 위기 상황 속에서 교사의 임금은 최하급 노동자의 수준으로 하락했고, 그나마도 몇 달씩 임금 체불을 겪어야 했다. 이로써 사범대학의 대부분 학생들은 월급이 적은 교사가 되기보다는 다른 직장을 선호하고 있다. 현직 교사들이 가능한 한 사립학교로 자리를 옮기거나 돈을 많이 벌 수 있는 사교육 시장으로 자리를 바꾸고자 하여 문제로 제기되었다.

「교육법」에 의하면 초 · 중등 교사의 임금은 산업 노동자의 평균임금을 보장하고 고등교육기관의 교수들은 산업 노동자의 평균임금 수준의 2배를 보장해야 한다고 규정하고(「Об образовании」, 제54조) 있지만 실제 일반 교사들의 임금 수준은 산업 노동자의 평균임금에 훨씬 못 미치는 것으로 나타나고 있다.

이런 상황에서 현재 시행되고 있는 공공요금의 보장, 농촌 교사들의 주택 보장, 주거 조건의 향상, 교육기관의 교사들에 대한 휴양지 이용 서비스와 같은 사회보장제도(「Об образовании」, 제55조)가 유능한 교사들과 청년들을 교육계로 끌어들이기 위한 조치로 이루어지고 있다. 현재 대학을 졸업하고 학교에서 일하는 신입 교사들이 받는 초임으로는 경제활동을 유지하기가 어렵다. 이와 관련해 젊은 교사들의 임금을 일정 수준 이상으로 올리기 위한 조치가 필요하다. 또한 중등학교 졸업자들을 사범교육기관으로 끌어들이고, 교육기관의 졸업생들을 도시 학교는 물론 농촌 지역 학교에 배치하기 위한 조직적 · 경제적인 특별 조치가 요구되고 있다.

그동안 교사들의 자격 향상 및 재교육을 위해 5년에 1번씩 의무적으로 받아야 했던 자격 향상 제도를 개선할 필요가 있다. 교사들의 자격을 실질적으로 향상하고 학교개혁에 실질적으로 도움이 되는 교사로 재교육하기 위해서는 교육의 형태, 프로그램, 내용, 장소에 이르기까지 선택이 가능하도록 다양한 자격 향상 제도를 설치해야 할 것이다.

3. 교육개혁 동향

1) 교육개혁 동향

구소련의 붕괴와 옐친의 개혁 · 개방정책은 급진적인 사회경제적 구조 개편을 가져왔다. 사회주의 교육의 특징인 집단주의적 훈육과 정치사상 중심의 교양교육이 전격적으로 폐기되었다. 대신 교육의 기본 원칙으로 교육의 민주화와 다양한 제도, 교육의 지방자치, 다민족국가에서 민족적 특수성의 고려, 교육의 개별화 등이 강조되었다. 1990년 초부터 본격화된 교육개혁의 결과로 사립학교가 신설되고 유료교육 학생수가 증가되고 있다. 10여 년에 걸친 이러한 급격한 교육개혁은 교육의 이념과 정체성 확보, 고급인력의 고갈, 교육 기회의 불평등 확산, 교육재원의 확보라는 문제를 제기하였고 국가 차원에서 대책을 모색하지 않을 수 없었다.

이러한 1990년대의 교육개혁의 경험적 바탕 위에 푸틴 정부는 '2000~2010년 러시아 교육 현대화 구상'이라는 21세기를 향한 새로운 교육정책을 제시하였다. 강한 러시아 국가와 경제발전을 목표로 계획된 이 교육개혁안은 정부의 사회경제정책의 기본방향과 긴밀히 연계되었다. 러시아 교육현대화의 기본방향은 개인, 사회, 국가의 당면한 요구와 장기적 발전에 기초해 교육의 질을 보장하는 것이며, 구체적으로는 교육구조의 개혁과 교육의 내용과 질을 향상시킬 것을 목표로 하고 있다. 러시아 교육구조의 개혁은 학제 개편과 고등학교에서 심화교육의 도입으로 요약된다. 학제 개편은 초등학교 4년, 중학교 5년, 고등학교 2년으로 총 11년제를 실시하는 것이다.

또한 고등학교과정에서는 심화교육(Профильное обучение)을 도입하기로 하였다. 구소련 교육제도의 특징은 일반교육기관의 모든 학생들이 인문계열 또는 이공계열로 세분화됨이 없이 모국어, 수학, 역사, 지리, 화학, 물리, 생물 등 다양한 기본 교과들을 철저히 이수하도록 하는 것이었다. 그러나 급속한 과학기술정보의 발달과 산업구조의 변화에 따라 보다 이른 시기에 자신의 진로를 선택하고 그에 따른 기본적인 전문 지식과 기능을 습득하게 할 필요성이 제시되었다. 따라서 교육과학기술부는 고등학교과정에 일반교육, 인문사회, 인문언어, 자연과학, 물리수학, 공업 등의 전문화된 교육을 심화교육의 방향으로 제시하고, 2004년부터 단계적으로 적용해 나가고 있다(Киселева, 2001).

2000년대 러시아의 교육개혁은 러시아 교육을 유럽교육과 통합하기 위한 장기 계획 속에서 이루어지고 있다. 러시아는 2000년 '볼로냐 선언(Болонская декларация)'에 합의하여 2010년까지 러시아 교육을 유럽 지역 고등교육과 통합하기로 했고, 이러한 계획의 일환으로 대학개혁을 추진하였다. 고등교육 통합을 위한 첫 개혁의 조치로 대학입학시험제도 개혁안을 제시한 것이다. 우리의 수능에 해당하는 '공통국가시험(Единый государственный экзамен)' 제도는 기존에 고등학교 졸업시험과 대학입학시험을 일원화한 제도이다. 전통적 대학입학시험이 주관식 작문형과 구술시험으로 이루어졌다면 공통국가시험은 객관성과 공정성을 높인다는 취지 하에 객관식 시험제도가 도입되었다(오만석, 신효숙, 2004).

이러한 대학입시제도 개선은 대학 입학 시 대학별 고사가 아닌 전국 단위 입시 시험 체제를 도입한 것이다. 2008년에 '공통국가시험' 제도는 모든 고등학교 졸업생에게 시험 실시를 의무화하였고, 2009년에는 모든 대학이 이 시험 결과 활용을 의무화하였다. 이 시험의 도입 취지는 표준화된 교육 시스템 도입, 학생의 시험 이중 부담 경감, 학교 성적 비리 해소, 대학의 공정한 학생 선발 기준 제시로 들고 있다(외교부, 2021: 128).

한편, 러시아는 고등교육 통합에 대비한 대학의 구조개혁과 질 관리, 우수한 인재 양성의 필요성에 입각해 모스크바국립대학과 상트 페테르부르크국립대학에 대한 특별지위를 부여하였다.[1] 모스크바국립대학과 상트페테르부르크국립대학은 전통적으로 러시아뿐만 아니라 구사회주의권에서 인재양성의 요람으로 인정받았으나 개혁·개방후 최근 각종 서방자료에서 저평가됨으로써 국내적으로 자성의 목소리가 적지 않았다. 이에 러시아 정부는 국가 발전을 위해 지대한 의미를 지니는 양대 전통 명문 대학의 위상 제고를 위해 특별 지위를 인정하는 법적 근거를 마련했다.

두 대학은 러시아 연방정부의 예산 집행 기관으로서의 지위를 획득함에 따라 대통령의 직접적인 지휘 감독을 받는다. 즉, 기존에는 여타 대학과 마찬가지로 교육과학부 산하의 고등교육기관 일원으로 장관의 통제하에 예산·인사·조직운영 등 권한을 행사했다. 그러나 새로 제정된 연방법에 따르면, 양 대학 총장은 대통령이 직접 임명 및 해임하며, 재정 집행 및 결산도 관할 부처인 교육과학부가 아닌 연방정부의 직접 관할 하에 둔다. 행정부가 연방정부의 위임을 받아 두 대학의 정관 작성 등 설립주체가 되고 대학이 자체적으로 산하에 분교 및 연구소를 설치할 수 있으며, 각 학부의 학장 등 학내 보직은 대학 정관에 따라 선발토록 규정하고 있다.

2008년 5월에 취임한 메드베데프 대통령은 푸틴의 뒤를 이어 교육개혁에 박차를 가했다. 메드베데프 대통령은 2008년 및 2009년 연례교서에서 '우리의 새로운 학교'(инициатива 'Наша новая школа')[2] 구상을 발표하였다. '새로운 학교'의 기본과제가 학생들의 개성과 잠재력을 발굴하고 국가 현대화 혁신과제를 수행하는 직업 능력을 배양하여 21세기 최첨단기술의 경쟁세계에 적응토록 하는 것이다.

'우리의 새로운 학교' 구상의 기본 발전방향을 다음과 같다. ⓐ 새로운 교육 표준화로의 이전, ⓑ 재능 있는 아동들에 대한 지원 시스템 개발, ⓒ 러시아 교사집단을 지원하기 위한 물질적·정신적 동기부여 시스템의 구축, ⓓ 학교 인프라 개조, ⓔ 2010년부터 주당 최소 3시간 이상 체육수업 규정 등 학생들의 건강 유지 및 강화, ⓕ 학교 재

1) 이 법은 하원 및 상원의 심의를 거쳐 2009년 11월 10일 메드베데프 대통령이 최종 서명함으로써 발효되었으며, 현재 양 대학 측은 2010년도 신학기부터 시행될 전방위적 개혁안을 마련하였다.

2) 이 구상은 메드베데프 대통령이 2008년 연례의회 연설에서 발의 후 심도 있는 준비과정을 거쳐 2010년 1월 21일자 승인한 교육개혁령이다.

정뿐만 아니라 교육 프로그램의 자율성을 부여하는 '자립형 학교'의 증설 등을 골자로 제시하였다.

2018년에 제4기 푸틴 정부가 등장하면서 주요 교육 분야 개혁을 진행하고 있다. 교육개혁의 주요 동향으로는 우선 '러시아 대학 국제경쟁력 제고 노력(5/100 프로젝트)'을 들 수 있다. 교육과학부 장관을 위원장으로 러시아 대학 국제경쟁력강화위원회가 신설되어 2020년까지 5개 대학을 세계 대학 랭킹 100위 안에 진입하는 것을 목표로 추진하고 있다. 이와 관련해서 참가 대학 21교에 기존 예산의 10~40% 추가 지원, 워크숍 및 국제 컨퍼런스 개최, 국제교육전 참가 등을 내용으로 추진되고 있다.

주요 교육 분야 개혁으로는 대학 재정 지원 확대 및 통폐합 추진을 들 수 있다. 대학의 연구 역량을 높이기 위해 우수 연구대학을 국가연구대학으로 지정(29개)하여 예산 지원을 확대하고 소규모 대학을 연방대학(10개)으로 통폐합하였다. 이와 함께 고등교육 개방 및 개혁 정책에 따라 사립대학이 증가 추세이다. 시장경제체제 전환 후 모스크바, 상트페테르부르크 등 대도시 중심으로 402개 사립대학이 설립되었다. 사립대학은 외국어, 법학, 경영 등 전문 분야 중심의 소규모 형태로 설립되고 있다. 또한 유학생 확대 정책도 추진하고 있다. 전체 학생 수 대비 2% 수준인 외국인 유학생 수를 2020년까지 7% 수준으로 높이기 위해 장학금 확대 및 다각적인 홍보를 추진하고 있다(외교부, 2021: 128).

러시아는 코로나 팬데믹을 거치면서 원격교육이 확산되었다. 가정에서 자기 주도적 개별학습이 이루어지고 학교 환경은 급격하게 에듀테크 기반으로 변모하였다. 한정된 교실공간과 시간에 학교 수업을 들었던 학생들은 개인 노트북이나 태블릿 PC를 활용한 학습이 가능하게 되었으며 수업활동에 대한 피드백을 개별적으로 받을 수 있는 환경으로 변화되고 있다. 따라서 러시아 정부는 코로나 팬데믹 이후 교육의 변화를 다음과 같이 전망하며 이에 대한 대응책을 모색하고 있다. 첫째, 미래교육의 기본 모델은 혼합 학습(온라인 및 오프라인)으로 5년 안에 광범위한 전환이 이루어지고, 온라인(대량, 저렴한) 및 오프라인(엘리트, 새로운 아이비리그) 교육의 양극화가 나타나며, 기존의 통합 커리큘럼에서 인공지능(AI) 기반 개별화 교육으로 궤도로 전환해 갈 것이다. 둘째, 팬데믹 이후 학습자의 역량으로는 지속 가능하고 적응적이며 '예측할 수 없는 경제'를 위한 '다방면의 군인' 훈련(내부 안정성, 기업가적 특성, 위험 대비 및 전략적 불확실성)이라고 제시하고 있다. 셋째, 학교는 수업 시스템에서 프로젝트 지향의 학습으로 전환해야 하며, 새로운 과목으로는 응용수학, 확률 수학, 공학, 심리학, 사회학이 떠오를 것이며, 미래의 컴퓨터 게임은 전통적인 교훈을 부분적으로 대체할 수 있고, 사회화와 인지 기술을 가르칠 것이다. 넷째로, 네트워크화된 분산형 고등교육으로서 '벽 없는 대학', 교육 서비스 수출의 감소와 단기간의 '집 근처 학습'이 생겨날 것이고, 4~6년제 학습 모델에서 교육과정을 보다 유연한 조직 원칙으로 전환하며, 비공식 교육 및 단기 과정에 대한 인증, 학위 인증에 블록체인을 사용하게 될 것이다. 다섯째, 직업교육의 변화로는 자기개발 도구로서의 교육 기능이 그 의미를 잃고 실용주의가 강화될 것이며, 새로운 형태의 교사, 온라인 교육 방법론자, 온라인 프로듀서 등 새로운 직업이 생겨날 것이다. 여섯째, 기술을 기반으로 한 유망한 솔루션으로는 인간의 디지털 교육 프로필이 어린 시절부터 시작되며, 개인별 교육 궤적을 만들기 위한 인공지능 등 교육 프로세스의 자동화가 이루어질 것이다. 팩데믹 이후 2025년까지, 더 나아가 그 이후 교육 시스템의 변화를 교육 분야별로 준비해 나가고 있다(Агентство инноваций Москвы, 2020. 6. 15.).

2) 발전과제

러시아의 교육발전을 위해 해결해야 할 과제는 다음과 같다. 첫째, 교육의 이념과 정체성 재정립 및 애국주의 사상교육 강화의 문제이다. 구소련 70년을 지배했던 사회주의 교육은 기본적으로 '인민'과 '평등'에 바탕을 둔 대중 지향적인 교육체계를 수립했다. 그러나 1990년대 개방주의를 표방한 교육개혁은 집단주의 교육 및 교양 교육을 도외시하고 대신에 구미의 교육을 무조건 도입한 결과로 사회 전반에 이기적 개인주의, 도덕적 타락, 물질 만능주의, 배금주의 등의 문제를 양산하고 있다. 구체적으로 1990년대 이후 현저히 증가한 미혼모와 이혼율은 심각한 가정 문제, 가족 해체로 이어지고 있다. 청소년들의 가치관 혼란과 도덕성 결여는 최근 스킨헤드의 유색인종 테러로 극단화되고 있으며 러시아 사회 전반을 불안에 떨게 하는 자살테러도 교육의 정체성 문제와 무관하지 않다.

한편, 푸틴 정부에서는 교육이념과 방향에 있어서 군국주의와 애국주의 사상교육을 강화하고 있다. 21세기 강대국 러시아의 재탄생을 꿈꾸며 크림반도 재통합, 러시아–우크라이나 전쟁을 일으켰다. 이와 함께 러시아의 초등학교·중학교 학생들은

2022년 9월 새 학기부터 매주 역사를 배우게 되었다. 역사 시간에 새롭게 배우게 되는 내용에는 "블라디미르 푸틴 대통령의 20년 집권 역사 덕분에 러시아가 강대국으로 우뚝 서게 됐다"는 내용도 담긴다고 한다. 푸틴 대통령은 2022년 7월에 국가 이데올로기 교육을 강화하는 내용의 대통령령에 서명했다. 법령에는 러시아 전역 공립학교 4만여 곳에 재학하는 학생들에게 옛 소련의 소년단 조직 '피오네르'(Pioneers)를 본뜬 '유소년 애국운동'에 동참할 것을 권장하는 내용도 담겼다(김서원, 2022. 7. 19.). 이렇게 러시아가 의무교육과정에서 군국주의 · 애국주의 사상교육을 강화하는 것은 그동안 진행된 교육의 개방화와 민주화를 퇴행시키는 것은 아닌지에 대한 우려를 제기하고 있다.

둘째, 교육의 질적 · 양적 저하의 문제이다. 우선 일반교육기관의 보통의무교육이 구소련 시기에 비해 퇴조하고 있음을 지적할 수 있다. 1990년대 초반 중학교 졸업자가 거의 100%에 육박했으나 1995년에 84.5%로 지속적으로 급감하고 있고, 2009년 현재 청소년 문맹자가 2백만에 이르는 것으로 보고되고 있다.[3] 이러한 현상은 구소련 시기 국가가 교육에 대한 모든 행 · 재정적 권한을 행사했으나 이후 국가가 학부모와 민간기관에 그 책임과 권한을 이양하는 과정에서 발생한 부작용이다.

이러한 요인에는 열악한 교육재정 및 재원 확충 방안과 연계되고 있다. 러시아 경제상황 악화로 인한 교육재정의 빈곤은 교육발전에 커다란 장애요인이 되고 있다. 구소련 해체 이래 교육예산이 계속 감소함에 따라 국가 차원에서도 개혁 정책을 통해 지속적으로 재정을 확충하고 있으나 여전히 부족한 실정이다. 최근 20년간 정부 지원의 국공립대학 예산은 40% 정도에 불과하고 나머지는 각 대학이 자체적으로 확보해야 한다. 재정 문제는 대도시보다는 지방의 경우가 더욱 열악하다. 2006년도에 교사 급여 100% 인상 등 러시아 연방 예산의 교육부문 비중을 증액함에 따라 교원들의 평균 초임이 상향 조정되었다. 교육혁신 프로그램 시행을 위한 예산도 계속 증액하고 있다. 그러나 러시아 정부의 지속적인 노력에도 불구하고 교육재정 문제는 쉽게 해소되지 않고 있다. 여러 가지 요인을 꼽을 수 있으나 무엇보다도 교육 분야 전반에 걸친 질적 저하와 함께 재정 메커니즘의 노후화, 교육기관 재정운영의 투명성 결여

3) 2009년 6월 2일 상트페테르부르그시 의회에서 "경제위기 이후 상트페테르부르크의 교육 문제점" 제하 개최된 청문회에서 공산당측이 내무부 통계치를 인용하여 제기한 내용이다.

등을 들 수 있다.

셋째, 교육 기회 불균형 및 계층 간 불평등 심화의 문제이다. 구소련의 사회주의 교육체제하에서는 대다수 학생들이 중등교육기관에서 의무교육을 마쳤으며 개인의 성취 능력에 따라 무료로 대학 교육을 받을 수 있었다. 그러나 체제전환 이후 도중에 학업을 포기하는 학생들이 지속적으로 늘어나고 노동자 · 농민 출신의 학생 비율도 현저히 감소하고 있다. 새「교육법」에 따라 사립학교뿐만 아니라 리쩨, 김나지움 등 전문 분야 위주의 학교가 경제 위기와 맞물려 급속하게 증가하고 있다. 공통국가시험 도입 후 2009년 기준 연간 10만여 명의 고교 졸업생들이 졸업장을 받지 못해 대학 진학을 포기하고 약 2백 50만 명의 청소년이 직장도 없고 학업도 중단하는 상태이다. 고등교육의 경우도 사립대학이 지속적으로 증가하고 국공립대학의 경우도 유료화 비율이 늘어남에 따라 2009년 기준 약 25%인 1백 15만 명이 경제사정으로 등록금을 납부하지 못하고 있다(КПРФ, 2009. 6. 2.). 유료교육 학생들은 성적 보다는 기본적으로 비싼 학비를 지불할 수 있는 경제력을 갖춘 자녀들로 구성되어 있어 교육의 기회 불균형 현상 및 학력 저하 문제가 지속적으로 제기되고 있다.

넷째, 러시아 학제의 국제 표준화 실현의 문제이다. 체제전환 후 30여 년이 경과했음에도 불구하고 서방 학계와의 교류가 상대적으로 활성화되지 못하고 있다. 러시아는 2010년까지 유럽국가 간 공동학위 인정제 도입 및 학제 표준화를 핵심으로 하는 '볼로냐 협약'에 가입하였다. 이를 위한 첫 개혁 조치로 대학입학시험의 객관성과 공정성을 확보하기 위한 '공통국가시험' 제도를 도입하고 전국적으로 확대해 나가고 있다. 또한 대학의 국제 표준화 실현을 위해 학사–석사–박사 제도를 도입하였고 대학의 행정적 및 재정적 구조개혁과 질 관리, 우수 교원의 확보와 재교육 등 대학개혁을 단계적으로 추진해 나가고 있다. 대학별, 학부별, 전공별로 자체 사정 때문에 유럽식 학제를 단기간 내 전면 수용할 수 있는 입장은 아니다. 러시아 학제와 유럽식 학제가 혼재되는 상황이 지속되고 있다. 또한 교육제도의 비효율적 운영과 관료화도 문제점으로 지적되고 있다. 과도한 행정 잡무, 관료주의, 교원들의 자율권 부족, 공통국가시험 도입 등 국가 주도형 교육개혁 정책이 급변하는 대내외의 정치 · 경제적인 시대적 요구와 맞물려 진행되고 있어 교육의 질적 개선에는 상당한 시간이 소요될 것으로 전망된다.

참고문헌

극동문제연구소(1989). 소련 · 동유럽총람. 극동문제연구소.

김서원(2022. 7. 19.). 푸틴, 교과서도 바꿨다…30년 개방 접고 옛소련식 '체제 교육'. 중앙일보. https://www.joongang.co.kr/article/25087934

박종수(2023. 2. 1.). 우크라이나 전쟁 1년, 러시아의 시선. 피렌체의 식탁. http://www.firenzedt.com/news/articleView.html?idxno=25837

신효숙(2002). 현대 러시아 교육의 변화와 문제점. 중소연구, 25(2), 101-130.

신효숙(2012). 러시아의 교육제도와 발전과제. 정일환 외 공저, 비교교육학: 이론과 실제. 교육과학사.

오만석, 신효숙(2004). 현대 러시아의 교육과정과 교과서 개혁 정책. 비교교육연구, 14(1), 185-209.

외교부(2021). 2021 러시아 개황.

이춘식(2017). 러시아 초 · 중등학교 기술교육의 탐색. 실과교육연구, 23(1), 263-279.

Агентство инноваций Москвы (2020. 6. 15.). Образование. Агентство инноваций Москвы. https://innoagency.ru/files/20200615_ПУБЛ_Образование_Коронавирус.pdf

Болотов, В. А., & Новичков, В. Б. (1992). Реформа педагогического образование(사범교육의 개혁). Педагогика, No.7, 8.

Борисенков, В. П. (1993). Школа России : прошлое и настоящее(러시아의 학교: 과거와 현재). Педагогика, No. 4.

Закон Российской Федерации (1996. 1. 13.) Об образовании(교육법).

Киселева, А. Ф. (2001). Профильное обучение: Эксперимент:совершенствование структуры и содержания общего образование(심층 교육: 실험: 일반교육의 구조와 내용의 완성). ВЛАДОС.

Константиновский, Д. Л., & Хохлушкина, Ф. А. (2000). Школа вчера и сегодня(학교의 어제와 오늘). Педагогика, No. 1.

КПРФ (2009. 6. 2.). Депутатские слушания в ЗакС СПб, "Проблемы образования в Санкт-Петербурге в условиях экономического кризиса"(상트페테르부르크 시의회의 교육청문회, "경제 위기 상황에서 상트페테르부르크의 교육 문제"). КПРФ. http://www.cprfspb.ru/2536.html

Леднева, В. С., Никандрова, Н. Д., & Лазумовой, М. Н. (1998). Учебные Стандарты Школ России(러시아의 학교 교육과정). Москва.

Лихачев, Б. Т. (1996). Реформаторство в российском образовании: прожекты и результаты(러시아 교육에 있어 개혁의 특성: 프로젝트와 결과). Педагогика, No.6.

Матросов, В. Л. (1995). Тревоги и надежды высшей школы России(러시아 고등교육 기관의 실망과 기대). Педагогика, No. 3.

Министр науки и высшего образования Российской Федерации (n.d.). https://minobrnauki.gov.ru/

Минобразования РФ (2002. 2. 11.). МИНИСТЕРСТВО ОБРАЗОВАНИЯ РОССИЙСКОЙ ФЕДЕРАЦИИ ПРИКАЗ от 11 февраля 2002 г. N 393, 'О КОНЦЕПЦИИ МОДЕРНИЗАЦИИ РОССИЙСКОГО ОБРАЗОВАНИЯ НА ПЕРИОД ДО 2010 ГОДА'(러시아연방 교육부령 제393호, 2010년까지의 러시아 교육 현대화 구상). https://normativ.kontur.ru/document?moduleId=1&documentId=14553

Надвикова, В. В., Сытинская, М. В., & Шкатулла, В. И. (2000). Комментарий к Типовому положению об общеобразавательном учреждении(일반교육기관의 유형별 편성에 대한 해설). Вентана-Граф.

Подбережкин, А. И. (1994). Россия Сегодня: реальный шанс(러시아의 오늘: 현실적 대안). Обозреватель.

Президента России (2009. 11. 12.). Послание Федеральному Собранию Российской Федерации. http://www.kremlin.ru/transcripts/5979

Российская Федерация (1998). Россия в цифрах: Краткий статистический сборник(러시아 통계 자료집). Госкомстат России.

Рыбинский, Е. М. (1994). Положение детей в России(러시아 아동의 실태). Педагогика, No. 6.

Ткаченко, Е. В. (1993). Беседа с министром образования РФ(러시아연방 문교부장관과의 대담). Педагогика, No. 3.

Филиппов, Отв. ред. П. С., & Бойко, Т. М. (1999). Социально-экономические проблемы России: Справочник.(러시아의 사회경제 문제에 관한 자료집). ФИПЭР, СПб.

찾아보기

인명

류선정 156

임미나 159

Aho, E. 136

Clandinin, D. J. 140

Cochran-Smith, M. 141

Darling-Hammond, L. 141

Gorbachev, M. 166

Halasz, G. 151

Hamilton, M. L. 140
Hargreaves, A. 151
Hitler, A. 104, 121
Husu, J. 140

Jakku-Sihvonen, R. 140

Krzywacki, H. 149

Lavonen, J. 149
Loughran, J. 140

Maaranen, K. 149
Medvedev, D. 166, 181
Menter, I 142

Murphy, J. 141

Niemi, H. 140

Point, B. 151
Putin, V. V. 166, 179

Sahlberg, P. 131

Simola, H. 134

Tatto, M. T. 142

Yeltsin, B. N. 166
Ylikangas, H. 132

Zeichner, K. M. 141

내용

A-level 시험 26
GCSE 시험 26
PISA 131

ㄱ

겨울전쟁 132
고등교육제도 116
공통국가시험(Единый государственный экзамен) 180
교과내용학 146
교사 존중 문화 134
교사교육 119
교사교육학과 142
교사양성세미나 119

교사훈련학교 150
교육문화부 152
교육복지제도 140
교육실습 146
교육재정 124
교육행정제도 121
교직학 146
기초코스 114
김나지움(гимназии) 110, 112, 172
김나지움 상급단계 113

ㄴ
능력기반자격시험 139

ㄷ
다학문적 자질 147
단과대학 116
대학입학자격시험 138
도야이론 104

ㄹ
레알슐레 110, 111
리쩨(лицей) 172

ㅁ
문화적 민감성 144

ㅂ
발도르프학교 105
볼로냐 선언(Болонская декларация) 180
볼로냐 협약 117, 127

ㅅ
산업 복지국가 132
성인교육 139
성취코스 114

수습근무 교사 119
실업전문고등학교 115
심화교육(Профильное обучение) 180

ㅇ

아비투어 114
영국의 고등교육제도 27
영국의 교사교육 35
영국의 교원임용제도 45
영국의 교육개혁 동향 51
영국의 교육제도 16
영국의 교육행정제도 47
영국의 역사 11
영국의 유아교육 19
영국의 중등교육 22
영국의 초등학교 교육 19
예비학교 136
위드코로나(with-Covid) 158
위바스킬라대학교 143
유급 105
유치원 108
응용과학대학 118, 137
의무교육 106
의무교육제도 134
이민배경 105, 128
인구통계학적 변화 157
인문고등학교 138
입학 정원제 117

ㅈ

전일제 학교 127
종합 중등학교 104
종합대학교 116
종합학교 110, 112, 136
중등교육제도 110
중앙교육행정기관 152

지역거점행정기관 153
지자체의회 154
직업교육 106
직업교육학교 114
직업기초학년 116
직업전문학교 115
직업학교 115
진로모색 단계 110
집단적 트라우마 132

ㅊ

체호니쿰 174
초등학교 109

ㅌ

특수교육 160

ㅎ

하우프트슐레 110, 111
학교 출석 의무 104
학교감독청 123
학교의사 154
헬싱키대학교 142
현상 기반 학습 155

저자 소개

정일환(Chung, Il Hwan)

미국 Pennsylvania State University 대학원(철학박사)

전 한국비교교육학회 회장, 한국교육학회 회장, 대통령실 교육비서관

현 대구가톨릭대학교 사범대학 교육학과 명예교수

권동택(Kwon, Dong Taek)

한국교원대학교 대학원(철학박사)

전 한국비교교육학회 회장, 한국교원대학교 입학학생처장

현 한국교원대학교 초등교육과 교수

주동범(Ju, Dong-Beom)

미국 Pennsylvania State University 대학원(철학박사)

전 한국해양대학교 교수

현 한국비교교육학회 회장, 국립부경대학교 미래융합대학 평생교육·상담학전공 교수

윤종혁(Yoon, Jong Hyeok)

고려대학교 대학원(교육학박사)

전 한국교육개발원 부원장, 한국교육학회 부회장, 한국통일교육학회 회장, 안암교육학회 회장

현 숙명여자대학교 글로벌거버넌스연구소 연구교수, 대통령 소속 경제사회노동위원회 교원근무시간면제심의위원회 위원장, 대통령자문 민주평화통일자문회의 위원

곽재성(Kwak, Jae Sung)

영국 University of Liverpool(국제정치학박사)

전 미주개발은행(IDB) 심사역, 유엔중남미경제위원회 컨설턴트, 한국라틴아메리카학회 회장

현 경희대학교 국제대학원 교수, 아셈듀오 장학재단 이사장, 한국국제개발협력학회 부회장

구자억(Gu, Ja Oek)

중국 베이징사범대학(교육학박사)

전 한국교육개발원 선임연구위원, 극동대학교 혁신부총장

현 서경대학교 혁신부총장, 국제융합대학원 원장, 한중교육교류협회 회장

김라나(Kim, Ra Na)
연세대학교 대학원(교육학박사 수료)
전 청심국제중고등학교 교사
현 Canada, Toronto District School Board 재직

김병찬(Kim, Byeong Chan)
서울대학교 대학원(교육학박사)
전 한국교육정치학회 회장, 경희대학교 교육대학원 원장
현 한국교육학회 부회장, 경희대학교 교육대학원 교수

김숙이(Kim, Sook Yi)
대만 국립정치대학교(교육학박사)
전 홍익대학교 교육경영관리대학원 교수
현 서경대학교 교수

김지연(Kim, Ji Yeon)
중앙대학교 대학원(교육학석사)
전 한국교육개발원 해외교육통신원
현 베트남 교육전문컨설턴트

라혜수(Rha, Hye Soo)
영국 University College London 대학원(석사)
현 서울대학교 대학원 교육학과 박사과정

박선형(Park, Sun Hyung)
호주 University of Tasmania 대학원(철학박사)
전 한국교육정치학회 회장, 한국교육행정학회 회장, 동국대학교 교양교육원 원장,
동국대학교 평생교육원 원장, 미래융합대학 학장
현 동국대학교 사범대학 학장/교육대학원 원장, 교육학과 교수

박채원(Park, Chae Won)
서울대학교 대학원 협동과정 글로벌교육협력전공(교육학박사)
현 한국외국어대학교 브릭스 전공 객원강의 교수

백순근(Baek, Sun-Geun)

미국 University of California at Berkeley 대학원(철학박사)

전 한국교육개발원 원장, 한국교육평가학회 회장, OECD CERI(교육연구혁신센터) 운영위원

현 한국교육학회 수석부회장(차기회장), 서울대학교 교육학과 교수

신태진(Shin, Tai Jin)

캐나다 University of Toronto 대학원(철학박사)

전 연세대학교 교수, 한국교육학회 부회장

현 연세대학교 인문예술대 퇴임교수, 연세대학교 RC융합대학 강사

신효숙(Shin, Hyo Sook)

한국학중앙연구원 한국학대학원(철학박사)

전 남북하나재단 교육지원부장, 한국교육개발원 부연구위원, 북한대학원대학교 겸임교수

현 국민대학교 강사, 한국통일교육학회 부회장

어규철(Eo, Kyu Cheol)

미국 Vanderbilt University 대학원(교육학박사 수료)

전 WFP China Education Specialist, UNESCO Beijing Program Specialist, 한국국제협력단(본부 교육전문관, 몽골사무소 ODA전문가, 탄자니아사무소장)

현 한국국제개발협력센터 본부장

이원석(Lee, Won Seok)

국립부경대학교 대학원(교육학박사)

전 한국해양대학교 겸임교수

현 한국비교교육학회 사무국장, 국립부경대학교 강사

이정미(Lee, Jeong Mi)

프랑스 Université de Strasbourg(교육학박사)

전 Université de Haute-Alsace 박사후 연구원, Lycée international des Pontonniers 교사

현 한국교육개발원 연구원

이한승(Lee, Han Seung)

한국항공대학교 대학원(박사 수료)

현 한국교육개발원 연구원

이현철(Lee, Hyun Chul)

경북대학교 대학원(교육학박사)

미국 Gordon-Conwell Theological Seminary 대학원(목회학박사)

전 한국교육학회 부편집위원장

현 한국비교교육학회 상임이사, 고신대학교 기독교교육과 교수

정동철(Jung, Dong Chul)

연세대학교 대학원(사회학박사)

전 국가교육회의 연구원

현 한국교육개발원 선임연구위원

정영근(Tschong, Young Kun)

독일 Universität zu Köln 대학원(철학박사)

전 교육철학학회 회장, 한독교육학회 회장

현 상명대학교 교육학과 명예교수

정종진(Jeong, Jong Jin)

건국대학교 대학원(교육학박사)

전 한국초등상담교육학회 회장, 한국교육심리학회 부회장

현 대구교육대학교 교육학과 명예교수

조시정(Cho, Si Jung)

영국 The University of Oxford(학사, 석사)

서울대학교 대학원(철학박사)

현 삼성전자 인재개발원 L&D Senior Professional

최영표(Choi, Young Pyo)

대만 국립정치대학교(교육학박사)

전 동신대학교 명예교수, 한국중국교육학회 회장, 한국교육개발원 책임연구원

세계교육·비교교육 총서 ③

세계의 교육제도와 교육개혁: 유럽을 중심으로

World Education Systems and Education Reform: Europe

2024년 10월 10일 1판 1쇄 인쇄
2024년 10월 15일 1판 1쇄 발행

엮은이 • 한국비교교육학회
지은이 • 정일환 · 권동택 · 주동범 · 윤종혁 · 곽재성 · 구자억 · 김라나
김병찬 · 김숙이 · 김지연 · 라혜수 · 박선형 · 박채원 · 백순근
신태진 · 신효숙 · 어규철 · 이원석 · 이정미 · 이한승 · 이현철
정동철 · 정영근 · 정종진 · 조시정 · 최영표
펴낸이 • 김진환
펴낸곳 • ㈜학지사
04031 서울특별시 마포구 양화로 15길 20 마인드월드빌딩
대표전화 • 02-330-5114   팩스 • 02-324-2345
등록번호 • 제313-2006-000265호

홈페이지 • http://www.hakjisa.co.kr
인스타그램 • https://www.instagram.com/hakjisabook

ISBN 978-89-997-3239-3 93370

정가 16,000원